Brasil no espelho

Felipe Nunes

Brasil no espelho

GLOBOLIVROS

Texto fixado conforme as regras do Acordo Ortográfico da Língua Portuguesa
(Decreto Legislativo nº 54, de 1995)

Editora responsável: Amanda Orlando
Editora de produção: Viviane Rodrigues
Editores-assistentes: Rodrigo Ramos e Renan Castro
Assistente editorial: Camila Novaes
Revisão: Bruna Brezolini, Laura Cardoso,
Pedro Siqueira e Theo Cavalcanti
Diagramação: Miriam Lerner | Equatorium Design
Gráficos: Rafael Padovan
Capa: Renata Zucchini
Imagens de capa: Getty Images e Alamy

1ª edição, 2025 — 3ª reimpressão, 2025

CIP-BRASIL. CATALOGAÇÃO NA PUBLICAÇÃO
SINDICATO NACIONAL DOS EDITORES DE LIVROS, RJ

N925b

Nunes, Felipe
Brasil no espelho / Felipe Nunes. - 1. ed. - Rio de Janeiro : Globo, 2025.

ISBN 978-65-5987-308-1

1. História do Brasil. 2. Brasil - Características nacionais. 3. Ideologia - Brasil. I. Título.

25-101296.0 CDD: 306.0981
CDU: 316.75(81)

Gabriela Faray Ferreira Lopes - Bibliotecária - CRB-7/6643
21/10/2025 22/10/2025

Direitos exclusivos de edição em língua portuguesa para o Brasil
adquiridos por Editora Globo S.A.
Rua Marquês de Pombal, 25 — 20230-240 — Rio de Janeiro — RJ
www.globolivros.com.br

Sumário

Prefácio

O Brasil não cabe num gráfico nem numa reportagem jornalística; mas também não se sustenta só na poesia ou na dramaturgia. É nesse entrelugar — onde estatística e metáfora se encontram, dado e estranheza convivem, fato e interpretação se complementam — que nasceu a pesquisa *Brasil no espelho*.

Ferreira Gullar dizia que sua poesia nascia do **espanto**: de um osso bater noutro ou do cheiro inesperado de uma tangerina. O extraordinário escondido no banal. Perplexidade que se assombra com o que parece normal. Este livro nasce do desejo de entender o Brasil cotidiano, que *almoça e janta e também se espanta*, tão prosaico e tão complexo, desenhando uma imagem às vezes desconcertante, às vezes familiar, e sempre reveladora do que somos. O olhar poético — ou científico — existe para não banalizarmos o óbvio. Nosso ponto de partida foi entender o que une e o que separa o Brasil. Estamos mesmo irremediavelmente polarizados? Ou somos, no fundo, mais próximos do que imaginamos?

Quase 10 mil brasileiros abriram suas casas para compor este retrato. O resultado é o maior levantamento já feito sobre valores, atitudes e percepções no país. O que emerge daqui não é apenas estatística: é humanidade medida em porcentagens. São certezas que se desfazem, contradições que nos desafiam e afinidades inesperadas que insistem em resistir à instrumentalização dos polos.

Contar histórias é a vocação da Globo. Histórias que emocionam, informam e inspiram milhões de brasileiros todos os dias. A pesquisa *Brasil no espelho* é um dos muitos estudos que realizamos regularmente para compreender o Brasil e os brasileiros. Iniciativas como essa contribuíram para que a Globo se consolidasse, ao longo de sua trajetória, como parte inseparável da vida cultural do país — um espelho que devolve à sociedade não apenas sua diversidade, mas também suas contradições, dilemas e possibilidades.

Este livro nasce, portanto, de um encontro entre a essência da Globo de contar e iluminar histórias do Brasil e a missão científica da Quaest de transformar dados em conhecimento.

Que cada leitor, ao mergulhar nestas páginas, encontre não apenas respostas, mas espantos. Porque é o espanto — poético, científico, humano — que abre janelas, cria fome de saber e nos obriga a perguntar, sempre, de novo: o que nos une, o que nos separa e o que ainda podemos ser como país?

Brasil, outubro de 2025

SUZANA PAMPLONA MIRANDA
Diretora de Pesquisa & Conhecimento da Globo

Introdução

O Brasil tem a sorte de ser um país largamente estudado. Desde a Carta de Pero Vaz de Caminha, em 1500, quando sua natureza e população foram pela primeira vez descritas, proliferam relatos, impressões e pesquisas de observadores fascinados. O avanço das ciências sociais no século XX proporcionou ao país o privilégio de ser analisado por pessoas como Sérgio Buarque de Holanda, Gilberto Freyre, Roberto DaMatta, Darcy Ribeiro e tantos outros, que estabeleceram as bases científicas e os conceitos fundamentais sobre o Brasil e os brasileiros em seu modo peculiar de viver, pensar e agir. É graças, em grande parte, a eles que sabemos quem somos.

Como acontece de tempos em tempos, os últimos anos marcaram um importante ponto de inflexão na forma de ver o que é o Brasil. Aprendemos que ser brasileiro é ser diferente, miscigenado, complexo, misturado. A diversidade e a desigualdade de gênero, raça e religião passaram a se impor. O vocabulário regional, os símbolos e os significados de cada estado foram ganhando força na identidade do reconhecimento de quem nunca teve voz ou vez.

É preciso reconhecer que as dores do crescimento vêm justamente por conta das mudanças no organismo, nos hábitos e nas ideias. Nas últimas décadas, o Brasil passou por alterações de alto impacto na demografia, no campo religioso e, mais recentemente, nos hábitos de consumo de informação. Diferentemente do que acontece no corpo humano, no entanto, as transformações atuais não têm respeitado o tempo do crescimento: têm acontecido em disrupção, em uma velocidade difícil de acompanhar.

Há quem diga que, depois da onda de protestos que tomou o Brasil em 2013, não fomos mais capazes de nos compreender como sociedade. De fato, muita coisa aconteceu desde então. São tantos marcos, processos e disputas que é quase impossível caracterizar estes últimos anos com um conceito ou palavra que não seja instabilidade, a qual gera desconforto, mudanças de valores, ajustes nas atitudes e condutas; cria frustrações e novas expectativas; produz violência, autoritarismo, estranheza; demanda criatividade; e produz novidades.

Esta obra se apresenta nesse contexto. Após mais de uma década dos atos que tomaram o país, chegou a hora de um novo check-up nacional. Não daqueles tradicionais, em que examinamos através de raio X ou do ultrassom. O check-up proposto aqui é feito por um equipamento mais simples: o espelho. Afinal, qual é a imagem desse Brasil quando o encaramos de frente?

Não há dúvidas sobre as mudanças que ocorreram na sociedade brasileira desde 2013. No entanto, ainda há questionamentos sobre quem nos tornamos com todas essas transformações que sofremos, sentimos e observamos. O objetivo deste livro é revelar um país que muitos ainda não foram capazes de enxergar. É refletir, assim como no espelho, sobre o Brasil de hoje olhando para ele — sem filtros de Instagram, sem maquiagem ou efeitos de inteligência artificial —, simplesmente o Brasil diante de si mesmo. Descrever nossa média e nosso desvio; entender quem somos no mundo ao longo do tempo e neste vasto espaço. O objetivo não é apresentar o que um autor — ou especificamente o autor deste livro — pensa sobre o Brasil e os brasileiros. Apresentamos os resultados de uma pesquisa que revela a maneira como os brasileiros, em sua diversidade, se veem e se compreendem. Nossa intenção é colocar os brasileiros diante de um espelho para que eles mesmos elaborem, proponham e debatam interpretações sobre si e sobre seu país.

Pretendemos chocar, causar, importunar. Mostrar para cada um que se acha o único dono da verdade, que confirma suas opiniões dentro de sua bolha, assiste ao noticiário que lhe convém, compartilha conteúdos (não necessariamente verdadeiros) para ganhar a discussão, que há um outro país logo ali. Um país que precisa se entender para ser capaz de projetar seu futuro.

Diante do espelho, queremos fazer as pessoas refletirem: será que eu estou mesmo sempre tão certo sobre tudo o tempo todo?

O propósito desta obra é apresentar aos brasileiros seus valores, atitudes e percepções sobre si mesmos hoje e explicar as implicações desses dados para o país e para a democracia.

A base deste trabalho é uma pesquisa inédita feita pela Quaest durante quase dois meses, entre novembro e dezembro de 2023, com 9.994 pessoas com mais de 16 anos, em 340 municípios sorteados entre 26 estados e o Distrito Federal. A amostra é quase cinco vezes superior que as utilizadas nas tradicionais pesquisas de opinião. A quantidade maior de entrevistados torna possível a necessária tarefa de dividir os brasileiros em subgrupos para identificar comportamentos e tendências. Afinal, os brasileiros são múltiplos, diversos em suas opiniões, crenças e atitudes. Foi feito um controle metodológico para que a amostra representasse as cinco regiões do país de forma proporcional à população, segundo as cotas de região, estado, sexo, faixa etária, grau de instrução e renda familiar. A partir disso, para entender os brasileiros, construímos um mapa de valores, atitudes e percepções com 37 índices divididos em onze dimensões que descrevem o país: religiosidade, família, identidade nacional, honestidade, meritocracia, discriminação, sexualidade, insegurança, confiança, comportamento social e ideologia.

Com essa estrutura, podemos responder a perguntas como: o que significa uma visão de mundo tradicional no Brasil? Como se divide o país quando olhamos cuidadosamente para as particularidades de cada grupo? Quais são e como entender as várias contradições da nossa população? Qual é o Brasil que as novas gerações estão criando? Conseguimos contextualizar e aprofundar melhor as dimensões de valores dos brasileiros? Reconhecer complexidades e contradições nos valores de nossa população? Explicar os fenômenos sociais atuais do país? Mapear diferenças entre grupos demográficos e sociais? Apontar quais valores nos unem ou nos dividem?

Para isso, dividimos os brasileiros por gênero, escolaridade, renda, religião e idade. Nossa divisão tem algumas particularidades, capazes de refletir melhor esse Brasil que não conseguimos entender observando apenas as médias nas pesquisas. Dividimos as religiões em dezessete categorias diferentes. Em um país com grande multiplicidade de credos e sincretismo religioso, essa divisão reflete melhor as diferenças relevantes entre as diversas denominações evangélicas, entre católicos praticantes e não praticantes, e entre as religiões de matriz africana. Na divisão por idade, classificamos os entrevistados por gerações. Escolhemos para cada uma delas um nome com sabor brasileiro e que reflete o contexto histórico particular do país. Assim, temos a Geração Bossa Nova, dos nascidos entre 1945 e 1964 — o fim da Era Vargas e o início da ditadura militar; a Geração Ordem e Progresso, dos nascidos entre 1965 e 1984, durante o chamado milagre econômico e a ditadura; a Geração Redemocratização, dos nascidos entre 1985 e 1999, na volta da democracia ao país e nos anos de busca de estabilidade; e a Geração.Com, dos nascidos entre 2000 e 2009, os primeiros brasileiros nativos digitais.

Este livro está dividido em quatro partes com onze capítulos. A Parte I explica o embasamento teórico da pesquisa. O Capítulo 1 mostra onde o Brasil se encaixa no mundo e por que não pode ser explicado apenas pela média. A Parte II descreve como pensam os brasileiros hoje. O Capítulo 2 trata da prevalência dos valores da religião e da família, que fazem dos brasileiros um povo tradicionalista. O Capítulo 3 mostra o que os brasileiros ainda acreditam quanto a papéis de gênero tradicionais, apesar dos avanços sociais, e quanto aos níveis de discriminação ainda existentes. O Capítulo 4 observa um mercado de trabalho de pessoas cansadas, que não defendem políticas de redistribuição de renda nem gostam de cotas. O Capítulo 5 mostra uma dicotomia: o brasileiro tem orgulho de seu país, mas não de seu povo. É o país que gosta de música sertaneja e gospel, e discute conceitos muito particulares de honestidade. O Capítulo 6 apresenta um Brasil que vê a falta de segurança pública como o maior de seus problemas e não confia em quase ninguém, demonstrando como essa questão ameaça a democracia. O Capítulo 7 descortina um Brasil conservador e de direita.

A Parte III propõe novas formas de classificar os brasileiros diante do que vimos na Parte II. O Capítulo 8 traz uma classificação inédita dos brasileiros por segmentos identitários, o que aproxima e o que distancia esses grupos e nos permite inferir os conflitos sociais predominantes. O Capítulo 9 apresenta uma nova classificação das gerações, pensada sob medida para o Brasil, que permite identificar tendências de mudanças nos valores e atitudes. O Capítulo 10 expõe a ilusão de conhecimento que domina os brasileiros — um povo que acha que sabe muito mais do que realmente sabe — e apresenta formas de resolver esse problema. A conclusão amarra todas essas descobertas e mostra o quanto o nosso país, predominantemente contraditório, é fascinante.

Mas, antes de começar a ler este livro, atenção: nem todos os gráficos vão somar exatamente 100%. Isso é muito comum em pesquisas de opinião (chamadas de *surveys*), como as que serviram de base para esta obra. Isso acontece por conta do arredondamento. Nem sempre esse arredondamento fica em 100%. Às vezes, ele extrapola levemente os valores absolutos e chega a 101%. Em outros momentos, acontece o oposto: o arredondamento acaba sendo para baixo, fazendo com que o total some 99%. Vale destacar essa questão técnica antes que você ache que está somando errado. Esse fenômeno é comum em pesquisas estatísticas, ainda mais no caso das que trabalham com margem de erro.

Agora, sim! Vamos lá?

I

O Brasil no mundo

Se compararmos os valores dos brasileiros em 1997 com os valores de 2023, o país parece ter voltado no tempo. Na terceira década do século XXI, nosso povo pensa como na última do século XX.

As últimas três décadas proporcionaram pontos de inflexão no país. A superação da inflação instaurou a estabilidade na economia e mudou a vida de milhões de pessoas que nunca haviam vivido sem o medo da desvalorização imediata do dinheiro. Fez surgir milhões de jovens que não sabem o que é uma máquina remarcadora de preços nem sabem o que é ser obrigado a carregar bolos de dinheiro. Criou milhões de brasileiros, de todas as faixas de renda, que hoje pensam em investimentos. A diversidade e a desigualdade de gênero, raça e religião começam a ser reconhecidas e estão em processo de assimilação. Políticas públicas de diversidade, de equalização de minorias e a criminalização de preconceitos alteraram a convivência social, o mercado de trabalho e as famílias. Estudar se firmou como um direito de acesso universal e ter um diploma de curso superior gradativamente vai deixando de ser um privilégio da elite para se tornar um objetivo acessível a um inédito número de pessoas. A conscientização de que a desigualdade econômica é uma chaga se impôs e formas de equalização, com benefícios pagos para os mais pobres, se tornaram política de Estado, não mais ações pontuais de governos. Os vocabulários, os símbolos e os significados regionais foram ganhando força na identidade do reconhecimento de quem nunca teve vez. O Brasil percebeu que é único justamente por ser feito de pessoas diferentes.

Tudo isso aconteceu em um período que será visto no futuro como um dos mais efervescentes, disruptivos e atribulados da história mundial. Esse recorte temporal será marcado pelo forte impacto do advento, da popularização e da massificação dos meios digitais como uma nova dimensão da rotina humana. Em 1997, a internet ainda era um luxo para poucos e telefones eram instrumentos exclusivamente de fala. A forma mais inovadora de comunicação era o e-mail. Hoje, a internet é quase sinônimo de redes sociais que conectam bilhões de pessoas, que jamais se encontrarão pessoalmente, por meio de telefones móveis que, eventualmente, são usados para falar. Substituído por mensagens imediatas e posts nas redes sociais, o e-mail se tornou uma maneira formal de comunicação, com ares de antiguidade acelerada. Atualmente, os seres humanos têm o poder — e carregam o fardo — de serem capazes de se comunicar, trocar informações e imagens com mais semelhantes em uma hora do que seriam capazes de fazer em um ano em 1997 ou durante a vida toda cem anos atrás. Estão sujeitos ao impacto de receber manifestações de milhões de pessoas em um mesmo dia, algo que apenas começa a ser mensurado pela ciência, mas já altera vidas de forma decisiva. Desde o final do século XIX e início do XX, durante a expansão das ferrovias na Europa, não havia uma mudança tão radical capaz de colocar rapidamente tantas pessoas em conexão, fazer circular ideias e informações, e influenciar hábitos, costumes, a política e o modo como se vive. A centralidade das telas do mundo digital arrebatou todos sem exceção, estejam em metrópoles cosmopolitas no hemisfério norte ou em aldeias na Mongólia.

Enquanto o mundo se conectava nos ambientes digitais, o Brasil passou por outras turbulências que também ajudaram a mudar a sociedade brasileira. Ainda que o país tenha experimentado estabilidade e crescimento econômico a partir de meados da década de 1990, o Brasil permaneceu sendo um país violento. De acordo com o *Atlas da Violência* do Instituto de Pesquisa Econômica Aplicada (Ipea), a taxa de homicídios do Brasil saltou de 19 homicídios a cada 100 mil pessoas em 1990 para 28 em 2013, chegando a um pico de cerca de 30 em 2017. Além disso, o que estava bom na economia passou a desapontar: a crise econômica internacional de 2008 e a queda nos preços das commodities exportadas pelo Brasil trouxeram insegurança econômica ao país. Escândalos de corrupção continuaram recorrentes e agravaram ainda mais a insatisfação da população com a qualidade de vida e com a democracia brasileira.

Mais recentemente, as manifestações populares de 2013 geraram incômodo, como se o país não se reconhecesse, não entendesse direito o mal-estar que o tomava de assalto, e marcaram esse período de instabilidade que ainda está em vigência. Ainda há dúvida sobre os motivos específicos que levaram centenas de milhares de pessoas às ruas naquele ano e sobre o que nos tornamos depois do ocorrido. O que tais eventos parecem sinalizar é que o período pós-redemocratização e sua sequência no século XXI, mesmo que tenham produzido avanços importantes para a sociedade brasileira, foi marcado por contradições que abalaram e geraram frustração nos brasileiros.

No período em que o Brasil passou a viver a democracia mais intensamente e a se ver no espelho como um país composto por múltiplas identidades, isso começou a causar, internamente, um estranhamento. A maioria mais pobre passou a receber atenção do Estado e a ter acesso a serviços e direitos antes impensáveis, além de ser possível observar, no mundo, o aumento de trocas entre pessoas dos mais variados países, de circulação de ideias, de contato com o novo e o diferente. A partir de então, o Brasil voltou a ter o mesmo modo de pensar que parecia ter sido superado. Na média, somos um país majoritariamente conservador. Prevalecem os valores tradicionais da religião, a valorização da família acima de tudo, a preservação de um pensamento estereotipado sobre o papel dos homens na sociedade, com uma aceitação moderna e conflitiva do papel das mulheres dentro e fora de casa. Na média, somos um povo com pouca aceitação de minorias, onde o diferente é admitido, mas visto como incômodo.

Localizamos o tradicionalismo do pensamento brasileiro quando o comparamos com os de outras populações, na tentativa de entender como seus valores são parecidos ou diferentes, por suas particularidades e seus ineditismos. Para isso, tomamos como ponto de partida a teoria de valores do cientista político norte-americano Ronald Inglehart e o *World Values Survey*

[Pesquisa de Valores Mundiais], um projeto internacional de grande escala de pesquisas comparativas de valores ao longo do tempo em diversos países.

No início dos anos 2000, Inglehart e seus colaboradores propuseram uma teoria sobre a mudança de valores dentro das sociedades. Segundo eles, a cultura de uma sociedade e o comportamento das pessoas, seus valores e opiniões são influenciados por sua percepção de segurança ou insegurança. Em grande medida, isso é determinado pelas condições materiais durante o período de socialização. Essa ideia explica por que ambientes e tempos de insegurança conduzem ao crescimento da xenofobia, ao fortalecimento do sentimento de grupo, de políticas autoritárias e normas tradicionalistas, da intolerância e da rejeição de normas igualitárias. De acordo com esse raciocínio, nos países em guerra ou que passam por situações de escassez, as pessoas são mais conservadoras, prevalecem os valores tradicionais, ligados à religião, à família e à rejeição ao diferente. De forma oposta, nos países que atravessam fases de calmaria, nas quais impera a sensação de segurança física, econômica e social, prevalecem os valores menos tradicionais, que Inglehart chama de "autoexpressivos". Nessas condições, vivemos sob mais secularidade, com a religião e a família ocupando um lugar menos central no cotidiano. Há mais tolerância com o diferente, prevalece a democracia e há maior adesão a normas de equidade social. Uma comparação fácil para entender os dois estágios é pensar na Europa da década de 1930. Na Alemanha, um país empobrecido, o Partido Nazista conseguiu chegar ao poder e, aos poucos, conquistou a adesão popular com políticas que excluíam minorias — até atingir o ápice da crueldade com o extermínio de judeus durante a Segunda Guerra Mundial. Por outro lado, após o conflito, o estabelecimento do *Welfare State* nos países da Europa Ocidental levou a um ambiente de segurança social e econômica, fazendo com que os valores de aceitação das diferenças e de autoexpressão prevalecessem.

A teoria de Inglehart propõe que, a partir desses princípios, possamos posicionar países, grupos ou indivíduos em três estágios de evolução: pré-moderno ou tradicional, no qual prevalecem valores tradicionais e de sobrevivência; moderno, no qual prevalecem valores seculares e de sobrevivência; e pós-moderno, no qual prevalecem valores seculares e de autoexpressão.

Segundo Inglehart, ao alterar as bases materiais da existência humana, ao se ter uma sensação de mais segurança e garantia de sobrevivência, o desenvolvimento socioeconômico gera profundas mudanças culturais ao longo do tempo. A teoria de Inglehart, útil analiticamente, talvez tenha envelhecido mal por pressupor que os estágios são evolutivos, no sentido determinístico. Prefiro compreender esses estágios como momentos ou processos por meio dos quais as sociedades se modificam com o passar do tempo, não necessariamente indo do estágio 1 para o 2. A cada vivência, a sociedade se identifica em um desses estágios, sem nenhuma garantia de que uma evolução determinística está por vir.

Para representar as mudanças e comparar populações de diferentes países de acordo com esse espectro, Inglehart propõe o seguinte esquema:

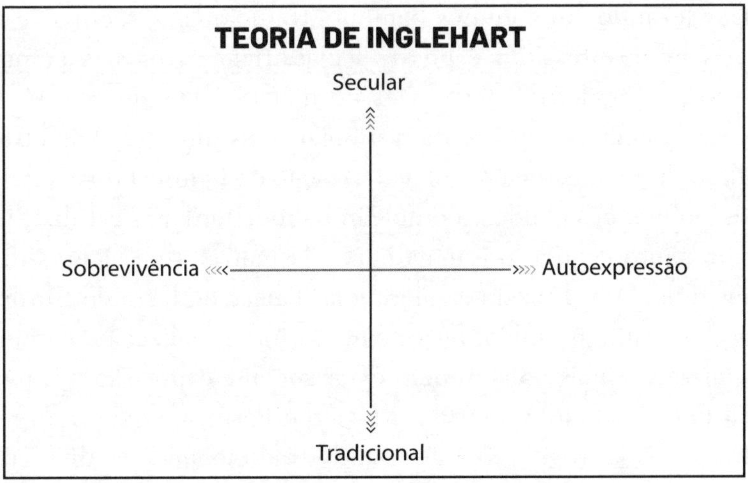

O primeiro eixo (x), dimensão sobrevivência-autoexpressão, contrapõe valores de sobrevivência — que priorizam a segurança material — e de autoexpressão — que enfatizam a noção subjetiva de bem-estar, a individualidade e a tolerância. Nesse campo, Inglehart leva em conta valores como materialismo versus pós-materialismo, bem-estar subjetivo, confiança interpessoal, tolerância em relação às minorias e mudanças nos papéis de gênero. Esse campo corresponde à transição da sociedade moderna para a sociedade pós-industrial, onde há maior segurança material e pessoas com mais recursos cognitivos, bem como uma menor ênfase na hierarquização das relações sociais. Para Inglehart, quanto mais segura é a sobrevivência de um indivíduo, mais afastado ele se sente das amarras da religião e dos valores tradicionais, ao mesmo tempo em que se torna mais livre para expressar suas próprias ideias.

O segundo eixo (y), dimensão tradicional-secular, classifica as populações levando em conta valores como a importância e a primazia da religião; a centralidade da família nas relações sociais; o patriotismo e o protecionismo; o posicionamento pró-vida e o respeito e a deferência às autoridades. Inglehart situa a sociedade agrária, ou pré-moderna, na ponta tradicional, e a sociedade industrial, ou moderna, na ponta secular.

A partir das opiniões e dos valores de milhares de pessoas de diversos países levando em conta os campos "tradicional × secular" e "sobrevivência x autoexpressão", é possível classificar as nações como tradicionais ou pós-modernas. Os países nórdicos — Dinamarca, Finlândia, Noruega e Suécia — representam o lugar mais alto nos dois eixos: têm alto padrão de secularização e de valorização do bem-estar social. Os países mais pobres e fechados, como Zimbábue, Jordânia e Líbia, tendem a estar no canto esquerdo e mais baixo da matriz: têm valores mais autoritários e pouco valorizam a tolerância. Países do leste da Europa e do leste da Ásia estão no meio, no estágio da industrialização: caminharam na secularização, mas não em bem-estar social e expressão. Os países da América Latina, como Argentina, México e Peru, se encontram no meio da matriz, ou seja, têm visões de mundo tradicionais e se dividem entre sobrevivência e autoexpressão.

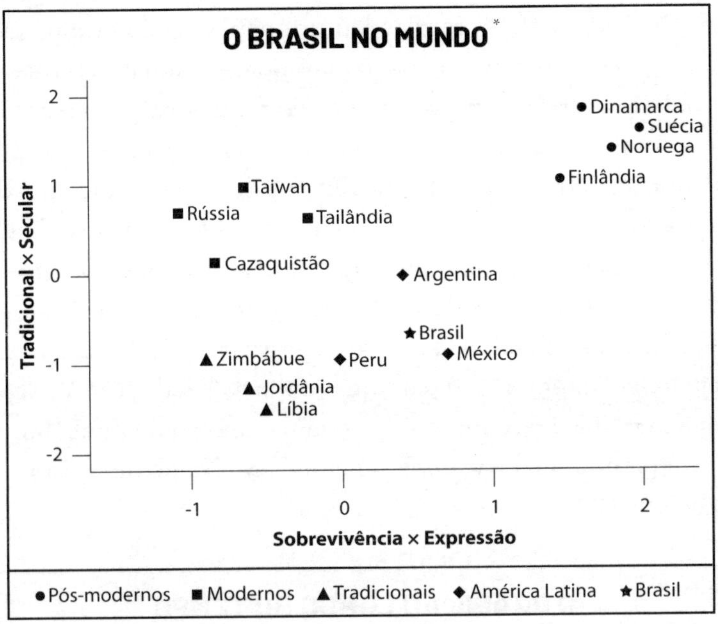

Mas onde está o Brasil hoje? De acordo com a pesquisa *Brasil no espelho*, feita em 2023, em comparação com os dados da *World Values Survey*, de 2018, nosso país se encontra um pouco acima da média na dimensão sobrevivência-autoexpressão e um pouco abaixo da média na dimensão tradicional-secular. Ou seja, o Brasil de agora não se coloca como bem ou mal resolvido em nenhuma dessas dimensões propostas por Inglehart em seus livros *Modernization, Cultural Change, and Democracy*[**] e *Cultural Evolution*[***].

Mas será que houve variação no tempo? A resposta, mais uma vez, é que o Brasil retrocedeu. Sua trajetória nos últimos 26 anos pode ser resumida como uma volta no quarteirão. Em 1997, o Brasil era um país tradicional e mais perto da sobrevivência do que da autoexpressão. De 1997 a 2006, caminhou um pouco nos dois sentidos, indo em direção ao secular e à auto

* Dados do mundo fornecidos pela *World Values Survey* (2018); dado do Brasil proveniente da pesquisa *Brasil no espelho* (2023).

** Cambridge: Cambridge University Press, 2005.

*** Cambridge: Cambridge University Press, 2018.

expressão. De 2006 a 2014, retrocedeu um pouco da autoexpressão para a sobrevivência, mas avançou um pouco mais do tradicional para o secular. De 2014 para 2018, avançou um pouco mais do tradicional para o secular, mas retrocedeu um pouco da autoexpressão para a sobrevivência. De 2018 para cá houve o maior retrocesso: o Brasil voltou a ser mais tradicional e recuou no eixo da autoexpressão para a sobrevivência. Os valores tradicionais da primazia da religião, da centralidade da família e de posições pró-vida ganharam força, enquanto os valores de autoexpressão associados à sucessão subjetiva de bem-estar, confiança entre as pessoas e tolerância em relação às minorias pouco se alteraram. O país, que se movia em direção a se aproximar de Dinamarca e Suécia, se moveu de volta na direção de Zimbábue e Líbia. O Brasil mudou muito para voltar a ser como era. Na média, o Brasil de hoje pensa como em 1997.

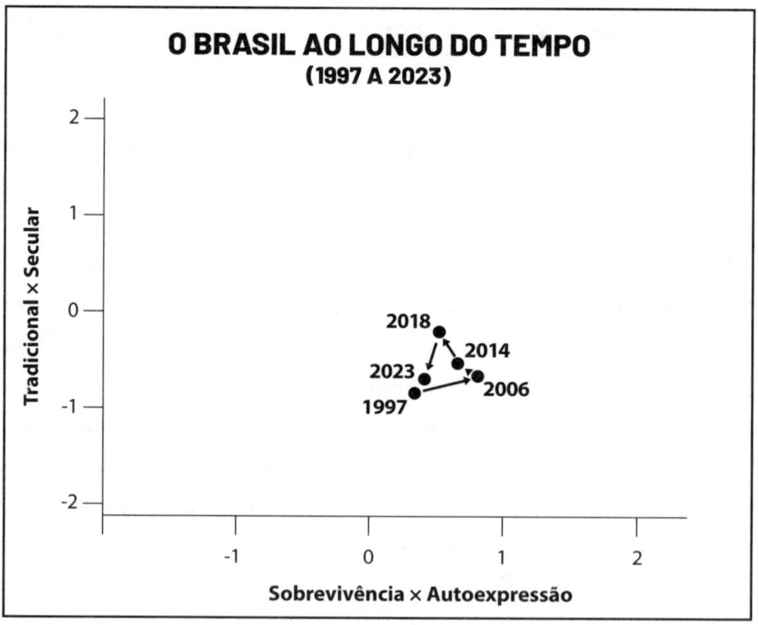

A questão, porém, é que o Brasil é muito mais complexo do que as médias dão conta de traduzir.

A teoria de Inglehart é uma ferramenta de grande valor para análises comparativas, mas serve melhor para países menores e com populações mais homogêneas. Sua teoria sofre de importantes limitações para análises de países que podemos chamar de plurais, especialmente aqueles com grande diversidade e que seguem caminhos distintos da modernização europeia. Não consegue abarcar as nuances de países muito populosos, heterogêneos, onde convivem grandes diferenças sociais, regionais e econômicas (como o Brasil) e étnicas (como a Índia). Em outras palavras, é uma teoria que sofre do que se chama de viés da média e que não reconhece as complexidades dos valores e a diversidade de um país continental e diverso como o Brasil, feito de diferenças. A média não serve para uma nação com 210 milhões de habitantes, heterogênea por natureza e por formação histórica, com enormes diferenças econômicas, sociais e regionais desde o início de sua ocupação no século XVI. O Brasil só pode ser reconhecido e entendido por sua variância interna.

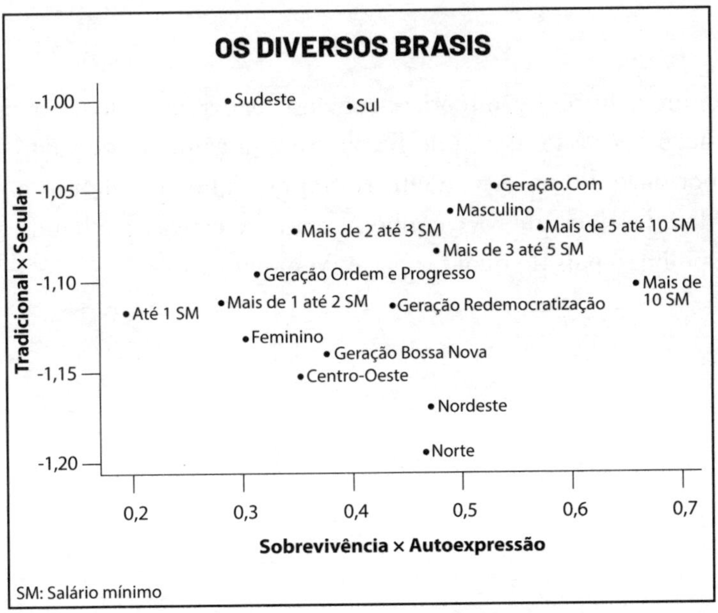

Uma amostra inicial disso pode ser vista no gráfico "Os diversos Brasis": os brasileiros mais ricos estão mais posicionados à direita no eixo da autoexpressão, enquanto os mais pobres, as mulheres e os brasileiros do Sudeste se preocupam mais com a sobrevivência. Em relação ao eixo tradicional-secular, brasileiros do Sudeste estão mais próximos do secularismo, enquanto os do Norte são tradicionais. Porém, no geral, as diferenças entre os grupos são menores nesse campo. Os brasileiros são predominantemente mais tradicionais do que secularistas, o que significa que valores de religião e de família têm apelo preponderante, como nos países agrários. Os brasileiros da Geração Bossa Nova, mais velhos, se situam no campo da sobrevivência, enquanto os mais novos, da Geração.Com, são os mais próximos da autoexpressão. No mesmo sentido, as mulheres estão mais próximas do campo da sobrevivência, enquanto homens se aproximam mais da autoexpressão.

Em resumo, convivem no Brasil um país tradicional como o Zimbábue e um país pós-moderno como a Suécia. Convivem pessoas de opiniões diversas, que se aproximam dos jordanianos de um lado e dos noruegueses no outro extremo.

Após esta breve introdução teórica, convido você a mergulhar comigo nesta apresentação rigorosa e densa do Brasil. Sem julgamento de valores, vamos passear por onze dimensões analíticas que nos ajudam a definir o país que somos. Meu desejo é que você conheça, como se estivesse olhando a si mesmo no espelho, o país do qual faz parte. Vem comigo!

2

Deus e família acima de tudo

Uma das razões para o Brasil de hoje estar no mesmo espectro de 1997, como um país mais próximo do tradicional que do secular, é a importância dada à religião e à família. Os brasileiros acreditam que Deus está no comando de suas vidas, está por trás de tudo o que acontece e é onipresente, como estabelece um dos principais conceitos da teologia cristã. Quando perguntados, 96% dos brasileiros dizem acreditar nisso. O conceito do Deus que está presente em tudo e pode tudo está enraizado na cultura nacional, a ponto de 86% das pessoas dizerem que a fé vale mais que a ciência — apesar do papel decisivo da pesquisa científica na pandemia da covid-19. A melhor tradução do espírito brasileiro ainda está nos versos "*Andá* com fé eu vou, que a fé não costuma *faiá*", de Gilberto Gil, na inesquecível "Andar com fé". O brasileiro é, antes de tudo, crente.

Como foi exposto no capítulo anterior, o fato de o Brasil expressar em 2023 valores semelhantes ao que tinha em 1997 não significa que a sociedade ficou parada nesse período. Foi no campo religioso que se deu uma das maiores mudanças sociais na história nacional recente, com o enorme crescimento dos evangélicos. No Censo de 1872, o primeiro feito no país, no final do período imperial, não havia espaço para outras religiões: 100% dos habitantes se declararam católicos. Os primeiros protestantes chegaram ao país na primeira metade do século XIX, mas só começaram a aparecer no Censo em 1890. Ser católico e brasileiro era a associação mais natural no país até a década de 1980. Por gerações, a moral e as práticas religiosas católicas foram os principais guias da cidadania brasileira, influenciando tanto a educação oferecida pelas famílias quanto a formal. Essa exclusividade, no entanto, acabou. No Censo de 2000, 74% dos brasileiros se declararam católicos. O Censo de 2022 registrou a continuação da queda percentual de católicos (56,7%), o crescimento de evangélicos (26,9%) e um aumento expressivo daqueles que se declaram sem religião (9,3%). Houve também um aumento nas religiões de matrizes africanas, como umbanda e candomblé, que passaram de 0,3% para 1% da população. Os espíritas apresentaram um pequeno declínio, passando de 2,2% para 1,8%.

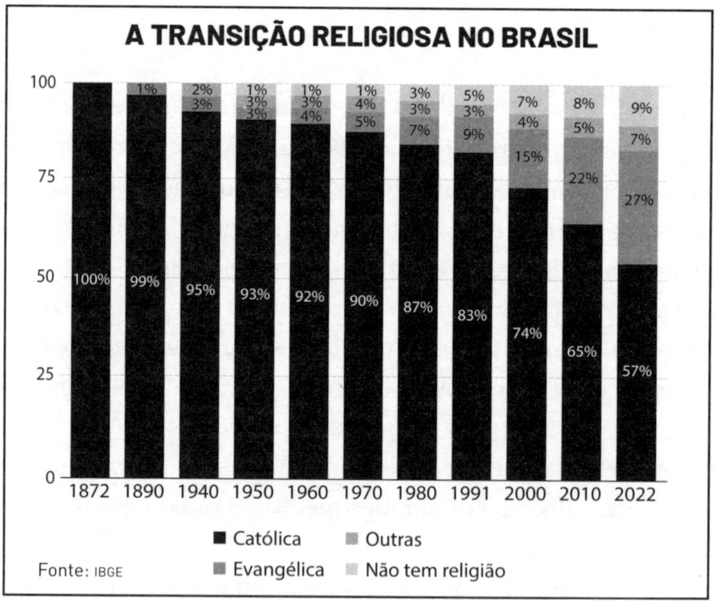

Diferentemente do Censo, que estima população com 10 anos ou mais, nossa pesquisa, conduzida já no final de 2023, entrevista uma amostra representativa da população com 16 anos ou mais. Por essa razão, no final de 2023, quando o campo foi conduzido, encontramos, com margem de erro de um ponto percentual, para mais ou para menos, católicos autodeclarados na faixa dos 51% e o percentual de evangélicos autodeclarados próximo a 31% da população com 16 anos ou mais.

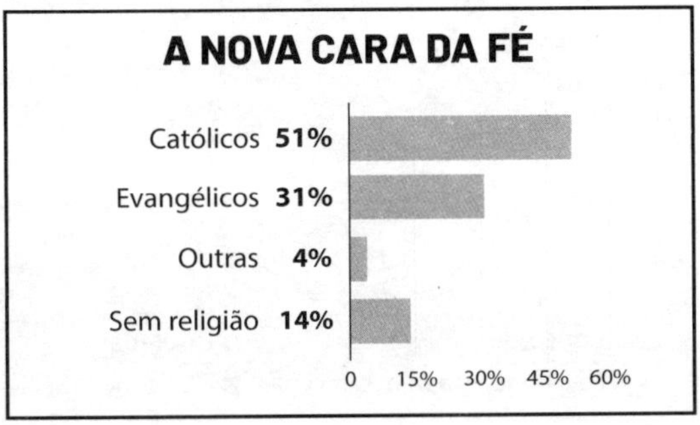

Um dado bastante curioso é o volume de brasileiros com 16 anos ou mais que afirmaram na pesquisa não serem filiados a uma crença instituída (14%). Vivemos um período de pluralização e transição religiosa, no qual o Brasil deixou de ser quase de esmagadora maioria católica para ser um país com cerca de um terço de evangélicos e que observa o crescimento do contingente das pessoas sem religião. Ainda assim, a porção da população que se declara sem religião é pequena em comparação com outros países: 44% dos norte-americanos dizem não ter religião, assim como 38% dos suecos. O Brasil fica à frente de países como México e Zimbábue, onde apenas 12% dizem não ter religião, de acordo com a *World Values Survey* de 2018.

Aqui, entretanto, surge uma particularidade tipicamente brasileira: mesmo entre esses brasileiros sem religião, 91% afirmam ter fé e acreditar em Deus ou em algum ser superior. Como podemos ver, em 25 anos, o catolicismo perdeu sua primazia, uma miríade de denominações evangélicas neopentecostais surgiu, dobrou de tamanho nos últimos vinte anos e se expande em ritmo acelerado em todas as regiões. Mais pessoas passaram a não ter uma religião. O Brasil religioso mudou, mas a fé em Deus como agente preponderante na vida das pessoas não se abala. A prática religiosa dos brasileiros mudou de forma, mas segue igual na intensidade. Em geral, 97% dos entrevistados dizem que Deus é muito importante em suas vidas.

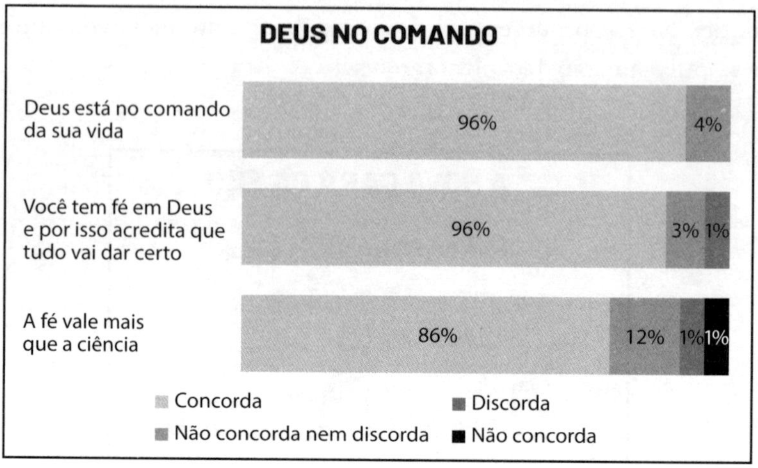

A pluralidade que caracteriza o Brasil, e que o torna desafiador ao viés de média da pesquisa de Inglehart, se manifesta aqui. Não pensamos igual em matéria de religião. Homens são menos adeptos do que as mulheres da ideia de que Deus está no comando e que a religião é mais importante. Essas ideias variam também de acordo com idade, renda, educação e onde se vive. Homens com ensino superior, da Geração.Com, que ganham acima de três salários mínimos, que se declaram sem religião e moram em capitais são os que menos acreditam que Deus está no comando de suas vidas, sendo responsável por tudo, e que a religião é muito importante. Brasileiros que professam a fé na umbanda e no candomblé, e católicos não praticantes são os que menos creem nisso. Do outro lado estão os católicos praticantes e os evangélicos, os maiores adeptos dessa convicção. A ideia de que a fé vale mais que a ciência também varia bastante de acordo com a renda e a escolaridade. As pessoas com maior renda e escolaridade que estão no topo desses quesitos concordam menos com essa afirmação do que pessoas que se encontram na base. A diferença entre os dois lados é de dezessete pontos percentuais. Deus é quase unanimidade, mas a intensidade de seu papel varia entre os diversos brasileiros.

Outras pesquisas, feitas especialmente com evangélicos, ajudam a perceber as nuances desse papel central de um ser supremo. O conceito de Deus no comando não significa automaticamente falta de consciência sobre o papel de cada um em sua própria vida nem do coletivo em questões sociais do país e do mundo. É como se os brasileiros dissessem que Deus está no comando, mas as pessoas têm de fazer a sua parte e têm de assumir suas responsabilidades. Ouvi tantas (incontáveis) vezes minha mãe afirmar: "Já dizia Deus, meu filho, faça sua parte, e eu te ajudarei". Profecia de mãe que tem constatação estatística agora. Acreditar no poder de Deus não significa, necessariamente, desrespeito total à ciência, tampouco determinismo, acomodação ou fatalismo.

Um caso concreto é o modo como as mudanças no clima são vistas por evangélicos. Um estudo específico sobre mudanças climáticas, fé e respeito à ciência, feito pelo Instituto de Estudos da Religião (ISER), instituição referência em análises religiosas no Brasil, concluiu que "a transcendência perde espaço para a ação humana" quando se trata de apontar responsáveis pelas mudanças no planeta. Na pesquisa *Brasil no espelho*, detectamos que 76% dos evangélicos atribuem as mudanças no clima a ações humanas. Essa é a opinião de 79% dos católicos. Entre pessoas de outras religiões o índice é de 84% e de 79% entre as pessoas que se declaram sem religião. O fato de Deus estar no comando não tira dos humanos a responsabilidade pela destruição do meio ambiente e suas consequências. Os entrevistados também não consideram o governo causador do problema — a culpa é da humanidade —, mas o Estado se torna o principal responsável por encontrar uma solução.*

O maior fenômeno religioso da história nacional recente é, sem dúvida, a expansão do cristianismo de viés protestante por meio do crescimento exponencial de fiéis e da multiplicação de denominações e igrejas pentecostais e neopentecostais nos últimos cinquenta anos. Entre 1970 e 1990, o número de templos passou de 1.049 para 17.033 — ou seja, cresceu mais de dezesseis vezes. Apenas em 2019 foram abertos 6.356 templos, uma média de dezessete por dia, de acordo com dados da Receita Federal citados em um trabalho

* Teixeira, Jacqueline Moraes; Mochel, Lorena; Santos, Eduardo. *Cristianismos e narrativas climáticas: percepções cristãs sobre meio ambiente no Brasil.* Rio de Janeiro: Instituto de Estudos da Religião, 2024. Disponível em: <https://iser.org.br/wp-content/uploads/2024/06/RELATORIO-ISER-2024_2.pdf>. Acesso em: 15 ago. 2025.

realizado por Victor Araújo.* Cerca de 30% dos fiéis das igrejas Universal do Reino de Deus, Adventista e Batista entraram para essas denominações nos últimos dez anos. Em comparação, 85% dos católicos se identificam com sua fé há mais de uma década. Esse sucesso das igrejas evangélicas no mercado religioso durante as últimas décadas ocorre não apenas no Brasil, mas em quase toda a América Latina. Segundo o estudioso José Cuadros, esse sucesso se dá em boa medida por causa de três características das igrejas evangélicas. Primeiro, a ênfase na ideia de conversão ou cura por parte das igrejas evangélicas oferece aos fiéis, especialmente àqueles em situação de vulnerabilidade, uma esperança de acolhimento e mudança, de se formar uma nova identidade para superar os obstáculos da vida. Segundo, as estratégias de uso dos veículos de comunicação de massa, por meio, inclusive, da aquisição de TVs e rádios, contribuiu para a disseminação dessas ideias. Por fim, a fragmentação das igrejas evangélicas em diversas denominações oferece experiências religiosas mais maleáveis às particularidades dos fiéis do que a experiência mais hierárquica e padronizada da igreja católica.**

Os efeitos dessa migração religiosa em massa são gigantescos e sentidos em todos os aspectos da vida brasileira. Nos últimos quarenta anos, formou-se uma espécie de cinturão evangélico nas periferias urbanas do Brasil. O crescimento evangélico acontece em todas as classes sociais, porém é mais concentrado entre os mais pobres, nas periferias das cidades. Nessas áreas, onde há ausência do Estado, as igrejas evangélicas extrapolam a função do conforto religioso para exercer um papel comunitário, que envolve práticas de apoio social e familiar, além de exercer influência política. As implicações desse fenômeno são claras na política, em especial a partir da eleição de 2018, quando Jair Bolsonaro foi eleito ao falar mais de costumes do que de

* ARAÚJO, Victor, *Surgimento, trajetória e expansão das Igrejas Evangélicas no território brasileiro ao longo do último século (1920-2019)*. São Paulo: Centro de Estudos da Metrópole, 2023. Disponível em: <https://centrodametropole.fflch.usp.br/sites/centrodametropole.fflch.usp.br/files/cem_na_midia_anexos/NT20.pdf>. Acesso em: 29 jun. 2025.

** CUADROS, José Darío Rodríguez (2018). "The Religious Shift in Latin America". *Heródote*, v. 4, n. 171, p. 119-134, 2018. Disponível em: <https://shs.cairn.info/article/E_HER_171_0119>. Acesso em: 29 set. 2025.

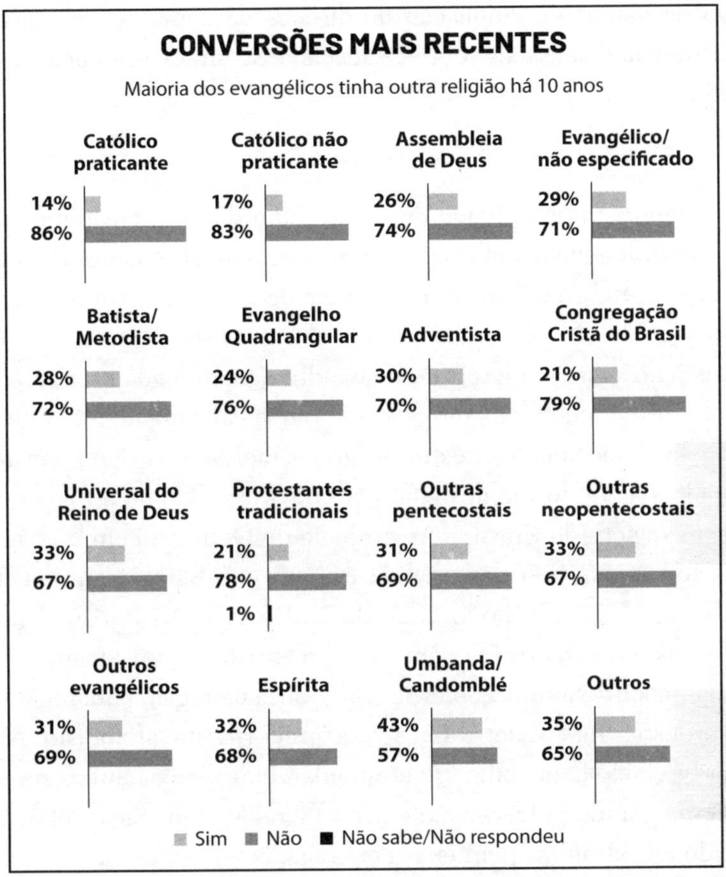

economia, colocando os valores da família à frente do bolso. Os evangélicos deixaram de ser uma fatia do eleitorado que escolhia candidatos, como as outras religiões, pensando mais sob a perspectiva das necessidades econômicas e outros interesses, para demonstrar maior identificação com candidatos das igrejas ou conservadores e indo majoritariamente contra candidatos de esquerda. Eu e Thomas Traumann mostramos no livro *Biografia do abismo* como a polarização nacional ganhou contornos mais dramáticos por meio da polarização religiosa que contrapôs católicos e evangélicos em lados opostos no segundo turno de 2022. Crenças e valores passaram a pesar mais na decisão do voto. Essa mudança está diretamente ligada ao ressurgimento da direita e do conservadorismo como ativo político-eleitoral, que limita não apenas a discussão de pautas de ampliação de direitos da comunidade LGBTQIAPN+, como influencia discussões sobre educação e segurança pública.

Aqui, novamente, a pluralidade do Brasil é um desafio. Dividimos o grande universo de evangélicos em onze segmentos, pois eles são diferentes entre si. Um terço (34%) frequenta a Assembleia de Deus, a maior das denominações. Em seguida vêm as igrejas Batistas e Metodistas, com 17%; a Congregação Cristã do Brasil e a Igreja do Evangelho Quadrangular têm 8%; a Igreja Universal do Reino de Deus tem 7%, e a Igreja Adventista, 3%. Outros 14% dos evangélicos são adeptos de outras igrejas menores. As igrejas evangélicas estão espalhadas de forma desigual pelo território. Como a mais numerosa em todas as regiões do Brasil, a Assembleia de Deus está em 22 das 27 unidades da federação. Sua dominância é maior em Santa Catarina, Espírito Santo, Goiás, Alagoas e Rio Grande do Norte. A igreja Batista é maior em Minas Gerais e no Distrito Federal. Os adventistas se destacam no Amapá. A segunda maior denominação evangélica varia de região para região: no Sudeste, Nordeste, Sul e Centro-Oeste é a igreja Batista/Metodista. Na região Norte é a Igreja do Evangelho Quadrangular. Nas regiões Sul, Centro-Oeste e Sudeste há grande pulverização entre as igrejas evangélicas, com o espectro dividido entre muitas pequenas congregações.

Os brasileiros que declaram ter religião vão à igreja com frequência: 64% comparecem várias vezes ao mês, sendo que 38% dizem ir toda a semana. Os evangélicos vão mais do que os católicos e os mais velhos vão mais do que os jovens. Entre os evangélicos, 92% das pessoas da Geração Bossa Nova vão à igreja toda semana ou algumas vezes ao mês. Entre os católicos da mesma faixa etária são 68%. No extremo oposto, 78% dos evangélicos da Geração.Com vão à igreja com a mesma frequência; entre os católicos são 63%. A frequência na igreja pode ser interpretada mais superficialmente como uma medida de intensidade de fé, porém vai além. As igrejas evangélicas costumam diferenciar mais a dimensão religiosa da secular e fazer dos templos locais para uma espécie de convivência social e cultural que inclui a música gospel, festas e atividades de cooperação e filantropia, que por vezes substituem serviços do Estado. No caso evangélico, a maior frequência na igreja tende a influenciar mais as opiniões e atitudes, inclusive na política.

A rápida expansão evangélica nas últimas décadas, no entanto, não afeta a convivência com os católicos. A tolerância entre católicos e evangélicos é altíssima. Eles convivem bem e, em geral, aceitam suas diferenças. Para 92% dos brasileiros, Deus é sua verdadeira religião, está acima das diferenças teológicas entre os dois ramos do cristianismo. No entanto, não devemos nos iludir: o Deus da maior parte dos brasileiros é o cristão, não o de outras religiões. O povo aceita apenas o Deus da Bíblia, sua tolerância religiosa tem limites estreitos. A intolerância se manifesta em relação ao que está fora

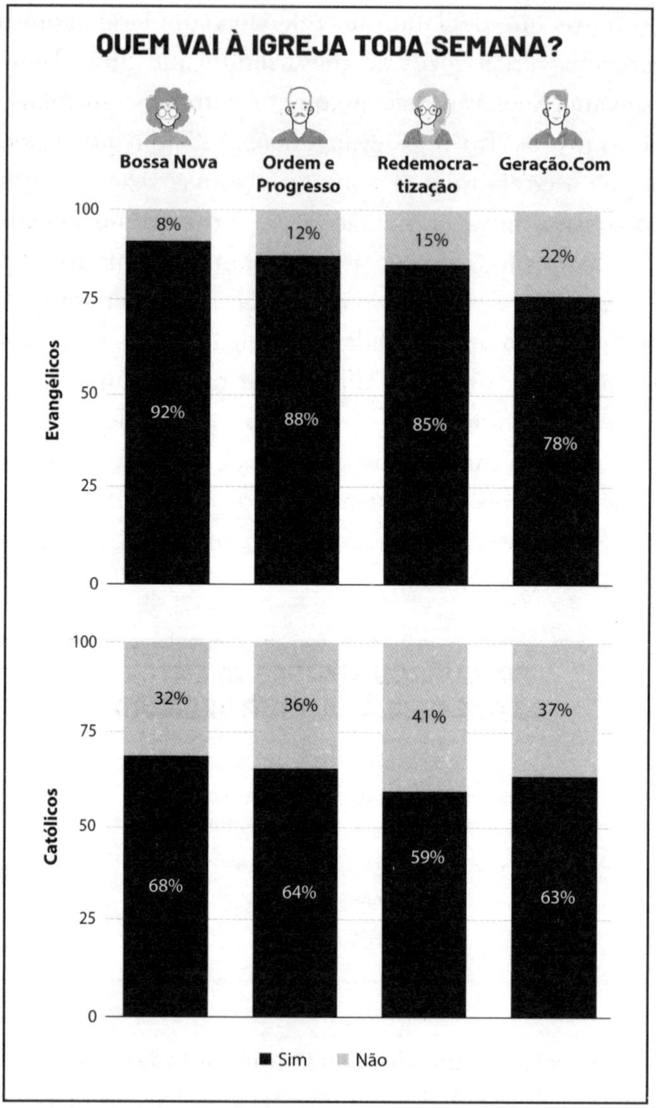
QUEM VAI À IGREJA TODA SEMANA?
Bossa Nova
Ordem e Progresso
Redemocratização
Geração.Com
Evangélicos
100
75
50
25
0
8%
12%
15%
22%
92%
88%
85%
78%
Católicos
32%
36%
41%
37%
68%
64%
59%
63%
Sim
Não

do cristianismo, como as religiões de matrizes africanas. Ainda que a maior parte da população diga tolerar pessoas de outra fé ou até que não acreditam em Deus, 28% afirmam não simpatizar com pessoas de outras crenças e 19% não acreditam que uma pessoa possa ser boa sem acreditar em Deus. Homens, a população mais velha, pardos e pessoas de algumas igrejas evangélicas são os menos tolerantes com outras religiões. No extremo oposto, espíritas e pessoas de religiões de matrizes africanas — como a umbanda e o candomblé — são os que demonstram maior tolerância em relação a outras religiões. Nesse aspecto, quesitos como renda, escolaridade e idade fazem menor diferença.

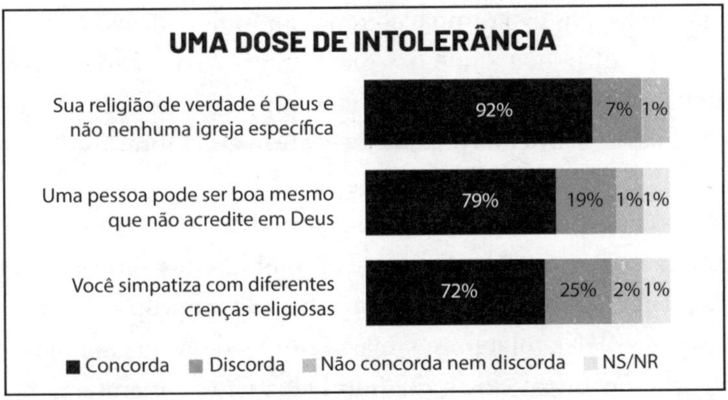

A partir de respostas sobre valores morais e atitudes em relação a igualdade de gênero, orientação sexual e papéis familiares, dividimos os brasileiros entre progressistas, moderados e conservadores para testar valores religiosos. Os três segmentos simpatizam com diferentes crenças religiosas. Contudo, os progressistas são os mais tolerantes: 76% dizem simpatizar com diferentes crenças religiosas, contra 74% dos moderados e 68% dos conservadores. Visto pelo outro lado, 28% dos conservadores dizem não simpatizar com pessoas de outras religiões.

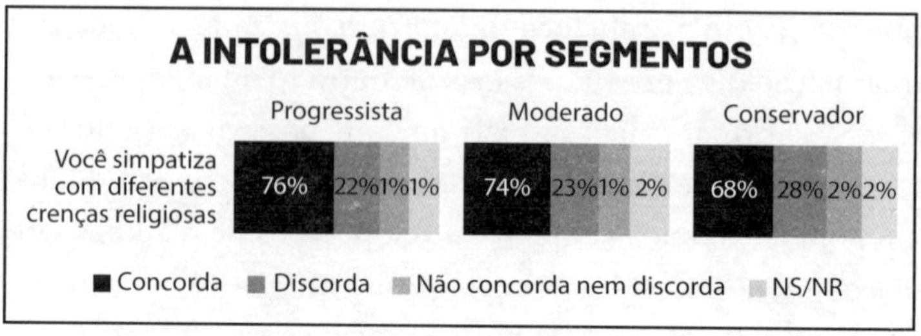

A intolerância religiosa não é, historicamente, um problema no país. Tanto que 75% dos brasileiros nunca se sentiram discriminados por questões religiosas, independentemente de professarem ou não uma fé. Apenas 10% disseram já ter sofrido discriminação religiosa muitas vezes.

Quando se entra no campo dos discriminados, no entanto, confirma-se uma particularidade brasileira. Entre esse grupo prevalecem os adeptos de religiões de matrizes africanas: 52% deles afirmam já terem sido discriminados muitas vezes, quase o triplo do que relata o grupo que vem em segundo lugar, formado por espíritas, adeptos da Igreja Universal e outros, com 19%. A intolerância com os umbandistas e candomblecistas se torna grave quando se observam os baixos índices relativos a outros grupos, como católicos praticantes: 85% deles relataram jamais terem sido discriminados. A intolerância religiosa no Brasil existe quando Deus não se manifesta no formato cristão. As vítimas preferenciais são os não cristãos. De acordo com registros do governo federal, entre cerca de mil denúncias de intolerância religiosa recebidas entre 2011 e 2018, 59% eram referentes às religiões de matrizes africanas, 20% a segmentos evangélicos, 11% a espíritas, 8% a católicos e 2% a ateus.

No imaginário brasileiro, apenas a devoção à família se compara à devoção religiosa. Acima da família, só Deus. É impossível descrever o brasileiro sem sua família. Os brasileiros querem sua família presente em todos os momentos, esperam ansiosamente para se reunir com ela aos domingos, acreditam que ela estará a seu lado para celebrar os momentos bons e dividir os ruins. Ter orgulho da própria família é um sentimento importante para as pessoas. Quando se estabelece uma escala de zero a dez, onde o zero é representado pela frase "Família não é importante" e o dez por "Família é o mais importante", os brasileiros pontuam 9,2, quase uma unanimidade. Na mesma escala, quando colocamos no zero a frase "Sem família em todos os momentos" e no dez "Família em todos os momentos", os brasileiros atingem 7,7. Para 96% dos brasileiros, a família é a coisa mais importante da vida. Essa importância, por sua vez, é de longo alcance: 91% dizem que um dos principais objetivos da vida de alguém deve ser dar orgulho a seus pais e 86% dizem que pensam na família antes de tomar decisões. Não é coincidência que nas olimpíadas os medalhistas agradecem primeiro a Deus e depois aos seus pais e choram quando se comunicam com eles pela primeira vez. A família está no centro da existência, das relações sociais e das motivações nas tomadas de decisão.

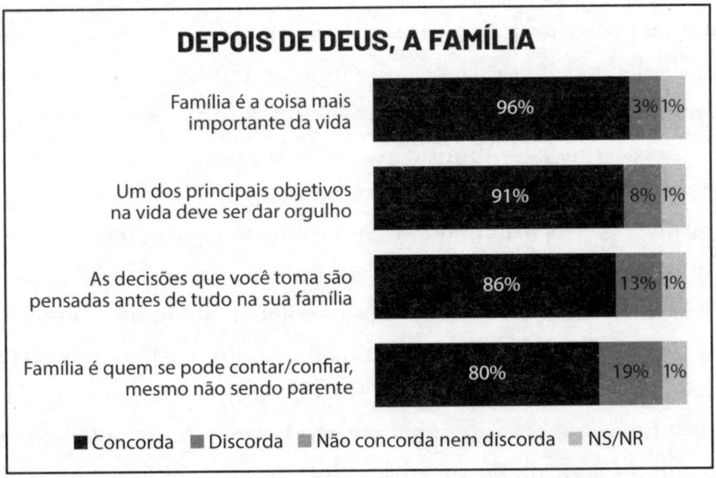

A família, para os brasileiros, tem um significado amplo. Um dos maiores elogios que um brasileiro pode fazer a outro é dizer que ele faz parte da sua família. Dada a centralidade desse conceito, 80% das pessoas consideram que família é com quem se pode contar em momentos difíceis, em quem se pode confiar, mesmo que esta pessoa não seja um parente por nascimento, alguém com quem se tenha laços de sangue. No entanto, essa visão ampliada de família é geracional. Há uma diferença significativa na ideia de que família é apenas "quem é de sangue". Enquanto 74% dos brasileiros da Geração Bossa Nova acreditam nessa frase, na Geração.Com são 62%. A diferença de 12 pontos percentuais mostra como os mais jovens têm uma visão mais eclética da convivência. Essa diferença de posicionamento dos mais jovens deve vir da maior convivência com novos formatos familiares. Com a normalização dos divórcios e separações, a convivência com mães e pais biológicos deu espaço a um núcleo familiar mais extenso, com a presença de padrastos e madrastas em quem também se pode confiar. Os jovens também dão menos importância à família na tomada de decisões. Diante da frase "As decisões que você toma são pensadas antes de tudo na sua família", 92% das pessoas da Geração Bossa Nova concordam, enquanto 81% da Geração. Com faz o mesmo, uma diferença de 11 pontos percentuais. A discordância em relação à afirmação é mais pronunciada: o índice na Geração.Com é três vezes maior que na Geração Bossa Nova — de 18% para 6%.

A família faz parte dos sonhos e medos, é objeto de seus desejos e preocupações, de deveres e obrigações. Quando perguntados sobre qual seria seu principal sonho, 19% dizem que é "ver a família feliz", acima até de "ter saúde" (17%) ou ter uma casa própria (11%), entre outras respostas. Os brasileiros preferem que sua família seja feliz a coisas palpáveis, como ter propriedades, quitar dívidas, ficar rico, morar em um lugar seguro, ter comida na mesa todos os dias, viajar, ter um bom emprego ou livrar-se do patrão e ter o próprio negócio. Os brasileiros não titubeiam ao colocar a família acima de ganhos materiais. Como acreditam que a família é o conjunto de pessoas com quem se divide as alegrias e as tristezas, o peso da rotina e as agruras da vida, os brasileiros acham que ela vale mais que dinheiro. No outro lado, como seria de se esperar, o maior medo é "perder a família" — 32% respondem isso. É, de longe, o maior dos receios. Abaixo dele vêm fome, desemprego, pobreza e ficar sem casa (13% das respostas), e perder a fé (11%). Entretanto, nessa mesma lista, a família está presente em outra resposta: para 10%, o maior medo é que seus filhos se envolvam com drogas. Ao depositar tanta fé e energia na família, é inevitável que o temor de ficar sem ela seja tão intenso.

O sonho de ver a família feliz independe da idade. É claro que os sonhos variam de geração para geração. Ter saúde é o maior sonho da Geração Bossa Nova e é apenas o quarto maior da Geração.Com — o que é razoável, pois questões de saúde, como doenças e os custos com o plano de saúde e os cuidados, afligem mais as pessoas idosas. Mesmo assim, ver a família feliz

A FAMÍLIA NO CENTRO

	Bossa Nova	Ordem e Progresso	Redemocratização	Geração.Com	Diferença: Bossa Nova – Geração.Com
Ter saúde	27%	19%	12%	9%	-18
Ver a família feliz	20%	19%	19%	21%	+1
Quitar dívidas/ficar rico	10%	9%	10%	12%	+2
Lugar seguro para morar	10%	11%	8%	7%	-3
Ter comida na mesa todo dia	9%	7%	6%	6%	-3
Boa educação para si e para a família	8%	11%	12%	8%	-
Ter casa própria	7%	10%	15%	11%	+4
Viajar	5%	6%	5%	8%	+3
Ter negócio próprio	2%	5%	7%	8%	+6
Ter bom emprego	1%	4%	5%	9%	+8
Outros	0%	0%	0%	0%	
NS/NR	0%	0%	0%	0%	

é um dos maiores sonhos de todas as gerações: fica em segundo lugar para a Geração Bossa Nova, com 20%, mas em primeiro lugar no imaginário das gerações Ordem e Progresso (19%), Redemocratização (19%) e Geração.Com (21%). É o sonho com os mais altos índices e com maior equilíbrio, com uma variação de apenas 2 pontos percentuais entre os extremos. No caso da saúde, por exemplo, a diferença de importância é de 18 pontos percentuais entre a Geração Bossa Nova e a Geração.Com. O sonho de ficar rico, por exemplo, fica abaixo da felicidade da família e varia 3 pontos percentuais, de 12% na Geração.Com para 9% na Geração Ordem e Progresso. Brasileiros de todas as idades não só sonham que sua família seja feliz, como compartilham a importância dada a isso.

A relevância da família, contudo, varia dentro da pluralidade brasileira de acordo com gênero, idade, renda, escolaridade, localização e com o tamanho da família. Homens dão mais importância ao conceito de família tradicional do que as mulheres. De forma geral, quanto maior a escolaridade e maior a renda, menor é a importância dada à família no seu conceito tradicional. A importância da família é maior em cidades pequenas e menor nas capitais; aumenta quando a pessoa mora com os filhos e quanto mais pessoas vivem na mesma casa. Pessoas da Geração.Com, com ensino superior, com renda acima de dez salários mínimos e que vivem em capitais são as que mais consideram que a família não é importante.

Existe no mundo contemporâneo uma sensação de enfraquecimento das famílias detectada por pesquisas. De acordo com um levantamento do Pew Research Center de 2018, cerca de 60% dos brasileiros sentem que os laços familiares se enfraqueceram nos últimos vinte anos. Esse índice está dentro da média: nos Estados Unidos, 66% acreditam nisso, enquanto no México e na Suécia são 51%; já na Tunísia são 74%. Na média mundial, 90% das pessoas que acreditam nesse enfraquecimento o enxergam como um fenômeno negativo. No Brasil, esse índice é de 96%. Se a família fosse um partido, poderíamos dizer que o brasileiro é um militante dele.

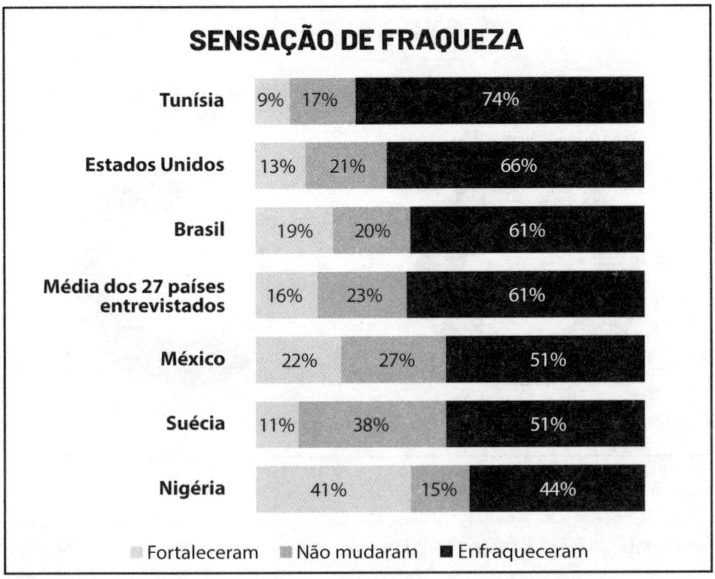

Valores tradicionais sobre a família têm grande aceitação entre brasileiros. O hábito do almoço aos domingos — seja na casa da mãe, da sogra ou de outro familiar — é uma instituição nacional, um rito quase sagrado, que há décadas influencia desde piadas até a programação da televisão, os horários do futebol e o comportamento de consumo. Noventa por cento dos brasileiros dizem que o almoço de domingo é importante para manter os laços familiares, até mesmo em momentos de atrito. Um desentendimento não é considerado motivo para mudar a rotina semanal e evitar o encontro. Preservar costumes e tradições de geração em geração é considerado importante para 88% dos brasileiros. Esse cuidado com a tradição é uma expressão de conservadorismo. Assim, não surpreende que 81% acreditem que mulheres cuidam melhor dos filhos do que homens e que 60% considerem que os pais têm o direito de usar da força física quando os filhos "passam dos limites". Outros 61% acreditam que os pais devem proteger os filhos, por piores que sejam os erros que tenham cometido. Diante de uma frase conservadora como "Ter filhos é um dever do casal para com a sociedade", 53% discordam, mas 45% concordam, um índice alto para os padrões atuais.

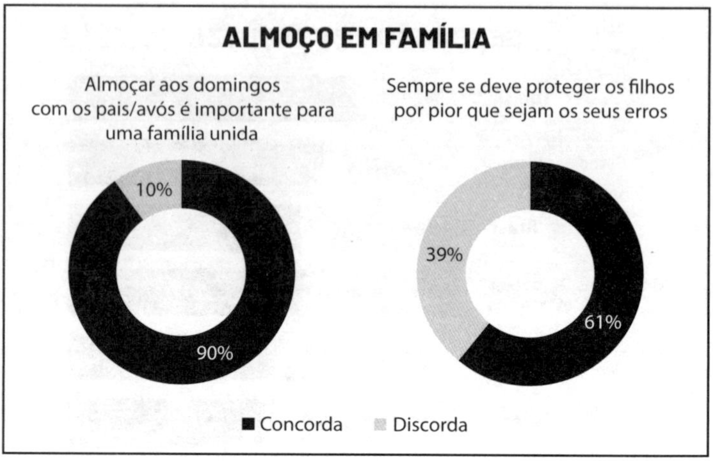

No entanto, como sempre, há nuances nessa posição tradicional. Há na sociedade brasileira abertura para novos arranjos e estruturas familiares. Para 90% dos brasileiros, família significa amor, não importa o modelo, de forma que não é necessária uma estrutura tradicional. Para 64%, homossexuais podem ser pais tão bons quanto os heterossexuais. Metade dos brasileiros, exatamente 50%, acham que o casamento entre pessoas do mesmo sexo deve ser legalizado; mas 46% são contra, o que demonstra ainda uma grande resistência. Os casais homossexuais se tornaram mais numerosos no Brasil, inclusive aqueles com filhos, mas é bom lembrar que ainda não há previsão no Código Civil sobre o casamento entre pessoas do mesmo sexo. Em 2011, o Supremo Tribunal Federal (STF) reconheceu a união homoafetiva como equivalente à união estável entre casais heterossexuais. Dois anos depois, em uma iniciativa do então presidente do STF e do Conselho Nacional de Justiça (CNJ), Joaquim Barbosa, o CNJ aprovou uma resolução que obriga os cartórios a registrarem a união civil entre pessoas do mesmo sexo. A aceitação do casamento entre pessoas do mesmo sexo aumentou significativamente desde 2010, de 37% para 52%. Entretanto, há um detalhe a se observar: esse número está na casa dos 52% desde 2017, um ano antes da eleição de Jair Bolsonaro, fato que, como mencionamos antes, marca o recrudescimento do conservadorismo como valor político.

A despeito disso, percebe-se uma mudança de percepção quando se fala em formar uma família. Cinquenta e cinco por cento das pessoas consideram valores como respeito e amor e carinho como os mais importantes para que uma família seja estruturada. Como não poderia deixar de ser, diante de tudo que vimos até aqui, o terceiro valor que aparece nas respostas é "religião/ter fé", com 16%. A presença de um pai e de uma mãe são fatores bem menos valorizados, com 6% e 4%, respectivamente. Isso não significa falta de importância dessas figuras, mas uma consciência de que um grupo não precisa ter o formato tradicional do casal heterossexual para ser uma família. Essas opiniões podem ser atribuídas não apenas a mudanças de costumes e à aceitação dos casais homossexuais, mas a alterações na estrutura das famílias.

Hoje, a figura masculina é ausente em 20% dos lares brasileiros, que são compostos por mãe e filhos (17%) e mãe, filhos e avós (3%). É possível notar mudanças quando se observam a nossa pesquisa e os dados do Censo de 2022. Entre os Censos de 2010 e de 2022, a proporção de homens responsáveis pelos lares caiu de 62% para 51%, e a de mulheres subiu de 38% para 49%. O percentual da família tradicional, ou seja, composta por um casal com filhos, caiu de 41% para 31%. Os casais sem filhos cresceram 4 pontos percentuais, de 16% para 20%. Esses fatos alteram convicções e levam à aceitação do diferente, ainda que com ressalvas e, por vezes, de forma bastante lenta. A ausência masculina em volume tão alto nos domicílios brasileiros é tendência que reforça a importância da influência e da desigualdade de gênero no Brasil.

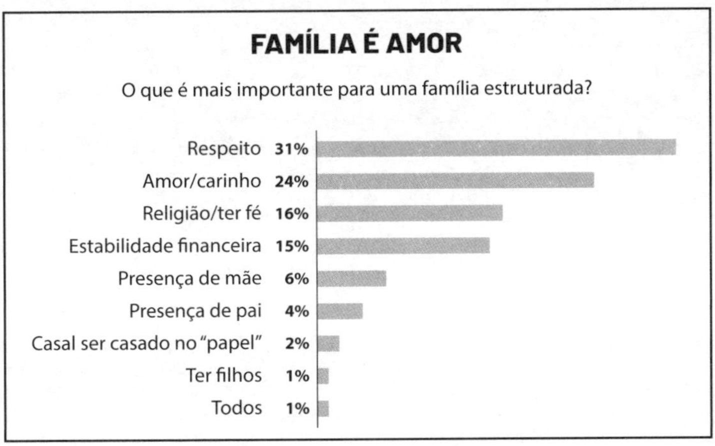

***

Deus acima de tudo e família em primeiro lugar seriam duas ideias-forças que explicariam bem este Brasil de fé e família. A combinação de valores tradicionais, com uma visão bastante conservadora, embora mais maleável, da família, a fé no Deus cristão como princípio e uma certa intolerância demonstrada no campo da religião serão importantes para entender o que vamos mostrar no próximo capítulo sobre tradicionalismo e discriminação.

3

Tradição e discriminação

A forma como os brasileiros enxergam os papéis de gênero e lidam com o preconceito e a discriminação envolve a convivência de valores conservadores com posturas progressistas. Ao mesmo tempo em que persistem visões conservadoras e tradicionalistas sobre o papel e o comportamento do homem, assim como sobre a homossexualidade, mais compatíveis com aquele Brasil de 1997, há percepções contemporâneas do papel da mulher na sociedade e da aceitação de famílias formadas por casais do mesmo gênero mais compatíveis com a realidade de 2025. O preconceito racial existe, mas é omitido, enquanto a discriminação de gênero é falada, mas não denunciada. Neste capítulo vamos nos deparar com essa dualidade e com outro aspecto fundamental: a diferença entre como o brasileiro enxerga a si mesmo e à sociedade e como eles de fato são.

É nas normas de gênero e nas opiniões de homens e mulheres sobre seus papéis que as particularidades do pensamento brasileiro surgem em suas nuances. Homens e mulheres são conservadores — com os homens apresentando um comportamento significativamente mais tradicionalista que as mulheres. Nesse aspecto, as opiniões dos brasileiros justificam o posicionamento do país mais para o lado da sobrevivência do que para a autoexpressão no espectro de Inglehart. A diferença surge no papel das mulheres, em especial na questão financeira, no qual estão opiniões mais próximas de países liberais. Nos últimos sessenta anos, o Brasil seguiu a tendência mundial de aumento do papel da mulher na vida econômica e social. As mulheres deixaram de se restringir a cuidadoras da família e da casa para se tornarem protagonistas, seja no meio acadêmico, no mercado de trabalho, na política ou em qualquer outro setor.

O padrão identificado em nossa pesquisa é que as mulheres são menos conservadoras, menos apegadas aos padrões tradicionais. O pressuposto de que "homem que é homem não chora na frente dos outros", um dos mais antigos clichês do modelo masculino tradicional, hoje é minoria. Mas entre 22% e 28% dos homens, de acordo com sua cor, ainda acreditam nisso. Entre as mulheres, o percentual é menor, varia de 12% a 20%. A distância se repete para a ideia de que "todo homem tem de saber dirigir": por uma pequena diferença, os homens ainda são mais apegados a esta crença antiga. Entre 46% e 53% dos entrevistados concordam com a afirmação, enquanto entre as entrevistadas a concordância fica entre 39% e 46%. Nesse caso, no entanto, os percentuais são mais altos, na faixa da metade dos entrevistados. No Norte e no Nordeste, há maior prevalência de crenças relacionadas às normas tradicionais de masculinidade. Os estados do Amapá, Pernambuco e Rio Grande do Norte têm destaque nacional com as maiores taxas. De maneira oposta, o Rio Grande do Sul é o que apresenta a menor taxa de crenças relacionadas a essas normas.

O mesmo padrão de diferença de opinião vale para algumas normas tradicionais de feminilidade. Entre 40% e 44% dos homens ainda acreditam na ideia de que uma mulher precisa ter filhos para se sentir totalmente realizada. Entre elas, a concordância com a frase fica entre 29% e 34%. Em ambos os casos, os que acreditam nisso são minoria, mas um percentual considerável para a terceira década do século XXI e que destoa de outras opiniões. As mulheres se mostram mais desapegadas desses padrões do que os homens. Como veremos mais adiante, essa diferença é um fenômeno internacional.

O conservadorismo surge mais pronunciado na forma como os brasileiros enxergam o aborto e o adultério feminino. Entre 48% e 58% dos homens, de acordo com sua cor, acham que uma mulher que fez um aborto deve ser presa. Entre as mulheres, este índice varia de 48% a 54%. Ou seja: praticamente não há diferença de opinião entre os dois gêneros. Este posicionamento explica por que o aborto é proibido no Brasil, salvo casos muito específicos, em contraste

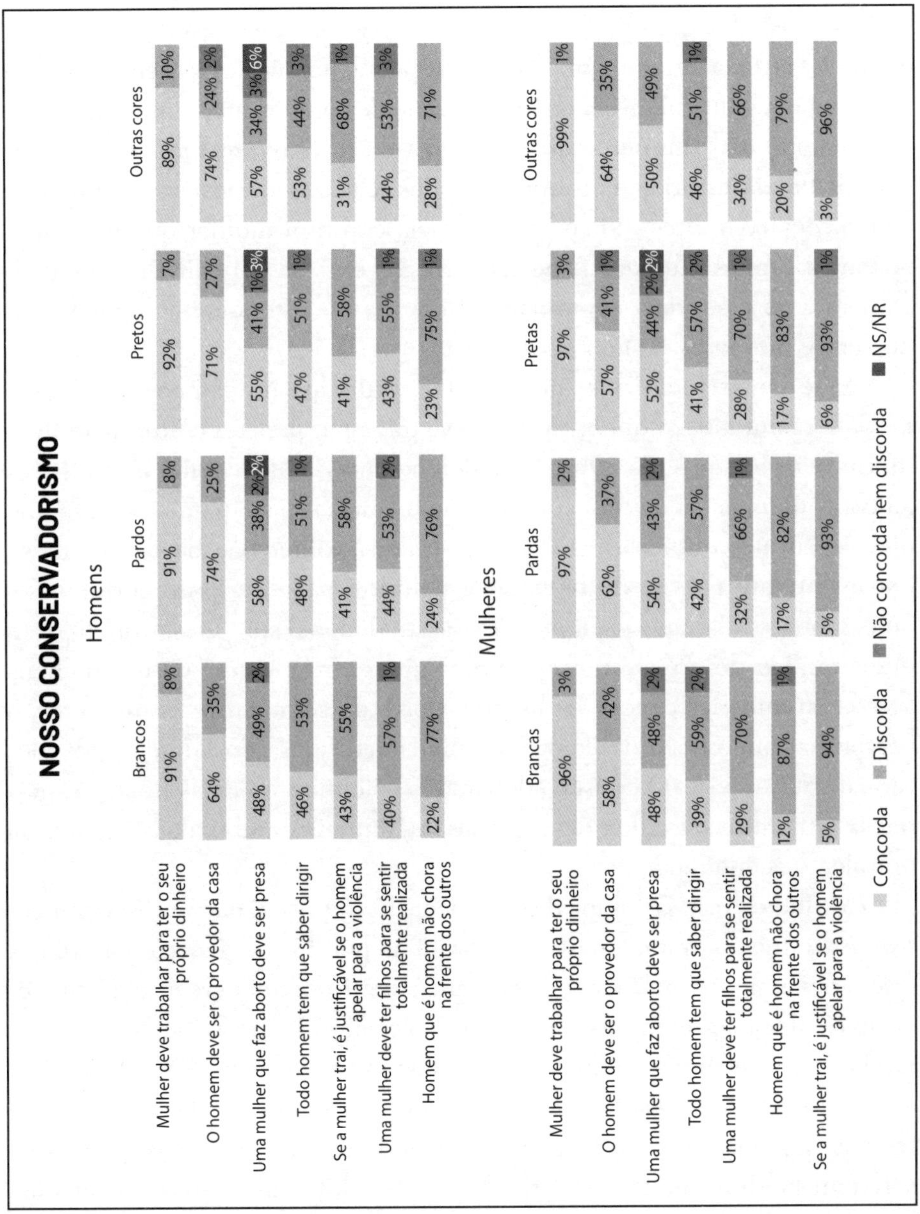

até com países com valores conservadores da América Latina, porque há anos o tema é sistematicamente evitado no Congresso e porque é um assunto desconfortável para a esquerda e explorado pela direita.

No caso do adultério feminino, o conservadorismo masculino se revela em uma vertente brutal. Entre 31% e 43% dos homens, a depender de sua cor, acha que é justificável cometer o crime de agredir uma mulher que trai. É a minoria, mas um percentual alto, quase próximo à metade. Esse resultado demanda estudos mais aprofundados, capazes de investigar possíveis correlações com altos índices de violência contra a mulher que persistem no país. Entre as mulheres, apenas entre 3% e 6%, a depender da cor, concordam com essa ideia abominável. Essa é a ideia na qual as opiniões de homens e mulheres estão mais distantes.

Esse conservadorismo, no entanto, se dissipa no campo econômico. É quase unanimidade que a mulher deve trabalhar para ter o próprio dinheiro. Entre os homens, de 89% a 92% defendem essa ideia; entre as mulheres , a concordância vai de 96% a 99%. Não há mais espaço para o padrão, que prevaleceu até a década de 1960, de que a mulher não deve ser economicamente ativa. Quando se trata de definir o papel de provedor da casa, no entanto, ainda há espaço para a visão tradicionalista. Apesar de dizerem que a mulher deve ter seu próprio dinheiro, entre 64% e 74% dos homens acreditam que eles devem ser os provedores da casa. Entre as mulheres, o percentual que concorda com essa tradicional figura do homem provedor varia de 58% a 64%. O conservadorismo brasileiro se rende às finanças, mas revela seu limite: a mulher deve ganhar seu dinheiro, embora o homem deva prevalecer economicamente.

Mulheres que já foram discriminadas têm posicionamentos significativamente menos tradicionais em relação às normas de gênero masculinas e femininas. Essas mulheres discordam em 19 pontos percentuais daquelas que nunca sofreram discriminação em relação à afirmação de que uma mulher deve ter filhos para se sentir totalmente realizada. A tendência é a mesma quanto à ideia de que o homem deve ser o provedor da casa: quem já foi discriminada discorda 14 pontos percentuais mais do que as que nunca sofreram nenhum tipo de discriminação. Sendo assim, parece haver uma tendência segundo a qual, quanto mais a sociedade praticar atos de discriminação percebidos pelas mulheres, mais estas tenderão a discordar de normas tradicionais de gênero e, potencialmente, a desenvolver outras discordâncias de opinião em relação aos homens. Voltaremos a esse ponto no Capítulo 7.

Nosso conservadorismo também se expressa em relação aos homossexuais: nós os reconhecemos, mas o Brasil ainda não os aceita plenamente. Na pesquisa, 71% das pessoas disseram que a homossexualidade não é justificável — índice que ajuda a entender por que o Brasil aparece como um país mais tradicional do que secular no gráfico inicial de Inglehart e por que, em 2025, está no mesmo estágio de 1997. A opinião nacional é semelhante à que prevalece no México, onde 75% das pessoas pensam da mesma forma. Está no espectro diametralmente oposto ao da Suécia, onde apenas 19% acham que a homossexualidade não se justifica. E fica atrás, ainda, dos Estados Unidos e dos países escandinavos, como Finlândia, Noruega e Suécia, quando o assunto é a aceitação de pessoas de sexualidade fora do padrão social.

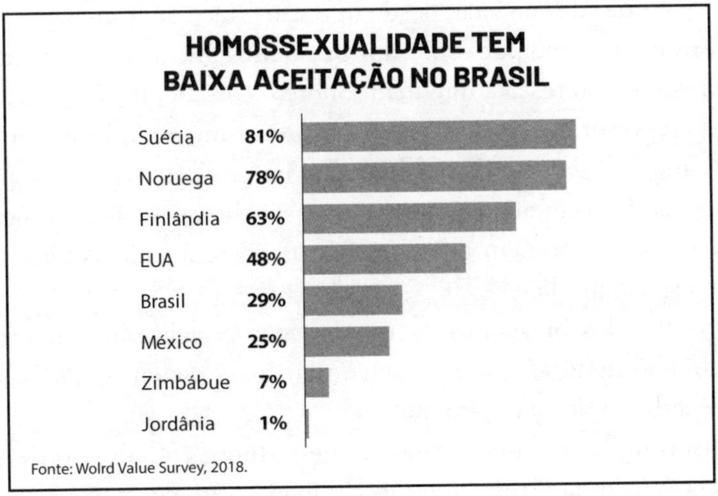

Cabe aqui uma explicação. Usamos na *Brasil no espelho* o termo "justificável" nas perguntas sobre homossexualidade por uma questão metodológica. Seguimos o mesmo padrão da pesquisa *World Values Survey*, de Inglehart, que usa o termo "justificável" nas perguntas, para podermos comparar os dados do Brasil com os de outros cem países. Outras pesquisas usam os termos "aceitável" ou "tolerado" em questões sobre homossexualidade. Parece uma diferença

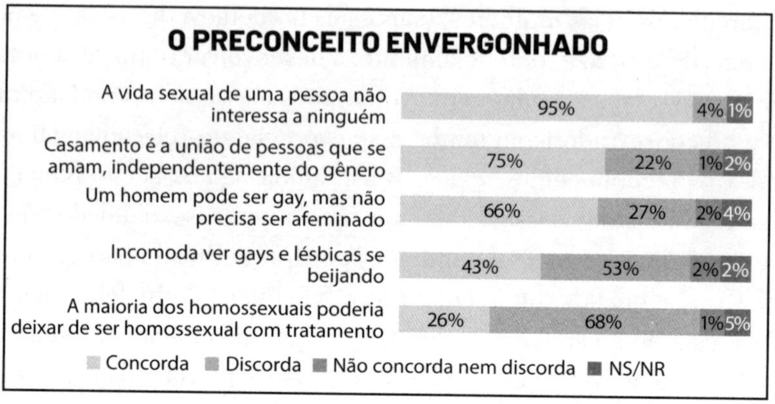

sutil, mas guarda distinções morais e culturais relevantes. Assim, utilizamos a expressão "justificável" para termos a comparação metodologicamente correta.

Quando o tema é homossexualidade, o Brasil se envergonha um pouco de ser conservador. Um preciso resumo dos brasileiros seria o clichê "cada um faz o que quer da sua vida, desde que não o faça em público ou perto de mim". Noventa e cinco por cento dos brasileiros afirmam que a vida sexual de terceiros não interessa a ninguém. Sobre o casamento, 75% dizem que a instituição representa a união de pessoas que se amam, independentemente se são do mesmo gênero. Essa tolerância, no entanto, só vale se praticada à distância: 43% se incomodam em ver casais homossexuais se beijando e 66% dizem que um homem gay não precisa ser afeminado. A tolerância não resiste ao espaço público.

A maioria dos brasileiros — 68% — não acredita na "cura gay". Por outro lado, isso significa que 26% acham que gays podem se tornar heterossexuais se submetidos a tratamento.

A discriminação é uma realidade persistente e clara. No Brasil, 42% das pessoas dizem já terem sido discriminadas em alguma ocasião. Desse grupo, 22% já sofreram discriminação por cor, 34% por aparência e 25% por causa do sotaque — este último um sintoma do preconceito sobre a origem regional, em geral contra nordestinos. Entre as mulheres, 36% se sentiram discriminadas. Entre os homens, 48% dizem já ter visto uma mulher sendo discriminada.

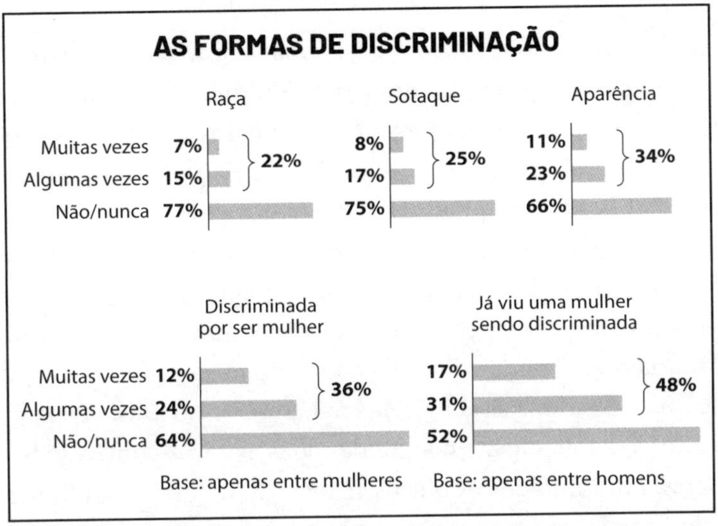

Discriminação e preconceito racial são heranças sociais da escravização de pessoas negras, que perdurou no Brasil entre 1530 e 1888. Durante as sete décadas do Império, o país passou por um processo de instituição seguida de sabotagem de leis contra o tráfico negreiro e a escravidão, que adiaram a abolição até 1888. Durante o século seguinte foi cultivada a falsa visão de ser o Brasil a terra da convivência racial pacífica e democrática, em oposição à política de segregação que vigorou nos Estados Unidos com as leis Jim Crow até a década de 1960. Essa visão ainda se reflete na forma como os brasileiros enxergam o racismo, uma mistura de admissão no social e de negação pessoal. Os brasileiros lidam com o preconceito racial de forma particular: dizem que a sociedade é racista, mas negam o serem eles mesmos. Esse padrão se observa pelo menos desde a década de 1990. A antropóloga Lilia Schwarcz, em seu texto "Questão racial no Brasil", publicado em 1996, reportou resultados de uma pesquisa de opinião que perguntava aos brasileiros se tinham preconceito racial e se conheciam pessoas preconceituosas.* Cerca de 3% dos entrevistados se disseram abertamente preconceituosos, ao passo que 95% afirmaram conhecer alguém preconceituoso, referindo-se a parentes, amigos e vizinhos.

* Schwarcz, L. "Questão racial no Brasil" em Schwarcz, L. e Reis, L. *Negras imagens: ensaios sobre cultura e escravidão no Brasil*. São Paulo: Edusp, 1996.

Há mais consciência sobre o problema, construída por meio de leis, educação, campanhas públicas, iniciativas culturais — como as de canais de televisão ao adotarem mais personagens negros em novelas e séries —, atuação de ONGs, entre outras formas. A maioria dos brasileiros concorda com a frase: "O Brasil é um país racista", mas a visão sobre o racismo varia de acordo com o gênero e a cor. As opiniões dos homens brancos se destacam: 21% deles discordam da afirmação, enquanto no outro extremo estão as mulheres pretas, com apenas 10%. Homens brancos são o único grupo que majoritariamente ainda concorda com a visão da primeira metade do século XX de que todas as raças convivem em harmonia no Brasil. Diante da frase: "O Brasil é uma democracia racial, onde todas as raças convivem bem", 51% deles concordam. Em todos os outros grupos, de homens e mulheres pardos, pretos e de outras cores, essa visão é minoritária. No extremo oposto aos homens brancos estão as mulheres pretas: apenas 36% delas concordam com isso. As reações às duas afirmações revelam diferenças de pensamento por gênero. Homens brancos se mostram mais racistas que mulheres brancas, enquanto homens e mulheres negros têm opiniões mais parecidas. Enquanto 21% dos homens brancos discordam que o Brasil seja um país racista, as mulheres são 12%, uma significativa diferença de 9 pontos percentuais. No caso de homens e mulheres pretos, a diferença é de 7 pontos percentuais. Em relação à ideia de o Brasil ser uma democracia racial, a diferença entre homens e mulheres brancos é de 13 pontos percentuais — no caso, 38% das mulheres concordam com isso, contra 51% dos homens. No caso de homens e mulheres pretos, a diferença é de apenas 2 pontos percentuais: 38% dos homens concordam, contra 36% das mulheres — ou seja, a maioria deles discorda dessa ideia.

Desde a década de 1950 são editadas (aprovadas, sancionadas e publicadas) leis antirracismo — isso significa que essas legislações foram aprovadas, sancionadas e publicadas. A Constituição de 1988 estabeleceu o racismo como crime inafiançável, um avanço de grandes proporções, que fica claro quando episódios de preconceito racial no Brasil são punidos, enquanto outros, contra brasileiros no exterior, passam impunes. Brasileiros sabem que racismo dá cadeia. Os limites para isso são encontrados quando se trata de políticas públicas de combate à desigualdade e de compen-

DIFERENTES VISÕES DO RACISMO

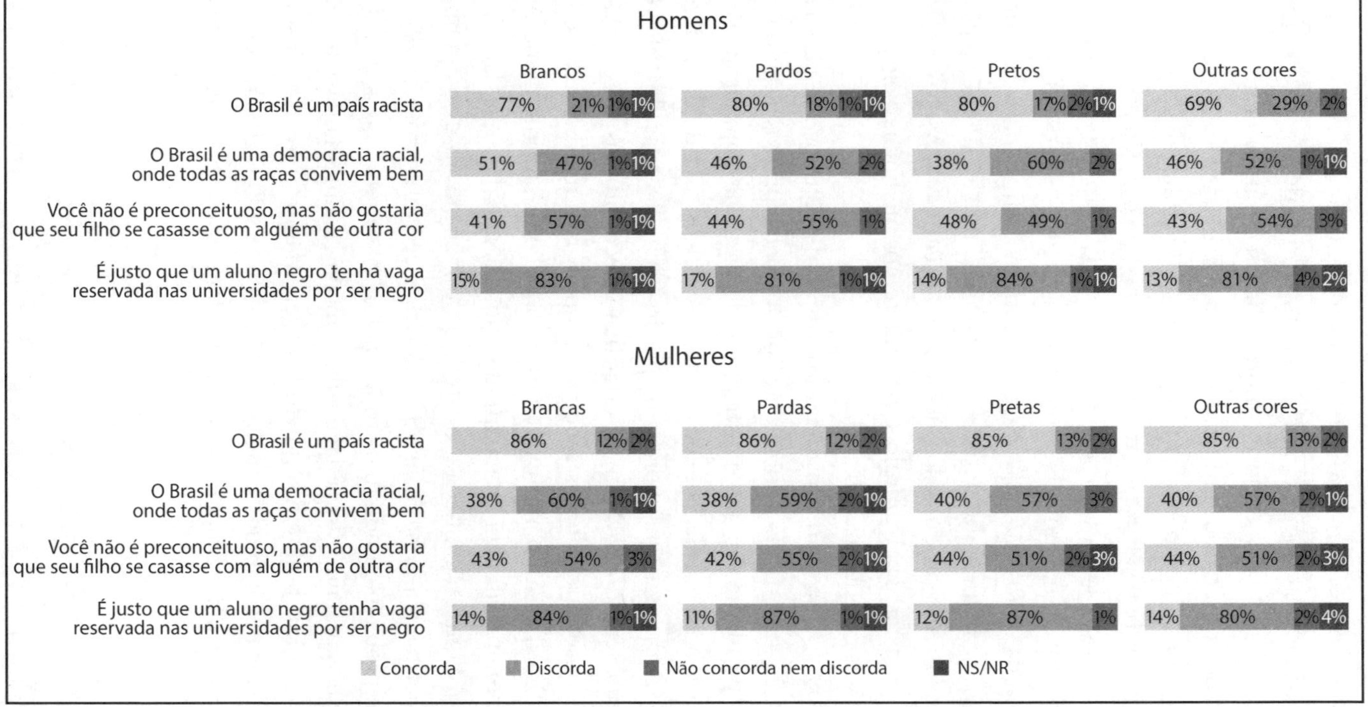

sação pelo passado. Em 2002, universidades começaram a experimentar critérios raciais e socioeconômicos como forma de acesso a seus cursos, com cotas. A Lei de Cotas no ensino público federal foi editada em 2012 e os resultados observados em mais de uma década são positivos, tanto do ponto de vista social como acadêmico. Contudo, as cotas ainda são rejeitadas pela maioria dos brasileiros. As mulheres negras são o único grupo em que a maioria é favorável ao sistema. Diante da frase "É justo que um aluno negro tenha vaga reservada nas universidades por ser negro", 54% delas concordam. Entre os homens pretos, são 48%. No outro extremo, a mais baixa taxa de concordância é entre homens brancos: 41%. A prática mostra que a democracia racial brasileira é um produto do imaginário do século XX. As ações afirmativas não são bem-vistas. No Capítulo 4, entenderemos melhor a rejeição dos brasileiros a políticas de equalização social.

De acordo com um conjunto amplo de estudos, as pessoas tendem a apoiar ações estatais contra desafios socioeconômicos quando reconhecem que o problema é grave e atinge grande parte da população. Foi assim, por exemplo, com a inflação: seus efeitos negativos na vida da maioria dos brasileiros se tornaram insuportáveis, por isso, nas décadas de 1980 e 1990, três governos seguidos viveram de criar planos econômicos para acabar com o aumento descontrolado dos preços, até que o real teve sucesso, em 1994. Falta no Brasil essa unanimidade em reconhecer o racismo como um problema presente, que afeta grande parte dos cidadãos no dia a dia. Embora uma parte dos brasileiros reconheça a existência do racismo, mas se oponha a políticas antirracistas por achar que o Estado não deve intervir nesse tipo de questão, há um problema ainda mais fundamental nas crenças dos brasileiros sobre o assunto: o preconceito racial é subestimado. As autoras Jennifer Hochschild e Katherine Einstein, em seu livro *Do Facts Matter?*, mostram pesquisas de opinião feitas nos Estados Unidos na década de 1990 segundo as quais a maioria dos entrevistados brancos diziam acreditar que os negros estavam em situação igual ou melhor do que os brancos com relação a risco de perder o emprego, acesso a moradia e saúde, e nível de renda e educação.* De acordo com da-

* Hochschild, J. L., & Einstein, K. L. (2015). *Do Facts Matter? Information and Misinfor-*

dos oficiais da época, os negros americanos estavam em condições piores do que os brancos em todos esses quesitos. E, mais importante, os entrevistados brancos que mais se opunham às políticas antirracismo eram os mesmos que expressavam crenças equivocadas na ausência de desigualdade racial no país. Ou seja, a oposição a tais políticas estava mais calcada no fato de que os americanos subestimavam a desigualdade e o preconceito do que na ideologia de que o Estado não deve intervir na desigualdade racial.

A percepção dos brasileiros do racismo contra outras pessoas varia de acordo com o gênero e a cor da pele do observador. Homens brancos formam o grupo que mais subestima o racismo no cotidiano. Para 64% deles, uma pessoa negra será tratada pior que uma branca pela polícia. É a maioria, mas é o mais baixo índice entre todos os grupos: 75% das mulheres brancas pensam assim, enquanto 69% dos homens pardos e 76% dos homens pretos pensam igual. No extremo do espectro estão as mulheres pretas: 83% delas dizem que negros são mais maltratados pela polícia do que brancos, uma diferença significativa de 19 pontos percentuais em relação aos homens brancos. Diversos dados de segurança pública mostram que pessoas pretas recebem um tratamento mais violento e são com maior frequência consideradas alvos pela polícia do que as brancas.

Em quatro outras situações, o padrão do pensamento dos homens brancos de subestimar o tratamento racista a pessoas pretas se repete. A maioria dos homens brancos acha que pretos serão tratados iguais a brancos em estabelecimentos comerciais (46%), no trabalho (50%), em escolas e universidades (53%), e em festas, bares e restaurantes (53%). As opiniões dos homens brancos destoam: em todos os outros grupos, só a minoria pensa assim. As diferenças percentuais são significativas, em especial em relação às opiniões de mulheres brancas e de mulheres negras. Entre os dois grupos femininos prevalece a visão de que negros são mais maltratados do que brancos nas cinco situações expostas. Ao compararmos as opiniões de mulheres brancas e homens brancos, percebemos uma diferença de 10 pontos percentuais sobre o tratamento dado a negros em estabelecimentos comer-

---

mation in American Politics. University of Oklahoma Press, 2015.

O RACISMO É SUBESTIMADO

Uma pessoa negra vai ser tratada melhor, igual ou pior que uma pessoa branca...

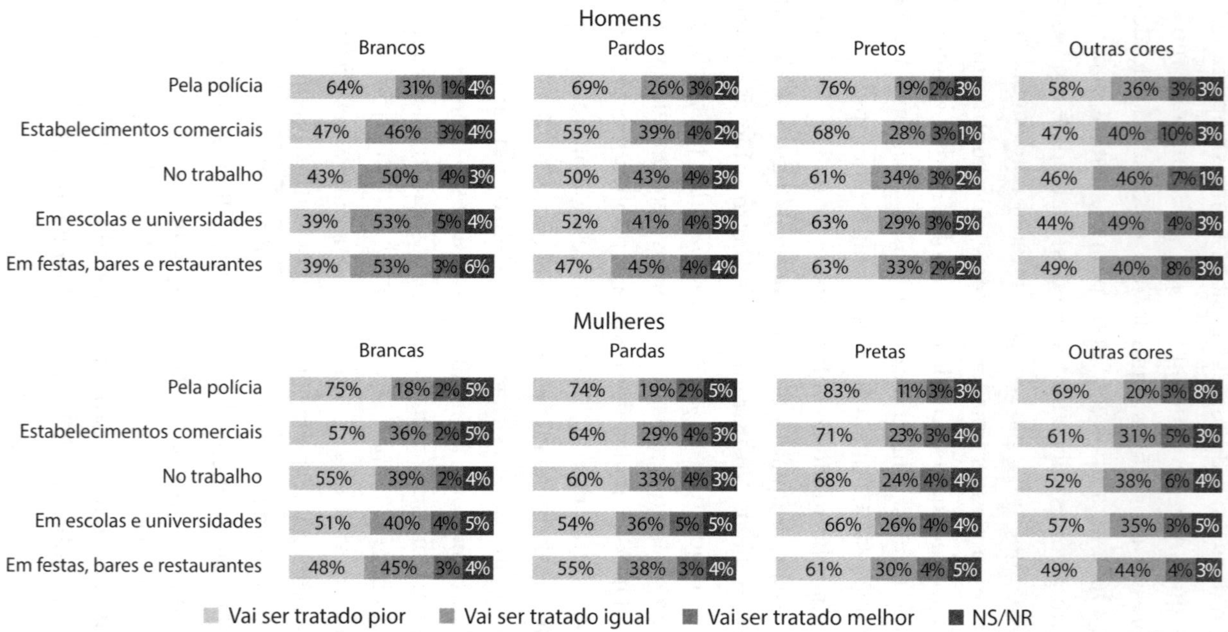

ciais, 12 pontos percentuais no caso do trabalho, 12 pontos sobre escolas e universidades e 9 pontos sobre festas, bares e restaurantes. Em relação às mulheres negras, a distância para a opinião dos homens brancos é ainda maior: são 24 pontos percentuais na opinião sobre o tratamento em estabelecimentos comerciais, 25 no trabalho, 27 nas escolas e universidades, e 22 em festas, bares e restaurantes.

A discriminação pode ser menos percebida por brancos porque eles são os que menos relatam passar por casos assim, enquanto homens e mulheres negros são os que mais dizem sofrer com isso. Mulheres pretas da Geração Redemocratização são as que mais relatam terem sofrido episódios de preconceito, com 69%. As mulheres pretas da Geração.Com vêm em seguida, com 66%. Depois, vêm os homens pretos da Geração Redemocratização, com 62%. Os grupos que menos relataram discriminação são os homens brancos das gerações Redemocratização, Bossa Nova e .Com, com menos de 10%. A significativa diferença de percentual nesse caso é compatível com a diferença vista na percepção dos grupos em relação ao tratamento que brancos e negros recebem em situações sociais. Assim como se sentem menos discriminados, homens brancos acreditam que negros recebem tratamento igual ao dispensado a eles. Essa percepção de discriminação varia também de acordo com a localização. O estado do Rio de Janeiro é o que, proporcionalmente, apresenta maior percepção de discriminação por cor. Altas taxas também são detectadas na Bahia, em Sergipe e no Espírito Santo. A Bahia, contudo, tem uma particularidade, pois lá está a maior população preta do país. Assim, quando se observa a discriminação por cor considerando apenas as pessoas pretas, a Bahia tem as menores taxas. Já em Santa Catarina, Rondônia, São Paulo, Minas Gerais, Goiás e Rio Grande do Sul acontece o contrário: baixas taxas de discriminação por cor, mas índices elevados quando se considera apenas a percepção das pessoas pretas. A discriminação pode ser também por aparência. Nesse sentido, as mulheres indígenas da Geração Redemocratização são as que mais percebem discriminação. Em seguida, vêm as mulheres pretas da mesma geração.

Da mesma forma que enxergam menor discriminação em relação a negros, os homens tendem a acreditar mais na ideia de que mulheres são tratadas de maneira melhor ou igual a eles em sociedade. Entre os homens, 84% acham que a polícia trata mulheres melhor ou da mesma forma como os trata, enquanto 74% das mulheres brancas acreditam nisso. Aqui, o componente racial influencia na percepção: pessoas pretas tendem a afirmar menos que as mulheres são tratadas de maneira melhor ou igual aos homens. Entre os homens pretos, também são 84% os que acreditam nisso, ao mesmo tempo em que 71% das mulheres pretas concordam. Em geral, homens e mulheres pretos afirmam que as mulheres serão tratadas de maneira pior em proporções maiores que os brancos. No caso do ambiente de trabalho, 51% das mulheres pretas afirmam que as mulheres são mais maltratadas que os homens, enquanto 35% dos homens pretos diz a mesma coisa. Entre os homens brancos, 29% têm essa opinião, enquanto 44% das mulheres brancas pensam assim.

No rol de preconceitos e discriminações, o Brasil também acumula uma vertente em relação ao modo de falar e ao sotaque. Ter preconceito com sotaques é algo que também acontece em outros países. Brasileiros das regiões Norte e Nordeste são os que mais sentem discriminação pelo modo como falam. A Paraíba é o estado que mais experimenta esse tipo de discriminação. Trata-se também de uma questão geracional: brasileiros mais jovens, das gerações Redemocratização e .Com, percebem mais esse tipo de discriminação que os mais velhos. No extremo oposto, estão as pessoas da Geração Bossa Nova. A variação percentual da percepção desse tipo de discriminação é pequena entre todos os grupos.

Quando se trata de discriminação por gênero, homens de todo o país dizem já ter visto uma mulher ser discriminada. A percepção não varia por estado ou região. O Espírito Santo aparece com a maior proporção de homens que dizem ter visto esse tipo de discriminação. No Amapá está a menor. Por outro lado, o sentimento por parte das mulheres varia de região para região. Tocantins e Rio de Janeiro são os estados em que as mulheres se sentem mais discriminadas pelo seu gênero, enquanto em Alagoas e no Rio Grande do Norte menos mulheres relatam o sentimento. O fator geracional tem mais peso na percepção da discriminação por gênero. A gradação é nítida e uniforme: quanto mais jovem, maior a percepção. Mulheres e homens da Geração.Com percebem mais esse tipo de discriminação, enquanto pessoas da Geração Bossa Nova são as que menos notam. As que mais relatam já

MULHERES QUE JÁ SE SENTIRAM DISCRIMINADAS POR SEREM MULHERES

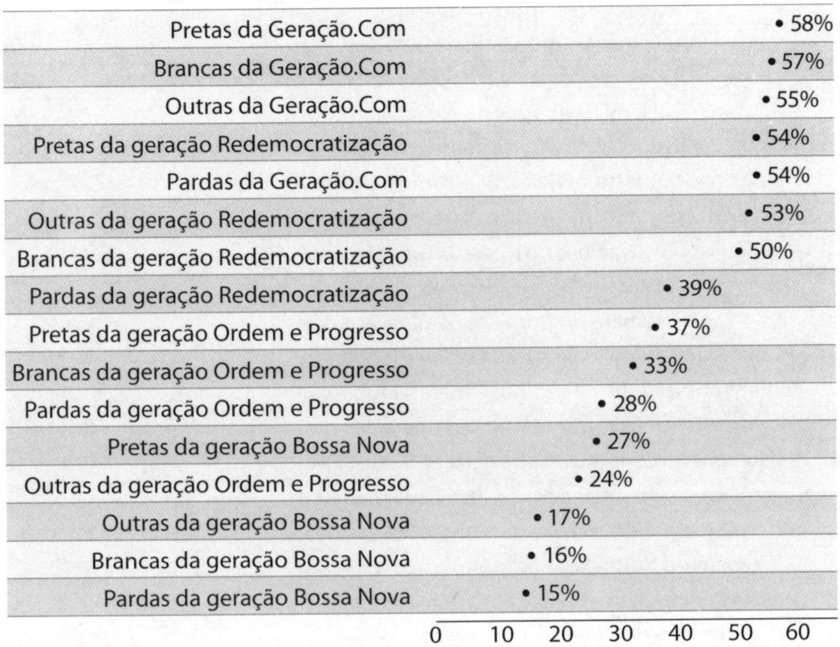

terem se sentido discriminadas são as mulheres da Geração.Com, independentemente da cor da pele, com 58%. As que menos relatam discriminação por gênero são outras mulheres (17%), brancas (16%) e pardas (15%) da Geração Bossa Nova. No caso das mulheres da Geração Redemocratização e da Geração.Com, os índices gerais ficam acima de 50%. A diferença de 43 pontos percentuais entre um extremo e outro mostra como essa percepção é uma questão geracional, um exemplo das nuances do Brasil.

A percepção dos homens segue o mesmo padrão geracional. Há uma diferença de 37 pontos percentuais entre os que mais percebem a discriminação de gênero, os da Geração.Com, para os que menos percebem, da Geração Bossa Nova. São 68% os homens da Geração.Com da região Centro-Oeste que dizem ter visto uma mulher ser discriminada. Homens da Geração.Com da região Sul que dizem isso são 62%, seguidos dos homens

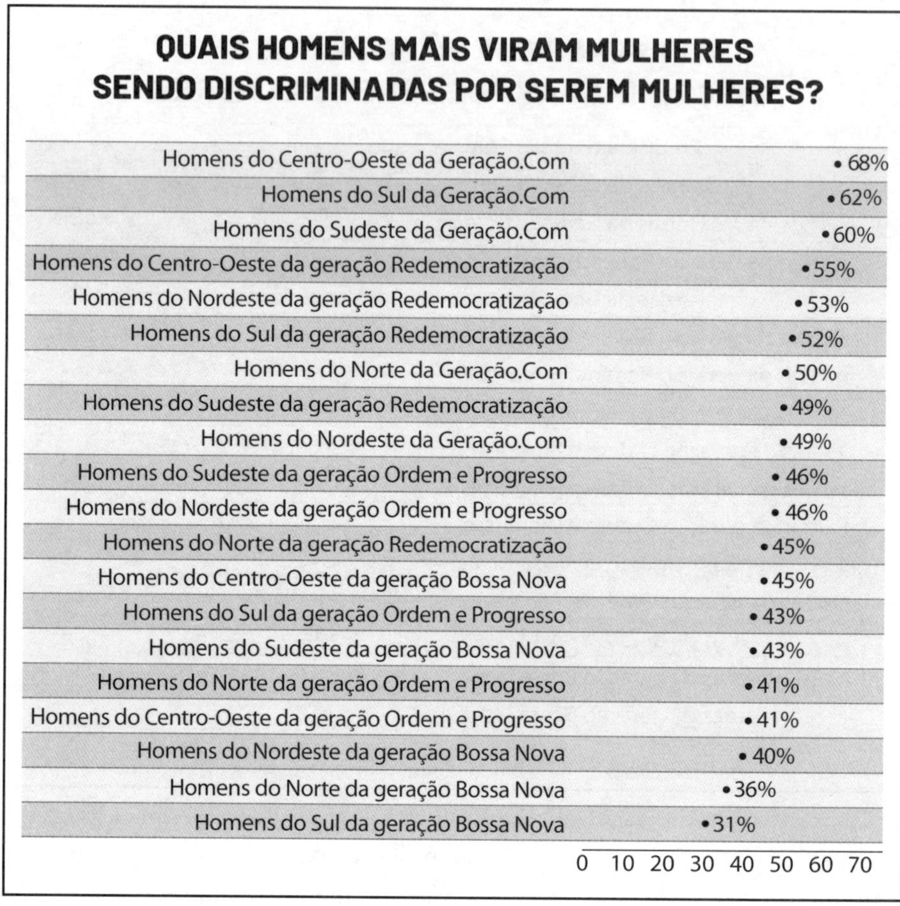

da região Sudeste, com 60%. Os mais baixos índices são dos homens da Geração Bossa Nova do Nordeste (40%), do Norte (36%) e do Sul (31%).

Quando se inclui a cor da pele, surge outra diferença. Mulheres pretas relatam maior discriminação do que as brancas. As mulheres brancas relatam mais discriminação do que os homens dizem ter visto.

A intolerância e o racismo têm um componente geracional. Todos já ouvimos pessoas das gerações Bossa Nova e Ordem e Progresso reclamarem que o mundo está chato por ter se tornado inaceitável fazer piadas com questões de gênero e raça; criticarem políticas afirmativas e iniciativas de igualdade; e enxergarem exageros em denúncias contra a discriminação de raça ou gênero e na atuação de feministas. Nesse aspecto, as gerações mais novas tenderão a mudar o futuro da caracterização da opinião pública brasileira sobre preconceitos e desigualdades. Por outro lado, enquanto os brasileiros toleram ou evitam se opor a posturas mais progressistas em público por conveniência, expressam conservadorismo quando a diversidade se aproxima de sua vida privada; atribuem ideias abstratas de racismo, preconceito e discriminação à sociedade, mas por vezes não enxergam as desigualdades e os preconceitos em suas manifestações mais concretas, enquanto negam veementemente que possam eles mesmos estar praticando tais atos.

Este capítulo mostrou um país de contradições: normas de gênero ainda conservadoras convivem com a ampliação do protagonismo feminino; a homossexualidade é "tolerada" de longe, mas não plenamente aceita; o racismo é reconhecido na sociedade, enquanto muitos o negam em si mesmos — com diferenças claras por gênero, cor e geração. Ao mesmo tempo, quando o tema vai para o bolso, cresce o acordo de que mulheres devem trabalhar e ter autonomia financeira, como se a vida real empurrasse valores para além do discurso. Esse mosaico ajuda a entender um traço que atravessa o cotidiano brasileiro: a tendência de deslocar responsabilidades e soluções para o indivíduo — cada um que "se vire", mesmo diante de problemas coletivos. É daí que partiremos no próximo capítulo, examinando como esse individualismo se traduz em jornadas esticadas, bicos, múltiplos empregos e no cansaço de quem precisa trabalhar mais do que gostaria apenas para fechar o mês — e o que isso faz com nossos vínculos, expectativas e futuro.

4

Individualismo, meritocracia e cansaço

Os brasileiros formam um povo sofrido e cansado, resignado, mas que continua sonhando e batalhando em busca de uma vida melhor. O cansaço com a vida e o desejo de ser independente do trabalho são sentimentos comuns. Durante a pesquisa que compõe este livro, foi feita uma pergunta espontânea sobre como as pessoas se sentiam. As que disseram se sentir cansadas ou relataram sentimentos que se relacionam ao cansaço e a emoções negativas, como exaustão, tristeza, ansiedade e medo, por exemplo, foram classificadas como "cansadas". Por esse critério, é seguro dizer que o sentimento de cansaço prevalece na sociedade: 51% dos brasileiros relatam, espontaneamente, cansaço ou emoções negativas. Numa distribuição geográfica, os brasileiros mais cansados estão na região Norte, sobretudo no Acre e no Amapá. Sergipe, Paraíba e Goiás também concentram um grande contingente de brasileiros exaustos. Por outro lado, os alagoanos são os que menos dizem estar cansados. Em termos de região, as pessoas menos cansadas estão no Sul.

O nível de cansaço varia de acordo com gênero, idade, renda e escolaridade. Os homens se declaram menos cansados que as mulheres, o que pode ser atribuído ao fato de pesar sobre elas a dupla ou tripla jornada do trabalho assalariado, o doméstico e o cuidado com os filhos. Em geral, quanto mais rico é o brasileiro, menos cansado ele se sente. A diferença entre os que ganham até um salário mínimo para os que ganham mais de dez é significativa. O mesmo acontece em relação à escolaridade: quem tem ensino superior se sente menos cansado do que quem tem apenas ensino médio ou fundamental. Renda e escolaridade somadas permitem dizer que, quanto mais alta é sua classe social, menos cansado é o brasileiro. Pessoas da Geração.Com declaram se sentir muito menos cansadas que os mais velhos. Nesse caso, o cansaço acompanha exatamente a progressão da idade: quanto mais velho, mais cansado.

Mas de onde vem esse cansaço? No lado subjetivo, o cansaço do brasileiro está relacionado à insatisfação com a vida atual como um todo e com a situação financeira. Quem está insatisfeito com a vida e com as finanças se sente mais cansado. Entre esses insatisfeitos com a vida em geral, 73% dizem se sentir cansados, comparados a 44% entre os satisfeitos. Entre os insatisfeitos com a situação financeira, 61% revelam sentir cansaço, contra 43% dos que dizem estar satisfeitos com a vida financeira.

O cansaço, como se percebe, também é uma questão de dinheiro. Entre as pessoas que ganham até um salário mínimo, 55% dizem estar cansadas. Já entre os que ganham mais de dez salários mínimos, o índice é de 41%. A diferença entre a menor faixa salarial e a maior é de 14 pontos percentuais. Entre as faixas de renda entre um e cinco salários mínimos, a maioria diz se sentir cansada. Apenas nas duas maiores faixas de renda — de cinco a dez salários mínimos e acima disso — é que os cansados são minoria. Podemos dizer com segurança que as dificuldades na busca pelo sustento deixam os brasileiros cansados, desanimados, tristes, ansiosos, com medo de não conseguir manter seu padrão de vida, pagar as contas ou até mesmo sobreviver dignamente.

No lado prático, o cansaço também tem razão de ser: seis em cada sete brasileiros precisam de mais de um trabalho para complementar a renda. Em percentual, eles são 84%. Pouco mais da metade deles, 52%, declaram se sentir cansados. O negócio próprio é visto pela esmagadora maioria das pessoas como a solução para o cansaço e para superar a necessidade de ter mais de uma atividade profissional: 83% das pessoas dizem querer ter um negócio próprio e não ter mais patrão.

Esses números apontam para um "empreendedorismo de exaustão": menos CLT e mais CNPJ não apenas por vocação, mas como resposta defensiva ao aperto de renda e à multiplicação de bicos. O desejo de "não ter patrão" (83%) mistura busca de autonomia com a percepção de que a regra do jogo empurra o risco para o indivíduo: o MEI barateia a porta de entrada, as plataformas reduzem barreiras de acesso e o crédito digital dá fôlego — mas tudo isso opera com renda volátil, jornada esticada e proteção social limitada. Na prática, parcela relevante do que se chama de "empreender" é pejotização do trabalho, que preserva a aparência de liberdade enquanto amplia a responsabilidade individual por receitas, custos e seguros contra o azar. O resultado é um ciclo em que o cansaço não é acidente, é engrenagem: trabalha-se mais para estabilizar a renda e, ao estabilizá-la, assume-se ainda mais risco. Esse arranjo alimenta valores de autoculpa e heroísmo produtivo, o que vem junto com o avanço do individualismo no Brasil e como ele molda expectativas, identidades e a tolerância social ao cansaço crônico. Com veremos mais adiante, isso é explicado pelo fato de a maioria dos brasileiros contar apenas consigo para sobreviver e superar todas as dificuldades, em especial as financeiras.

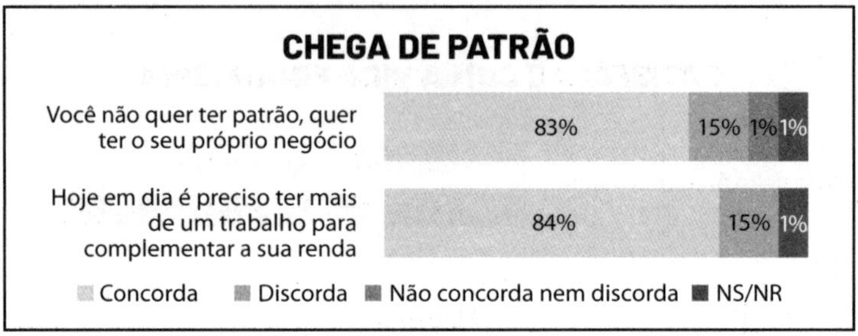

Moram nas regiões Norte e Nordeste os que mais precisam de outro trabalho para complementar a renda e os que mais sonham em abrir o próprio negócio. Estão nos estados do Tocantins, Amapá, Sergipe e Pernambuco as pessoas que mais almejam empreender. Curiosamente, Tocantins e Amapá têm a menor porcentagem de brasileiros que precisam de mais de um emprego para complementar a renda. O maior número daqueles que necessitam de mais de um trabalho, por sua vez, está em estados do Nordeste. No extremo oposto está o Distrito Federal, onde menos pessoas pensam em abrir um negócio próprio. Vale lembrar a particularidade do Distrito Federal: parte significativa da população trabalha no serviço público, portanto, parte da renda vem do Estado e é uma das maiores rendas *per capita* média do país.

A necessidade de renda e o desejo de não ter patrão variam de acordo com gênero e renda. As mulheres revelam maior necessidade de complementar a renda com mais de um trabalho: 87% para elas, 82% para eles. A situação se inverte na questão de ter negócio próprio: 84% dos homens revelam esse desejo, contra 81% das mulheres. No aspecto de renda, a necessidade de complementar o ganho mensal e o desejo de empreender diminuem à medida que a renda sobe. Entre os brasileiros que ganham até um salário mínimo, 89% precisam ter mais de um trabalho para complementar a renda e 88% desejam não ter mais patrão. Entre os que ganham mais de dez salários mínimos, 77% precisam de mais de um trabalho para complementar a renda e 75% querem ter seu próprio negócio.

Seria de se esperar que, com todo esse cansaço, os brasileiros estivessem desanimados com a própria existência, mas aqui há uma surpresa: apesar de tudo, a maioria dos brasileiros se diz satisfeito com a vida que leva. Numa comparação internacional, o Brasil está na média no quesito satisfação com a vida: 75% da nossa população apresenta algum nível de satisfação, taxa apenas um pouco abaixo da média mundial. Porém, os detalhes revelam novas nuances desse sentimento. Apenas 11% dos brasileiros se dizem "muito satisfeitos" com o país, para uma média mundial de 31%. Isso nos deixa 20 pontos percentuais abaixo da média e 40 pontos percentuais atrás do México, país com o maior número de habitantes que se declaram "muito satisfeitos", a 29 pontos da Noruega e a 28 da Finlândia.

Descobrimos que o índice de satisfação com a própria vida tem reflexos no sentimento das pessoas em relação ao país. Há uma correlação entre bem-estar pessoal e orgulho do lugar onde se vive. Os satisfeitos têm mais orgulho, enquanto os insatisfeitos com a vida são os que sentem menos orgulho — ou vergonha — do Brasil. Entre os que se dizem muito satisfeitos com a vida, 64% dizem se sentir muito orgulhosos do Brasil e 24% afirmam se sentir orgulhosos. Já entre os que dizem estar muito insatisfeitos com a vida, 10% responderam se sentir pouco orgulhosos e 24% declararam não serem orgulhosos do Brasil.

VERGONHA OU ORGULHO DO BRASIL?

	Muito satisfeito	Satisfeito
Muito orgulhosos do Brasil	24%	29%
Orgulhosos do Brasil	64%	55%
Nem muito nem pouco orgulhosos do Brasil	5%	8%
Pouco orgulhosos do Brasil	3%	3%
Não é orgulhoso do Brasil	4%	5%

	Insatisfeito	Muito insatisfeito
Muito orgulhosos do Brasil	32%	28%
Orgulhosos do Brasil	36%	29%
Nem muito nem pouco orgulhosos do Brasil	13%	10%
Pouco orgulhosos do Brasil	6%	10%
Não é orgulhoso do Brasil	12%	24%

Mas o que envolve estar satisfeito com a vida? Existe uma relação entre a sensação de ter controle da própria existência e satisfação. Percebe-se aqui que esse controle está relacionado ao que vimos há pouco: o desejo de ter seu próprio negócio. Para os brasileiros, o controle sobre a própria vida envolve ter poder de decisão no trabalho, ou seja, não ter de se submeter a ordens ou vontades de um chefe. As mulheres se sentem um pouco mais no controle da própria vida que os homens — 8 pontos contra 7,7, em média, em uma escala de 0 a 10. Entretanto, os homens estão mais satisfeitos: 78% se dizem satisfeitos com a própria vida, contra 73% das mulheres. Em relação à renda da família, 60% dos homens estão satisfeitos, enquanto 54% das mulheres dizem a mesma coisa. A sensação de controle e satisfação com a própria existência tem uma relação proporcional com a renda: quanto maior o ganho, maior a sensação de controle e de satisfação. O mesmo acontece em relação à idade. Brasileiros da Geração.Com — os mais jovens — relatam maior satisfação e controle da própria vida do que pessoas das gerações Bossa Nova, Ordem e Progresso e Redemocratização.

Quando o recorte é feito de acordo com a fé, todos os grupos dizem se sentir com menor controle da vida e menos satisfeitos. A variação é grande, mas os evangélicos se sentem menos satisfeitos que os católicos.

Umbandistas e candomblecistas seguem a mesma tendência. Para o caso dos evangélicos é importante lembrar que esse é o grupo que mais acredita que Deus está no comando da vida, que tudo será determinado e controlado por ele.

A satisfação para os brasileiros está bastante ligada ao trabalho. A maioria, 82%, diz trabalhar com o que gosta. Essa satisfação varia de acordo com a renda. Os mais ricos são os que, em maior proporção, gostam mais do trabalho que fazem. Dos que ganham até um salário mínimo, 77% dizem fazer o que gostam, contra 87% dos que ganham mais de dez salários mínimos, uma diferença de 10 pontos percentuais. Os que trabalham com o que gostam estão mais satisfeitos financeiramente. Entre os que trabalham com o que gostam, 64% se dizem satisfeitos financeiramente, contra 37% dos que dizem trabalhar com algo de que não gostam.

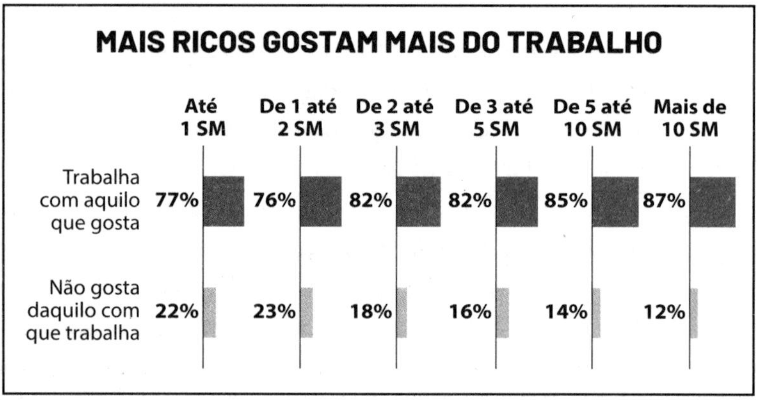

Satisfação é importante, mas o pragmatismo impera entre os brasileiros. Para 78% deles, o trabalho é um meio para pagar as contas, sobretudo para os mais pobres e os menos escolarizados. A concordância com a frase atinge 85% entre os que têm até o ensino fundamental e fica em 66% entre os que têm ensino superior, uma significativa diferença de 19 pontos percentuais. No recorte por renda, 87% dos que ganham até um salário mínimo pensam assim, contra 66% dos que ganham mais de dez salários mínimos.

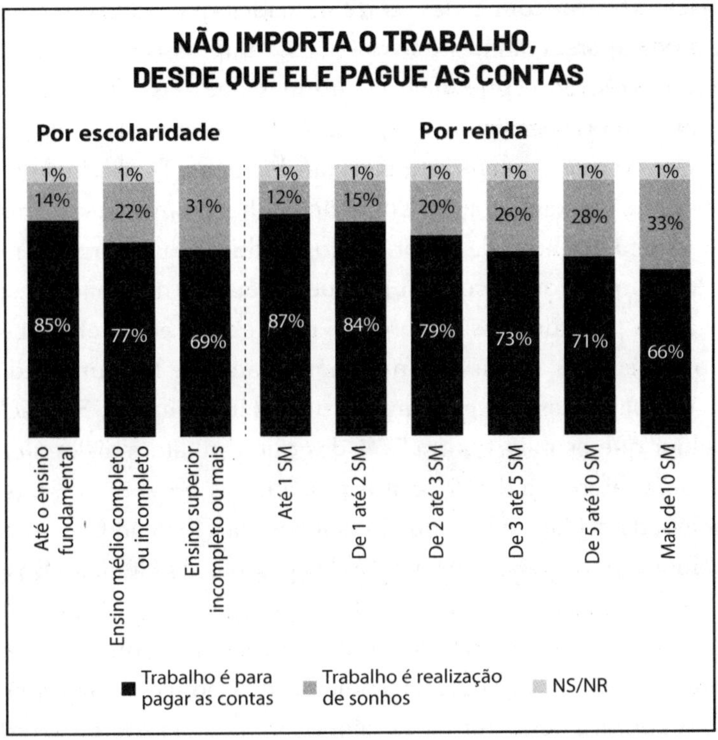

Uma explicação para o caso é que o Brasil é um país em que há grande diferença salarial e de oportunidades para quem tem ensino superior em relação aos demais. Os que têm ensino superior chegam a ganhar mais que o dobro dos que têm o ensino médio completo, de acordo com dados da Pesquisa Nacional por Amostra de Domicílios (Pnad), do IBGE. É um nível de desigualdade alto: em países da Organização para a Cooperação e Desenvolvimento Econômico (ocde), que reúne os países mais ricos, este nível de desigualdade fica entre 1,5 e 1,8 vezes. Os menos escolarizados e os de menor renda, ainda que com ensino superior, tendem a ser mais pragmáticos em relação ao trabalho. O fato de ter mais oportunidades concede aos mais escolarizados e com maior renda maiores chances de pensar em trabalhar com algo de que gostam.

Apesar de cansada, a maior parte dos brasileiros acha que a vida hoje está melhor do que na época de seus pais. São 68% os que têm essa impressão otimista. Mesmo com todas as dificuldades que observamos até agora — e que ainda aparecerão neste livro —, essa impressão faz sentido quando se observa a evolução econômica nas últimas décadas. O Brasil é um país menos pobre e menos desigual — apesar de ainda ser um dos mais desiguais do mundo — do que era há trinta ou quarenta anos. Brasileiros da Geração Redemocratização e da Geração.Com não conheceram a desorganização social e econômica dos anos da alta inflação. A educação se tornou universal, o número de crianças fora da escola porque precisam trabalhar é residual em comparação ao passado. Essa impressão de melhora geracional acompanha a renda: os mais ricos são os que mais acreditam que têm uma vida melhor que a de seus pais. Dos que ganham até um salário mínimo, 58% acham que vivem melhor que os pais, contra 77% dos que ganham mais de dez salários mínimos, uma diferença de 19 pontos percentuais. Essa impressão também está relacionada à idade: 77% dos brasileiros da Geração.Com acham que vivem melhor que os pais, contra 59% das pessoas da Geração Bossa Nova. Os brasileiros sentem que têm controle da própria vida: 74% pensam assim.

Se acreditam que o trabalho é para pagar as contas, os brasileiros acham que dinheiro é para gastar como se não houvesse amanhã — 80% das pessoas pensam dessa forma. A miopia financeira varia de acordo com o gênero: 82% das mulheres acham que dinheiro é para gastar, contra 78% dos homens. Essa postura tem consequências palpáveis. Em 2025, 27% da renda das famílias estava comprometida com o pagamento de dívidas, de acordo com dados do Banco Central. Quatro em cada dez brasileiros estão com o nome sujo devido a dívidas — ou seja, estão impedidos de ter uma vida financeira equilibrada. Por outro lado, 75% dos brasileiros dizem que guardam dinheiro para o futuro. A tendência de gastar convive com a consciência de que é preciso poupar para ter uma reserva para eventualidades.

Nossa relação com o dinheiro é condicional ao poder aquisitivo e à idade: os mais pobres e os mais velhos gastam, os mais ricos e os jovens acham que é preciso poupar para o futuro. Difícil saber as razões para esse resultado, embora o mesmo sugira que a falta de recursos acabe por dificultar a poupança dos mais pobres, e a menor perspectiva de tempo desestimule a poupança dos mais velhos. Os que mais concordam com a ideia de poupar são os que ganham acima de dez salários mínimos. No extremo oposto estão os que ganham até um salário mínimo. Brasileiros da Geração. Com demonstram grande preocupação com as finanças futuras, enquanto os da Geração Bossa Nova são os mais gastadores.

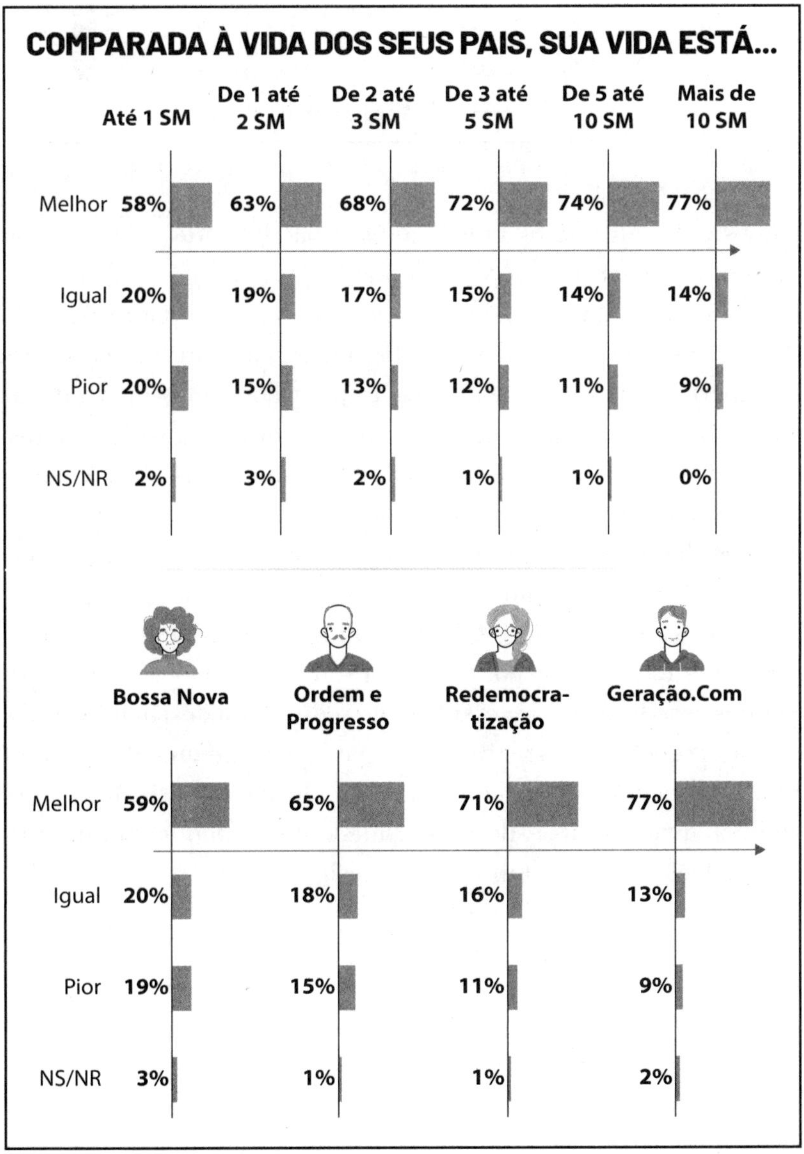

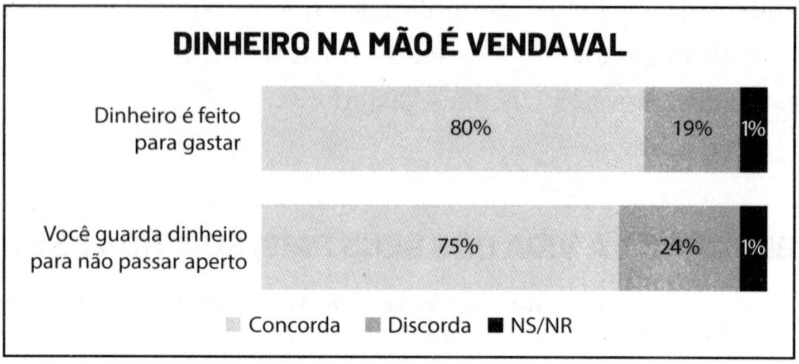

Vimos até aqui que os brasileiros são batalhadores, que precisam de mais de um emprego para complementar a renda e estão cansados de trabalhar. Querem ter um negócio, pois acreditam que teriam uma vida melhor. Porém, mesmo com todas as dificuldades, acham que vivem melhor que seus pais. Um traço fundamental é que valorizamos muito o trabalho individual. É nesse contexto que descobrimos que nós, os brasileiros, não defendemos políticas de redistribuição de renda nem as cotas como forma de ajudar os mais pobres e promover a igualdade social.

Esses valores fazem com que sejamos um povo avesso a políticas focadas nos que mais precisam, pois violam o princípio de que apenas quem merece deve ser beneficiado. Como veremos mais adiante, a maior parte dos brasileiros acredita que pobres não devem ser ajudados. Nem mesmo os mais pobres acreditam na necessidade de redução da desigualdade. Essa visão chama a atenção por ser o Brasil um país extremamente desigual. Apesar da queda na desigualdade no começo do século XXI, o Brasil ainda é um país com um dos maiores níveis de desigualdade do mundo: com um índice de Gini de 52,9, está entre os quinze mais desiguais.

UM PAÍS DESIGUAL COMO POUCOS

Índice de Gini – comparativo com outros países

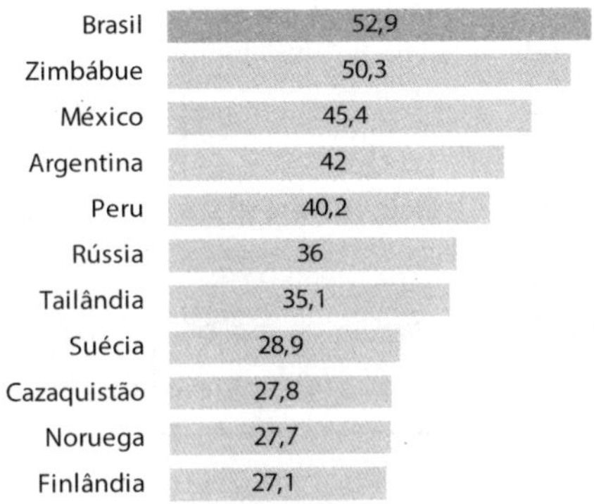

O índice de Gini é o mais disseminado indicador de medida de desigualdade. Consiste em números entre zero e cem, em que zero corresponde à completa igualdade de renda (ou seja, onde todos têm a mesma renda) e cem corresponde à completa desigualdade (onde uma única pessoa detém toda a renda, e as demais nada têm). Portanto, quanto maior é o Índice de Gini, mais desigual é o país.

De acordo com dados do IBGE e do Ipea, aquele 1% mais rico ganha 125 vezes mais que os 10% mais pobres. Enfrentar a desigualdade é um dos grandes desafios objetivos para o país, mas não está entre as prioridades para a maioria dos brasileiros.

Brasileiros são individualistas e descrentes das soluções coletivas. Três em cada quatro pessoas — mais precisamente, 74% — acreditam que só podem contar consigo mesmas e com mais ninguém para conquistar o que desejam. Por um lado, esse individualismo poderia ser sinônimo de um espírito do *self-made man*, da crença no esforço e na capacidade de cada um. No entanto, nossa análise entre as faixas de renda mostra que esse valor está mais concentrado entre os mais pobres e parece ter maior relação com o desamparo. É como se o brasileiro acreditasse que luta sozinho, sem apoio, contra tudo e todos. O percentual de brasileiros que concorda que só podem contar com eles próprios é sete pontos percentuais maior entre aqueles com renda de até um salário mínimo na comparação com aqueles com renda de mais de dez salários mínimos.

Os dados sobre satisfação e cansaço mostram que os brasileiros enxergam ter uma vida dura. Um efeito adverso disso é a resistência geral a formas de intervenção do Estado para reduzir a desigualdade. As políticas focadas nos vulneráveis, por mais que possam ser eficientes, encontram um obstáculo quase instransponível na visão de mundo dos brasileiros. A maioria acredita que os "pobres não fazem esforço para deixarem de ser pobres" e "só se deve ajudar quem faz por merecer". Para 56% dos brasileiros, os pobres não se esforçam para melhorar sua renda. A ideia é dominante e varia pouco de acordo com a idade. Entre os brasileiros da Geração Bossa Nova, 62% acreditam nisso. Entre as gerações Ordem e Progresso e Redemocratização, a ideia também é dominante. Apenas na Geração.Com, a minoria, 42%, acredita que os pobres não se esforçam. Os jovens são os únicos em que a maioria, 58%, acha que os pobres se esforçam para sair da pobreza.

Os brasileiros condicionam a ajuda aos pobres a uma ideia de mérito. Para 67% dos brasileiros, ou dois a cada três, só se deve ajudar quem faz por merecer. Entretanto, a renda não acompanha esse movimento: não há diferenças significativas entre níveis de renda em relação à percepção sobre se os pobres merecem ou não ser ajudados. Ricos e pobres pensam parecido nesse quesito: 69% dos que ganham até um salário mínimo concordam que só se deve ajudar quem faz por merecer, enquanto 61% dos que ganham mais de dez salários mínimos pensam igual.

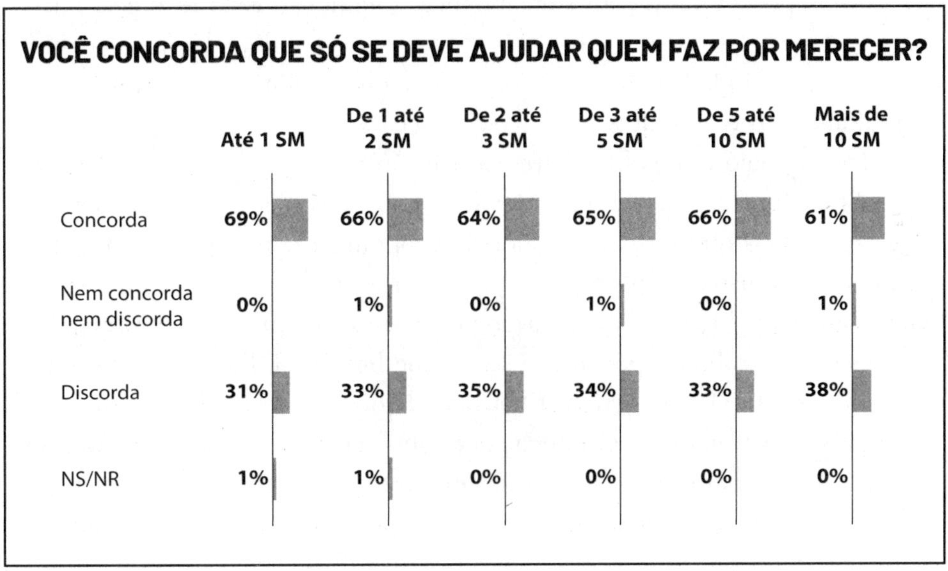

Nesse campo, nem a idade faz diferença. Todas as gerações concordam com a ideia de que só se deve ajudar quem merece, com uma pequena variação de 6 pontos percentuais da Geração Bossa Nova (71%) para a Geração. Com (65%).

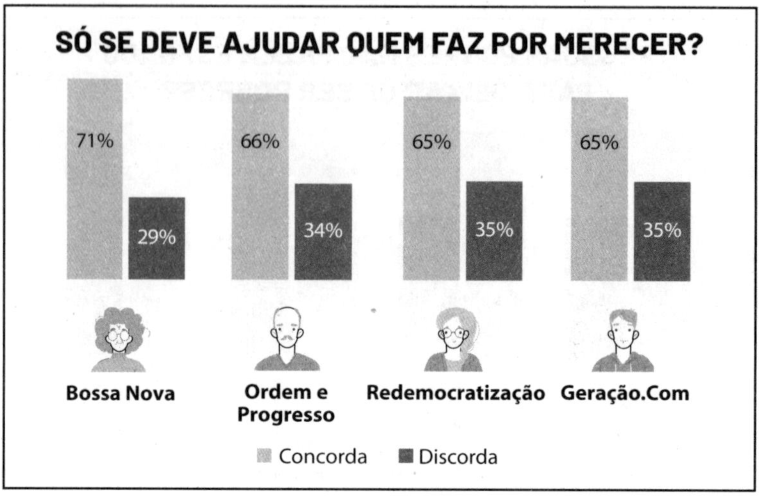

Pessoas mais jovens e de maior escolaridade acreditam mais na ideia de que os pobres merecem ser ajudados. Quando o recorte é a religião, adventistas e pessoas sem religião acreditam mais na ideia de que os pobres merecem ser ajudados em comparação a católicos praticantes. Já os pretos acreditam mais nessa ideia do que os brancos.

Para a maioria dos brasileiros, a solução para a desigualdade deve vir de políticas universalistas, não de políticas focadas nos mais vulneráveis, o que contraria o que mostram a ciência econômica e as experiências internacionais, inclusive a do próprio Brasil com o Bolsa Família. A garantia de vida saudável e do acesso à educação pelo Estado, de maneira universal, são valores compartilhados por toda a sociedade brasileira. Para 96% dos brasileiros, o governo deveria garantir boas condições a todos, e 98% acham que é dever do governo oferecer educação e saúde gratuitas a toda a população. Apenas 44% acham que é justo que um aluno negro tenha vaga reservada nas universidades só por conta de sua cor. Apenas os negros concordam em maioria com a política de cotas raciais nas universidades.

A pesquisa "Barômetro das Américas", conduzida em diversos países do continente ao longo dos últimos anos, mostra que 71% dos brasileiros concordam com a ideia de que o Estado deve atuar para reduzir a desigualdade. Esse percentual é próximo da média dos outros países da região. Entretanto, os dados da pesquisa *Brasil no espelho* mostram que a maioria dos brasileiros

VOCÊ CONCORDA QUE PROGRAMAS DO GOVERNO PARA OS MAIS POBRES FAZEM COM QUE PESSOAS TRABALHEM MENOS?

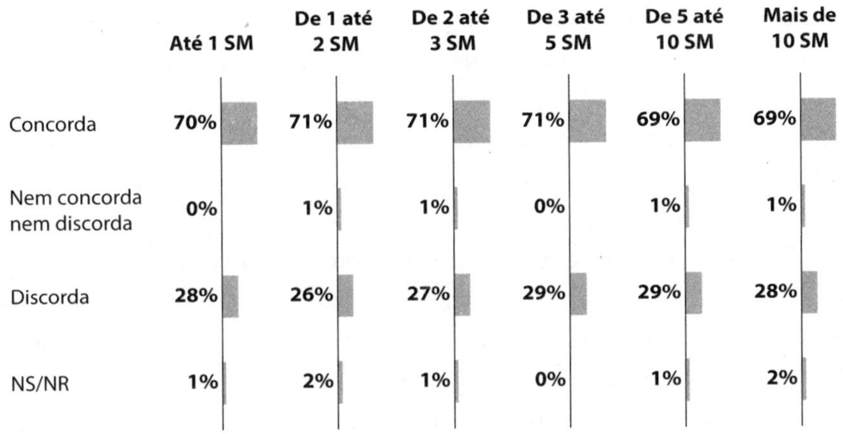

acredita que bolsas e auxílios são incentivos prejudiciais ao trabalho individual e 71% acham que esses programas fazem com que as pessoas queiram trabalhar menos. Mais uma vez, não é uma questão de renda. Entre os que ganham até um salário mínimo, 70% acreditam nisso; entre os que ganham mais de dez salários mínimos, 69% concordam.

A oposição dos brasileiros a políticas públicas focadas nos mais vulneráveis fica ainda mais clara quando observamos nuances. Em 2025, durante a tramitação no Congresso da proposta que isenta de cobrança de Imposto de Renda pessoas que recebem até 5 mil reais mensais e aumenta o imposto cobrado de quem ganha acima de 50 mil reais mensais, apoiadores do governo e o próprio presidente Lula exploraram a ideia de contraposição entre ricos e pobres em discursos e numa campanha nas redes sociais.

Em uma pesquisa sobre o impacto dessa discussão, contratada pela Genial e realizada pela Quaest em agosto de 2025, 63% dos brasileiros foram favoráveis a aumentar os impostos cobrados dos mais ricos para reduzir os cobrados dos mais pobres e 33% foram contra. O apoio foi maior entre as mulheres: 69%. Entre os homens, essa taxa foi de 57%. Pessoas que têm apenas o ensino fundamental, que formam o maior contingente dos mais pobres —

portanto, os beneficiados — foram as que mais apoiaram, com 70%. No entanto, o apoio entre os brasileiros com ensino superior não ficou distante, com 60%. A diferença de 10 pontos percentuais apareceu também na divisão por renda: entre os que ganham até dois salários mínimos o apoio foi de 68%, enquanto entre os que ganham acima de cinco salários mínimos foi de 58%. Católicos apoiaram mais que evangélicos — 64% *versus* 58%. A principal discrepância apareceu na comparação geográfica, com a diferença de apoio de 17 pontos percentuais entre os dois extremos — 73% na região Nordeste e 56% na região Sul. O apoio foi maior entre os mais velhos, pessoas das gerações Bossa Nova e Ordem e Progresso, com 71%, do que entre a Geração. Com, com 63%. De toda forma, em praticamente todos os segmentos, a maior parte dos entrevistados apoia a ideia. A maioria, no entanto, foi contra a campanha que contrapunha ricos a pobres. Na pesquisa, 53% se diziam contrários sob o argumento de que isso "cria mais briga e polarização no país"; outros 38% eram favoráveis, por acreditar que a campanha chamava a "atenção para os privilégios de alguns". Para os brasileiros, a justiça social não vale uma briga.

No saldo final, tanto um sistema tributário progressivo quanto políticas públicas direcionadas têm o mesmo efeito: reduzem a desigualdade. Por que, então, os brasileiros se mostram favoráveis a cobrar mais impostos de ricos para isentar pobres, mas consideram que políticas públicas como o Bolsa Família gera preguiçosos? Por que são favoráveis a uma forma e contra a outra? A resposta para essas perguntas está em outro aspecto que veremos mais à frente neste livro: os brasileiros relativizam a obrigação de pagar impostos. Pagar impostos é visto como uma obrigação que beira a punição, enquanto uma política pública é vista como uma ajuda direta. Cobrar mais dos ricos é bem aceito porque a maioria dos brasileiros paga impostos. Os brasileiros querem igualdade no castigo. Entretanto, não aceitam que o Estado faça o bem a uns e não a outros — mesmo que isso signifique justiça social.

A problemática da ajuda aos mais pobres enfrenta, além de uma questão de conceito, uma questão de percepção individual. Os brasileiros são míopes ao olhar para a própria situação financeira. A percepção de classe dos brasileiros é substancialmente distorcida: mais da metade dos 5% mais ricos afirma ser de classe baixa ou média baixa. Entre os que ganham mais de dez salários mínimos, 56% pensam assim.

RICO É O OUTRO

Qual a sua classe social?	Renda: Até 1 SM	De 1 até 2 SM	De 2 até 3 SM	De 3 até 5 SM	De 5 até 10 SM	Mais de 10 SM
Alta	3%	1%	2%	1%	3%	8%
Média alta	9%	11%	13%	18%	27%	34%
Média baixa	43%	49%	53%	57%	55%	47%
Baixa	43%	38%	31%	23%	14%	9%
NS/NR	2%	1%	1%	1%	1%	2%

Mesmo seguindo o Critério Brasil, estabelecido pela Associação Brasileira de Empresas de Pesquisa (Abep) para classificar estratos sociais, a percepção de classe do brasileiro continua distorcida: dois a cada cinco entre os mais ricos do país afirmam ser de classe baixa ou média baixa. Metade dos mais ricos acham que são de classe média e só 14% compreendem ser de classe alta. Ao se considerarem mais pobres do que realmente são, os brasileiros mostram não ter noção de quão pobres são os outros, nem da extensão da desigualdade entre os mais ricos e os mais pobres. Isso leva a uma ideia distorcida de que as pessoas ajudadas não são tão pobres assim. Especificamente entre os que se consideram mais pobres, essa ideia equivocada pode levá-los a acreditar que também deveriam ser ajudados, o que gera uma sensação de injustiça.

Os brasileiros não acreditam em mobilidade social. Acreditam que nascer em família rica, ter oportunidades e acesso a uma formação melhor — por destino, não esforço — explicam mais a riqueza do que o trabalho. É como se aquela ideia de "Deus no comando", o imponderável, fosse a força superior que escolhe quem será rico ou pobre. Em sociedades em que há alta mobilidade social e o valor meritocrático é forte, é esperado que exista a crença de que o caminho para a riqueza seja traçado por características individuais excepcionais, como trabalho, esforço ou talento acima do normal. Esse não é o caso brasileiro. A maior parte da nossa população acredita que os ricos são ricos no país pelo acaso de terem uma origem rica. Em outras palavras, não há a percepção de mobilidade social para o topo das faixas econômicas. Ao mesmo tempo, acredita-se que a desigualdade do país foi construída historicamente.

Quando perguntados se os ricos devem partilhar sua riqueza ou se merecem ser ricos, não há grande diferença de opinião entre as gerações. Independentemente da idade, os brasileiros acreditam mais no mérito dos ricos em ter mais dinheiro que a maioria do que na ideia de que eles devem dividir seus ganhos. Todos os brasileiros, a partir dos que têm renda acima de dois salários mínimos, acreditam que os ricos merecem ser ricos. Os que ganham acima de dez salários mínimos são os que mais acreditam nisso. A fé não muda essa ideia, mas os protestantes tradicionais são os que mais acreditam que os ricos merecem ocupar esse lugar na pirâmide. Os batistas/metodistas, com 76%, são os que mais discordam da ideia de que os ricos devem dividir seu dinheiro com outras pessoas. O menor índice neste aspecto é dos católicos praticantes, com 64%. Apenas pretos e pardos são mais adeptos da ideia de os ricos dividirem sua riqueza. É importante notar que, segundo a visão da maior parte dos brasileiros, enquanto os ricos merecem ser ricos — apesar de isso ser visto como uma questão de sorte ou destino —, os pobres precisam fazer por merecer para serem ajudados.

A crença dos brasileiros sobre a origem da riqueza não varia significativamente nem mesmo de acordo com o posicionamento ideológico. Entre quem se posiciona à direita, apenas uma minoria acredita na riqueza como fruto do mérito individual. Entre aqueles que se posicionam à esquerda, também não há um consenso substancialmente maior sobre a riqueza ser uma questão de destino. Entre os que se dizem de esquerda, 27% acreditam que o motivo de alguém ser rico é ter nascido em uma família abastada ou ter tido sorte. Entre os que se dizem de direita, esse índice é de 31%. Chama a atenção que a crença de que alguém é mais rico porque é mais talentoso que a maioria varia de 8% entre os que se dizem de esquerda para 6% entre os de direita. O mérito e o esforço pessoal, valores mais associados à direita no contexto internacional, não são valores caros à direita no Brasil.

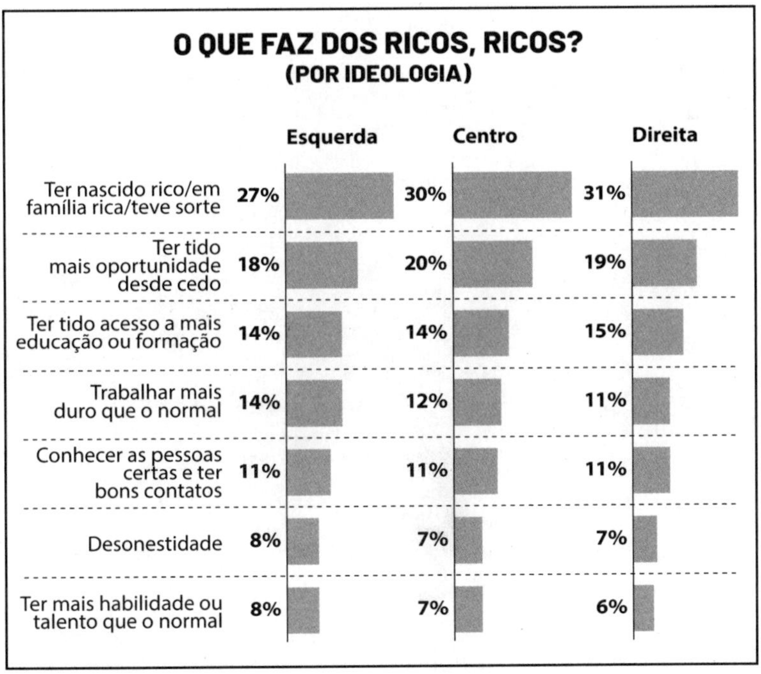

As visões dos brasileiros sobre riqueza, pobreza e desigualdade combinam elementos contraditórios. Os brasileiros se referem a falta de merecimento para explicar a pobreza e recusar políticas públicas focalizadas nos mais pobres. Ao mesmo tempo, duvidam que a riqueza dos ricos venha do trabalho, mas não aceitam a ideia de que os ricos devem partilhar sua riqueza. A contradição parece revelar nossa faceta individualista. Enquanto o fracasso dos outros se dá por falta de merecimento, o nosso se dá por desfavorecimento. Enquanto o sucesso individual dos outros se dá por favorecimento, o nosso se dá por mérito.

No próximo capítulo vamos descobrir as nuances do orgulho que os brasileiros continuam a sentir de seu país. Vamos nos deparar com as várias formas do conceito de honestidade e as impressões sobre o lendário jeitinho brasileiro.

5

Nossa identidade, o jeitinho e a honestidade

Orgulho é um sentimento que está sempre no pensamento dos brasileiros quando se trata do Brasil. A grande maioria, 85%, se diz orgulhosa do país, sendo que 64% afirmam ter "muito orgulho" e 21% "um pouco de orgulho". Considerando apenas os muito orgulhosos, o Brasil fica à frente dos Estados Unidos (46%), da Suécia (53%), da Argentina (59%) e da Noruega (61%). Entre os países selecionados para compor a pesquisa, lideram o ranking de orgulhosos os mais pobres: Jordânia (91%), México (72%) e Zimbábue (66%). Percebe-se que o orgulho não está diretamente relacionado à situação econômica, nem ao índice de desenvolvimento humano — afinal, os três líderes do ranking do orgulho ficam muito atrás de Suécia e Noruega no quesito qualidade de vida. Quando se olha pelo outro lado, Estados Unidos (19%) e Zimbábue (17%) são os países com maior índice de cidadãos que dizem sentir vergonha de seu país. O Brasil vem logo atrás, com 10%. Apesar de ter muitos orgulhosos, o Brasil tem um razoável índice de cidadãos que sentem vergonha do lugar onde vivem.

Os mais ricos, que ganham acima de dez salários mínimos, católicos praticantes e a Geração.Com são os que mais têm orgulho do Brasil. Moradores das regiões Norte e Nordeste são os mais orgulhosos, com 71% que afirmam

ter "muito orgulho", seguidos do Centro-Oeste com 65%. A região Sul é a que menos sente orgulho, com 58%. Em todas, no entanto, os orgulhosos do país são maioria. Na análise por estado, Sergipe, Rio Grande do Norte e Mato Grosso são os estados que têm maior orgulho do Brasil, enquanto Amapá, Rio Grande do Sul e Minas Gerais são os menos orgulhosos. Está na região Sudeste o maior contingente dos que dizem sentir vergonha do país: 7%. Por outro lado, quanto maior a escolaridade, menor o orgulho do país.

Mas de onde vem esse orgulho? A melhor resposta está nos versos de Jorge Ben Jor: "Moro/ Num país tropical/ Abençoado por Deus/ E bonito por natureza/ Mas que beleza". Esse sentimento, expresso na canção "País tropical", de 1969, ainda prevalece. Os brasileiros sentem orgulho do Brasil natural, de praias e florestas, sentem orgulho daquilo que foi feito por Deus, aquele Deus que está no comando e conduz a vida. Tudo que nos orgulha vem de Deus, o que nos causa vergonha é obra de todos nós, os brasileiros. Temos vergonha do país da violência, da corrupção, do jeitinho.

PENSOU NO BRASIL, PENSOU EM...

Tem **vergonha** do país

56% dos brasileiros pensam em palavras **negativas** quando pensam no Brasil

Tem **orgulho** do país

44% dos brasileiros pensam em palavras **positivas** quando pensam no Brasil

Uma forma de diferenciar o que pensam orgulhosos e envergonhados é analisar as palavras usadas por cada grupo. Quando perguntados sobre qual palavra vem à cabeça quando pensam no Brasil, 56% das pessoas usam termos negativos; enquanto 44% citam palavras positivas. Os envergonhados são mais focados nos problemas, usam palavras como "corrupção", "violência", "ruim", "bagunça". Os orgulhosos reconhecem os mesmos problemas, mas usam palavras como "esperança", "ótimo" e "alegria", além de "violência".

Aqui, em uma outra forma, aparece o sentimento conflitante entre o orgulho do natural e a vergonha do que foi construído: pessoas que falam em corrupção também falam em um país com potencial, com um povo guerreiro, enquanto os que citam palavras positivas também falam em corrupção e violência.

Apesar dos problemas que o Brasil enfrenta, para 65% das pessoas prevalece em 2023 um sentimento mais positivo que negativo. Os sentimentos positivos mais mencionados são esperança, alegria e confiança; enquanto os mais negativos são ansiedade, cansaço e insegurança. Esse viés otimista é proporcional à renda — quanto mais rico, mais sentimentos positivos — e inversamente proporcional à idade — quanto mais jovem, mais otimista. O maior índice de sentimentos positivos está entre pessoas que ganham acima de dez salários mínimos, 69%, e entre as pessoas da Geração.Com, 66%.

Ao serem perguntados sobre as vantagens do Brasil, os brasileiros repetem não só os versos de Jorge Ben Jor, como argumentos que fazem parte das conversas cotidianas há mais de cinquenta anos: 15% apontam para o fato de o país não estar envolvido em guerras; 10% citam as belezas naturais; e 7% elogiam o clima. As desvantagens são, em geral, o combo crime-violência-insegurança, com 18%; a corrupção, com 17%; e o desemprego, 9%.

A sensação de insegurança é a principal ou a segunda principal desvantagem apontada, independentemente da classe social, com variação de apenas 2 pontos percentuais, 17% a 19% das respostas. Os altos índices de roubos, furtos e homicídios provocam um medo que é uma das unanimidades aferidas em nossa pesquisa. A corrupção, sempre citada entre os principais problemas do país em pesquisas de opinião, aparece como a segunda principal desvantagem. No entanto, sua intensidade varia conforme a escolaridade: é a principal preocupação entre os que avançaram mais nos estudos, com 20%, e 13% entre

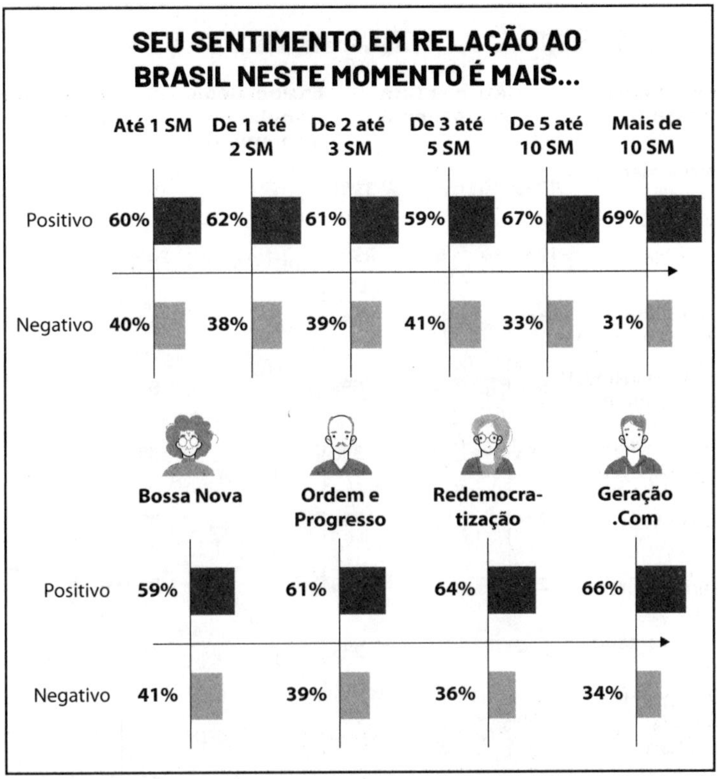

os menos escolarizados. O desemprego e a falta de trabalho são desvantagens mais citadas pelos que estudaram menos. Entre as pessoas que tem até o ensino fundamental, essa preocupação surge em 11% das respostas, contra 5% entre os que tem ensino superior completo. A população menos escolarizada é a mais suscetível a demissões em momentos de crise e tem mais dificuldades para buscar um novo emprego devido à baixa qualificação.

A maioria das pessoas, 51%, diz que valoriza o povo brasileiro. Por outro lado, 18%, ou seja, um em cada cinco, não valoriza. A região Norte é onde estão as pessoas que mais valorizam o povo brasileiro. Os acrianos são os brasileiros que mais valorizam o povo, seguidos dos roraimenses. Mineiros, sergipanos e rondonienses são os que menos valorizam o povo brasileiro. Porém, o que as pessoas pensam do povo brasileiro, do qual também fazem parte? Os sentimentos são conflitantes.

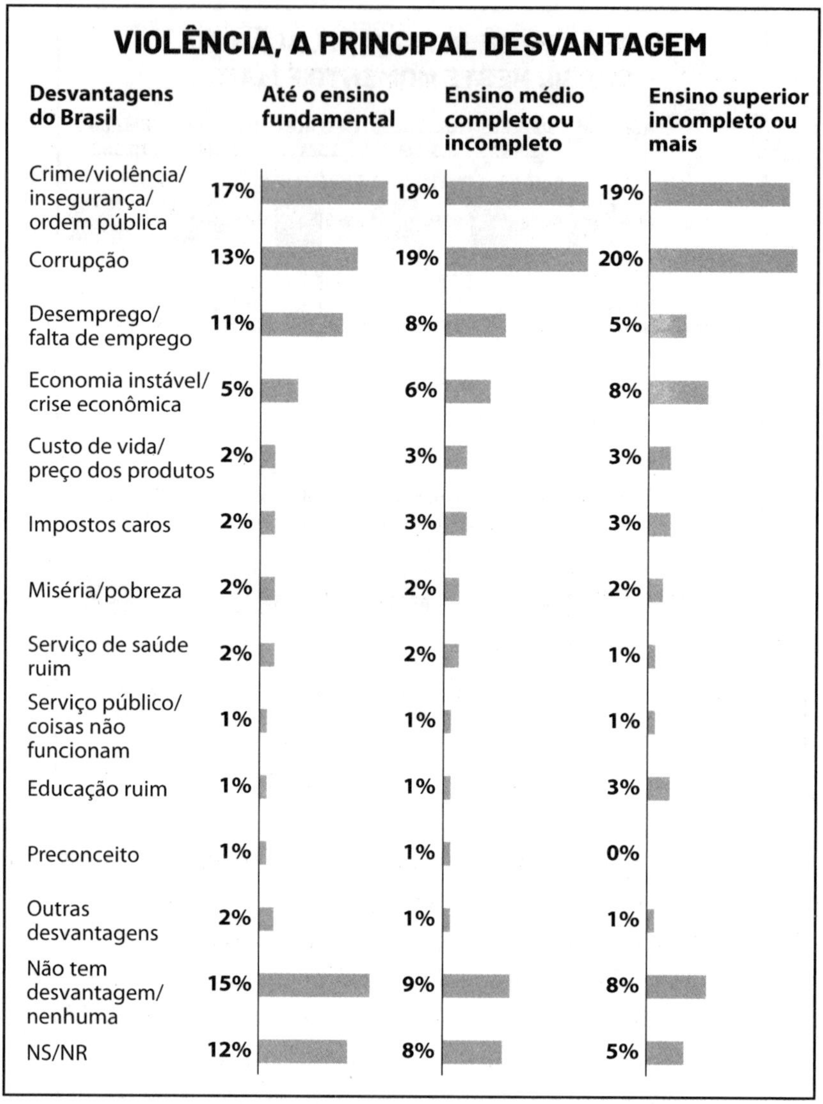

A principal característica associada ao povo brasileiro é a de ser guerreiro — 22% das pessoas pensam assim. A segunda principal característica é ser preguiçoso/acomodado; no entanto, esse resultado surge apenas em 11% das respostas metade das citações de guerreiro. Outras palavras positivas associadas são a alegria, a solidariedade, a criatividade e o otimismo. Algumas expressões negativas que surgiram na pesquisa foram corrupto, egoísta e racista. Num balanço, em 61% das vezes, características positivas foram associadas ao povo brasileiro. Já as negativas somam 32%.

AO QUE VOCÊ ASSOCIA O POVO BRASILEIRO

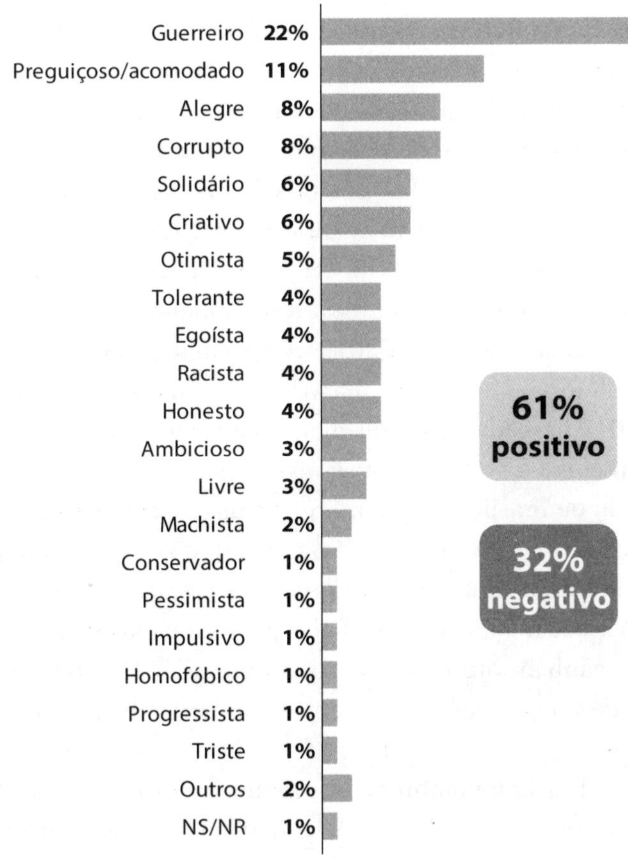

Todas essas respostas acompanham os sentimentos que as pessoas têm do Brasil. Aqueles que têm orgulho são os que mais frequentemente consideram o brasileiro guerreiro — 23% pensam assim. Esse percentual cai para 15% entre os que dizem ter vergonha do país. Aqueles que não têm nem orgulho, nem vergonha, apontam características positivas e negativas em igual proporção: 16% consideram nosso povo ao mesmo tempo guerreiro e preguiçoso. Por outro lado, aqueles que têm vergonha do Brasil são os que mais frequentemente associam nosso povo à corrupção, com 22% das respostas. Os homens, as pessoas mais ricas, de maior escolaridade, da região Nordeste, Norte e Centro-Oeste são as que mais valorizam o povo brasileiro.

Da mesma forma que enxergam o Brasil bonito por natureza de 1969, os brasileiros mantêm a postura de ouvir predominantemente música nacional. Mesmo com a globalização, o acesso massificado à internet, que permite ouvir rádios do mundo todo, e os streamings, que dão acesso instantâneo a músicas em qualquer idioma, 69% dos brasileiros seguem preferindo ouvir música brasileira. É uma tendência histórica. Em 2020, a *Folha de São Paulo* divulgou resultados de um estudo do Nopem (Nelson Oliveira Pesquisa e Estudo de Mercado), instituto que fazia levantamentos de discos vendidos e canções mais tocadas de 1965 a 2019. À época, a pesquisa mostrava que os artistas brasileiros eram ampla maioria nas vendas. Uma pesquisa do Datafolha de 2019 baseada nas faixas mais tocadas no Spotify confirma essa percepção, bem como a pesquisa *Brasil no espelho*.

A proporção de brasileiros que prefere música nacional cai com o passar das gerações e aumento da renda, à medida que cresce a preferência por músicas internacionais. Entre os brasileiros da Geração Bossa Nova, 75% preferem música nacional, contra 60% das pessoas da Geração.Com. Entre as pessoas que ganham até dois salários mínimos, 73% preferem música nacional. Esse contingente é de 63% entre os que ganham acima de cinco salários mínimos.

Se a música brasileira mantém a hegemonia desde a década de 1960, o estilo preferido mudou. O Brasil não é mais o país que consome muito samba, é o país do sertanejo. O estilo que mistura música caipira com elementos do country norte-americano, temáticas urbanas e o romantismo que sempre dominou as paradas de sucesso brasileiras é o gênero musical mais ouvido, com 27% das preferências, seguido das músicas religiosas, cristãs e gospel, com 17%. Em seguida, vem o forró, o piseiro e o arrocha, com 10%. Naquele que já foi o país do samba, apenas 8% dizem ser esse seu estilo preferido.

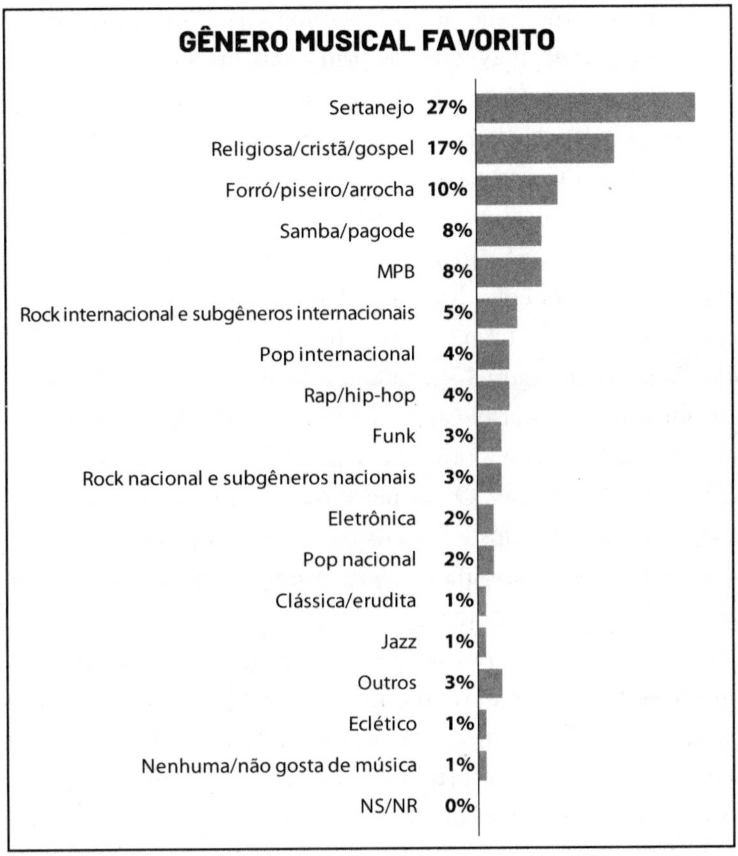

As pessoas mais velhas preferem mais a música sertaneja do que as jovens. Há uma diferença de 15 pontos percentuais na preferência da Geração Bossa Nova (33%) para a Geração.Com (18%). A Geração.Com, aliás, é o grupo que mais ouve rap/hip-hop e funk. Num recorte de gêneros, percebe-se que as mulheres ouvem mais música religiosa, cristã e gospel que os homens, uma diferença de 11 pontos percentuais. A música religiosa é a favorita apenas entre os evangélicos, com 29% das preferências. Entre os católicos prevalece o sertanejo, com 32%. O sertanejo mostra sua força não só por ser o preferido entre os católicos, mas por também ter alta aceitação entre evangélicos e pessoas de outras religiões. Os pretos são os mais ecléticos, os que mais ouvem diferentes gêneros musicais, como sertanejo, música religiosa, piseiro, forró, arrocha, MPB, samba e pagode, numa diferença de apenas 7 pontos percentuais entre as principais preferências.

Se não é mais o país do samba, ao menos o Brasil é o país do Carnaval? Na pesquisa, descobrimos que o Carnaval deixou de ser unanimidade nacional. Embora continue representando nossa cultura, não é a única festa favorita dos brasileiros, tampouco a mais citada na pesquisa. Para 21% dos brasileiros, as festas de São João e de arraial são as preferidas, seguidas do Natal Luz de Gramado, com 20% das preferências. O Carnaval vem em terceiro lugar, com 15%. Há uma questão geracional: a Festa de Nossa Senhora Aparecida é a preferida para 15% da Geração Bossa Nova, e 3% da Geração. Com. Por outro lado, o Carnaval é a festa preferida de 8% da Geração Bossa Nova e 24% da Geração.Com. Há uma relação entre festividades populares e a religiosidade no país. O Carnaval é a festa preferida de 27% dos que não tem religião, de 15% dos católicos e apenas 9% dos evangélicos.

No aspecto "festas populares", precisamos lembrar do que foi dito no Capítulo 2 sobre a diversidade regional. O regionalismo é forte no Brasil, com diferenças culturais, no sotaque e na culinária. O Carnaval é a festa popular preferida na maior parte dos estados do Sudeste, em especial no Rio de Janeiro e no Espírito Santo, e no Rio Grande do Norte. As festas de São João são as campeãs no Nordeste e no Tocantins, Distrito Federal, Roraima e Rondônia. No Amapá e no Pará, a festa preferida é o Círio de Nazaré, uma grande manifestação católica. No Sul, Centro-Oeste, parte do Norte e São Paulo, o Natal é a festa favorita, especialmente o Natal Luz de Gramado.

O orgulho do brasileiro pelas belezas naturais é sólido, mas nossas percepções negativas sobre nós mesmos reforçam nossa identidade vira-lata. Exemplo disso é como encaramos o "jeitinho", essa instituição tão ligada à identidade brasileira e tão bem discutida nas obras de pensadores do Brasil como Sérgio Buarque de Holanda e Roberto DaMatta. Enquanto o jeitinho significa sobrevivência e resiliência para os pobres, é sinônimo de malandragem e acomodação para os ricos. As regiões Norte e Nordeste como um todo têm a melhor avaliação do jeitinho brasileiro, sobretudo os estados de Roraima, Maranhão e Pernambuco. Os moradores do Centro-Oeste também têm uma avaliação mediana do jeitinho, principalmente no Mato Grosso. As regiões Sudeste e Sul são as que pior avaliam essa característica. O estado

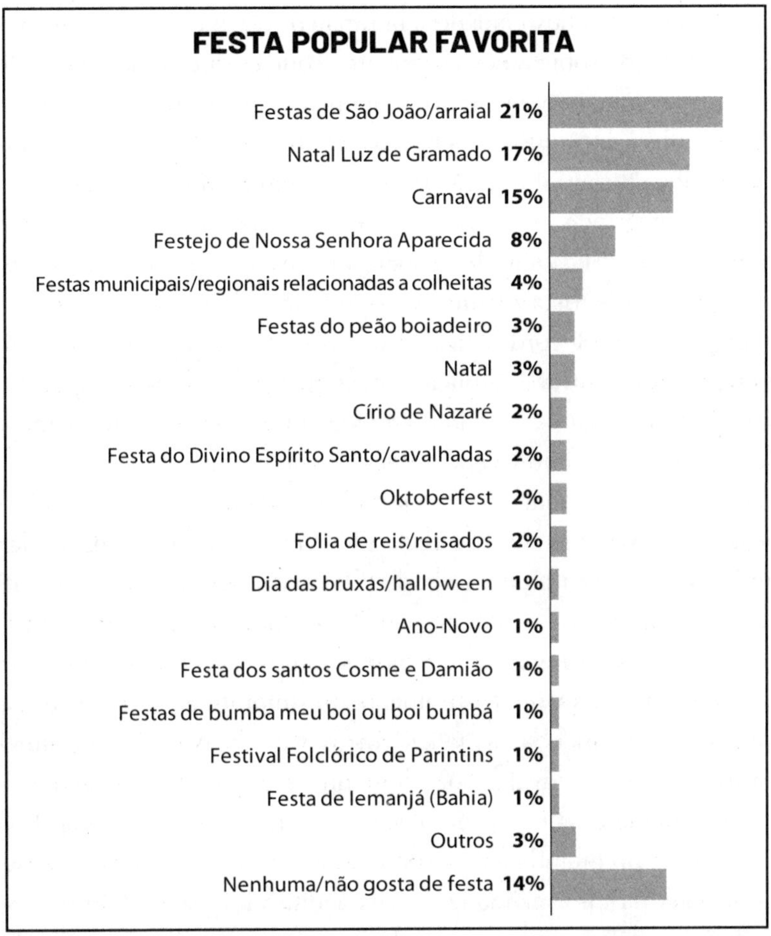

de São Paulo, seguido de Minas Gerais, concentra as piores avaliações. Nos estados do Sul, a avaliação do jeitinho é, comparativamente, mais negativa.

O "jeitinho brasileiro" é visto pela maioria dos brasileiros de uma forma negativa, ainda que a principal definição seja neutra: uma estratégia de sobrevivência. Para 38% das pessoas, o jeitinho tem avaliação negativa, está relacionado a malandragem, corrupção, desonestidade e uma forma de burlar a lei. No entanto, 34% fazem uma avaliação neutra. Para 26% dos brasileiros, ou um em cada quatro, trata-se de uma estratégia de sobrevivência. Para 28%, ele é uma característica positiva do povo, relacionada à criatividade, à boa vontade de resolver problemas e à flexibilidade. Há uma correlação entre a opinião sobre o jeitinho e a avaliação sobre o povo brasileiro. Aqueles que avaliam o jeitinho brasileiro como algo totalmente negativo tendem a avaliar nosso povo como corrupto e acomodado. A ideia de que o brasileiro é um povo guerreiro acompanha a avaliação positiva do jeitinho brasileiro. Quem tem melhor avaliação do jeitinho em maior proporção acha que o povo brasileiro é guerreiro. Quem tem uma percepção muito negativa do jeitinho associa o povo à corrupção e à acomodação.

Em 2007, o cientista político Alberto Carlos Almeida, no livro *A cabeça do brasileiro* (Editora Record), afirmou que os mais ricos têm maior rejeição ao jeitinho brasileiro, resultado replicado nesta pesquisa. Mas por quê? O significado do jeitinho varia de acordo com os estratos sociais. Para os mais escolarizados, o jeitinho é sobrevivência, mas também malandragem e uma forma de burlar a lei. Para os mais ricos, o jeitinho é, acima de tudo, uma forma de corrupção, uma manifestação de malandragem e uma forma de burlar a lei. Essa impressão se suaviza com a renda. Os mais pobres associam o jeitinho à boa vontade para resolver problemas e até carinho e atenção com o próximo.

Quando o assunto é sobre comportamentos moralmente questionáveis, os brasileiros expressam um forte julgamento moral contra todas as práticas questionáveis — quando feitas pelos outros. Porém, quando se trata do próprio comportamento, a avaliação é leniente. Prevalece um sistema de dois pesos e duas medidas. O grau de desonestidade é relativo e varia de acordo com o tipo de ação: prejudicar o direito do outro é desonestidade consensual, já comprar algo na informalidade é mais aceitável. Esse padrão parece estar conectado à incidência de cada um desses atos em nosso dia a dia. Os atos mais comuns são os que aparecem nas respostas como os mais tolerados, enquanto os menos comuns são menos tolerados. Aqui parece haver uma via de mão dupla: se o comportamento moralmente questionável é mais tolerado, mais pessoas se dispõem a fazê-lo; se muita gente o faz, acaba sendo mais tolerado. Ao contrário do que diria a lógica econômica, quanto mais ricos os brasileiros, maior a tolerância a comprar produtos de camelôs, que são mais baratos por não pagarem impostos. Entre os brasileiros que ganham até um salário mínimo, 47% consideram comprar produtos de camelôs algo desonesto ou totalmente desonesto. Entre os que ganham acima de dez salários mínimos, a soma das duas avaliações é de apenas 36%.

O QUE É O JEITINHO BRASILEIRO?

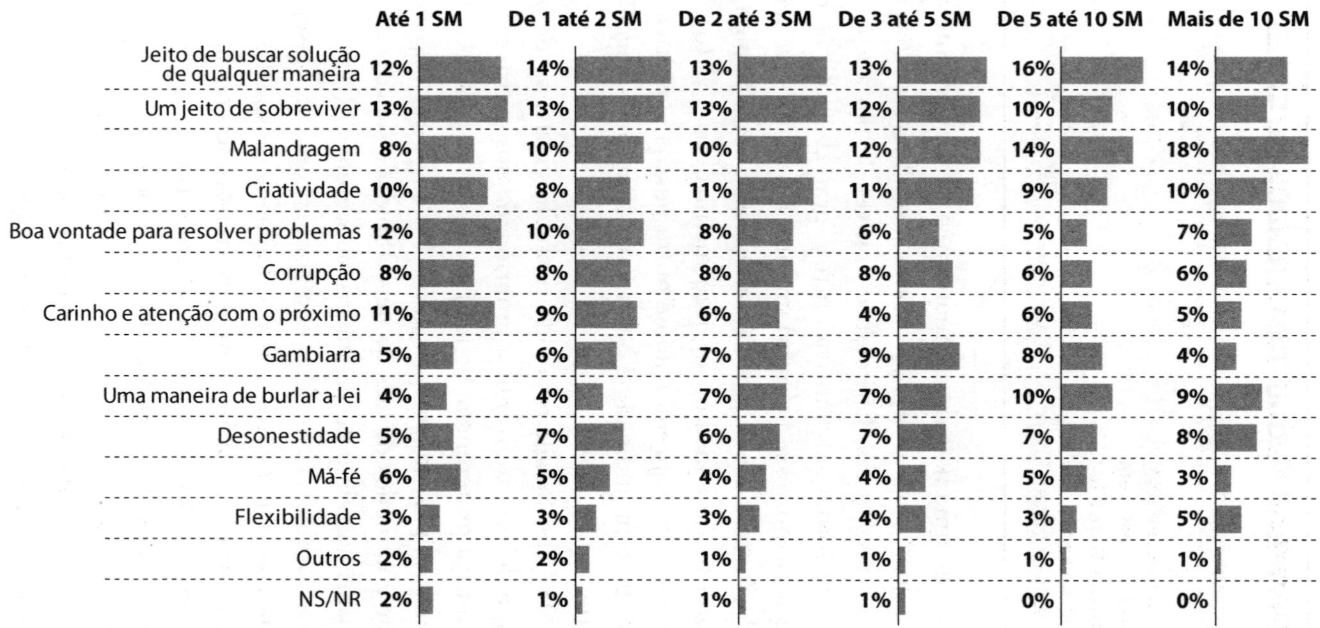

COMPRAR PRODUTOS VENDIDOS NO CAMELÔ É...			
Renda familiar	**Totalmente desonesto**	**Desonesto**	**Total**
Até 1 SM	33%	14%	47%
Mais de 1 até 2 SM	29%	15%	44%
Mais de 2 até 3 SM	24%	15%	39%
Mais de 3 até 5 SM	25%	15%	40%
Mais de 5 até 10 SM	23%	16%	39%
Mais de 10 SM	21%	15%	36%

Diante de uma lista de comportamentos moralmente questionáveis, na maioria dos casos, os brasileiros mostram julgamento assertivo de que são práticas desonestas. Entretanto, o nível de percepção de desonestidade varia de forma substantiva entre o grau da violação e quais são os atores afetados por esse comportamento. Enquanto práticas que violam direitos dos outros são sempre desonestas, comportamentos desrespeitosos e hábitos de consumo na informalidade são vistos como práticas mais aceitáveis. Se o prejudicado é outra pessoa, a prática é considerada desonesta. Se o prejudicado é o Estado ou um personagem indefinido, o julgamento é suavizado.

Para 95% dos brasileiros é desonesto dirigir depois de beber. Da mesma forma, é desonesto invadir a propriedade dos outros (94%), estacionar o carro em vaga preferencial de idosos ou pessoa com deficiência (92%) e aceitar suborno para favorecer alguém (92%). Essas respostas podem sofrer do que chamamos de viés de desejabilidade social, quando as pessoas dão respostas socialmente aceitáveis ou desejáveis, em vez de respostas sinceras ou alinhadas aos seus comportamentos. O desejo de ser bem-visto pode afetar a validade dos resultados de pesquisas e estudos, especialmente aqueles que dependem de respostas autodeclaradas para avaliar comportamentos. No caso específico das perguntas a respeito da honestidade, mensuramos o julgamento moral revelado sobre os diferentes comportamentos. Ainda que possa haver esse viés, os números indicam que os brasileiros aprenderam sobre leis recentes e que a compreensão sobre a gravidade dos atos é praticamente unânime. No caso de dirigir alcoolizado, a resposta reflete os efeitos de dezessete anos de vigência da Lei Seca, que estabelece parâmetros rigorosos e multas caras para violações, além das campanhas educativas que mostram acidentes causados por motoristas que ingeriram álcool. Está bem compreendido pelos brasileiros que beber e dirigir pode resultar na morte de alguém. No extremo oposto, está a frase "comprar produtos vendidos em camelô". Apenas 41% consideram este comportamento desonesto. Além de ser uma infração notoriamente menos grave, que não envolve a vida alheia, os prejudicados são o Estado, uma entidade etérea, ou empresas. Por outro lado, deixar de pagar corretamente cobranças impostas pelo governo é visto como moralmente mais aceitável. Quando as práticas remetem a políticas do governo, o nível de percepção de desonestidade é menor: 82% expressam que "falsificar meia-entrada" é totalmente desonesto, seguido de 78% que pensam isso sobre "pedir benefícios do governo sem ter direito", 74% que julgam desonesto "evitar pagar passagem no transporte" e 73% "não pagar impostos". O julgamento moral dos brasileiros tem um viés pessoal.

Uma forma de entendermos esses resultados é pelo conceito de desengajamento moral, proposto pelo psicólogo canadense Albert Bandura. Segundo ele, quando há uma avaliação de que os efeitos prejudiciais não serão grandes e de que não há prejuízo para humanos, as pessoas tendem a considerar um comportamento desonesto mais aceitável. Assim, como o prejuízo é para o governo ou para grandes corporações, e a prática tem um efeito "pequeno", o comportamento se torna mais aceitável. Encaixam-se nesse perfil as perguntas sobre aceitar benefícios do governo e deixar de pagar impostos. Brasileiros dos estados do Sul, além de Amapá, Mato Grosso do Sul e Rondônia são mais contrários a pedir benefícios do governo e têm maior percepção de desonestidade neste caso. No entanto, essa diferença deixa de existir em relação a outros estados quando o assunto é o pagamento de impostos, o que indica que o resultado é explicado mais pela posição socioeconômica do que pelo julgamento moral em si.

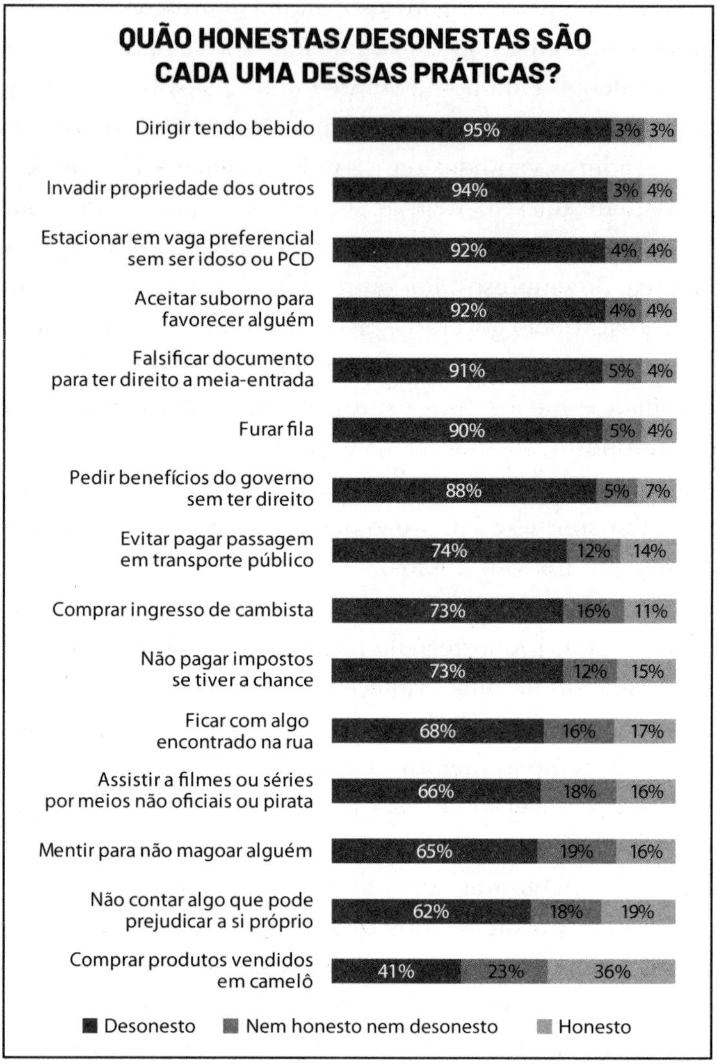

Pequenas práticas amorais do dia a dia, especialmente mentir ou omitir coisas que podem nos prejudicar, são vistas de maneira ainda mais aceitável. Com exceção de furar fila, atitude que 90% consideram como algo totalmente desonesto, outros comportamentos são suavizados. Para apenas 55% é desonesto ficar com algo que encontrou na rua. Mentir para não magoar é desonesto para 50%. Apenas 47% consideram desonesto não contar algo que pode prejudicar a si próprios. Para além da avaliação de que alguns comportamentos questionáveis não têm efeitos "tão prejudiciais assim", usamos justificativas morais e minimizamos danos para explicar a razão de não seguirmos o padrão moral em comportamentos do cotidiano. Comprar produtos de camelô é mais moralmente aceito que comprar ingressos de cambistas e assistir a filmes pirateados. Comportamentos de consumo no comércio informal e ilegal recebem avaliação significativamente menos negativa no quesito amoralidade. A compra por cambista é vista por 73% como "totalmente desonesta" e assistir a filmes por meios não oficiais ou piratas, por 66%. O consumo de produtos vendidos por camelôs divide a população: 41% consideram "desonesto", sendo 26% "totalmente desonesto"; 36% consideram honesto, sendo que para 16% é "totalmente honesto"; 21% consideram "nem honesto nem desonesto" e 2% não souberam opinar. Os homens aceitam mais esses comportamentos amorais do que as mulheres. Pessoas da Geração.Com e da Geração Redemocratização também são mais complacentes. Esse comportamento não varia muito de acordo com renda e escolaridade. Moradores de cidades grandes e capitais expressam maior aceitação desses comportamentos amorais.

Nós, os brasileiros, temos sentimentos conflitantes sobre o Brasil e o jeitinho brasileiro. Nosso julgamento moral depende de circunstâncias e da pessoalidade. Nossa única unanimidade é o incômodo com a sensação de insegurança, provocada pela criminalidade. No próximo capítulo, vamos nos deter nos efeitos que isso causa em nosso comportamento e opiniões.

6

(In)segurança e (des)confiança

A sensação de insegurança faz parte da identidade brasileira. O medo do crime une os brasileiros, qualquer que seja sua classe social, o estado onde mora, a religião que professa, sua raça ou seu nível de educação. Brasileiros assistem a programas diários de televisão sobre crimes, falam sobre os que mais os chocaram e tomam medidas para evitar roubos e furtos, como buscar moradia em edifícios ou condomínios com segurança, instalar câmeras em suas casas, ter um celular de reserva para o ladrão, evitar sair de casa em certos horários e não frequentar determinadas vizinhanças. A insegurança é, hoje, um sentimento tipicamente brasileiro.

Esse sentimento cresce desde a década de 1980, quando foi percebida a alta de crimes violentos e a consolidação do tráfico de drogas no país. Contudo, foi mais recentemente que a segurança pública passou a ser citada em pesquisas de opinião como a principal ou uma das três principais preocupações dos brasileiros. Essas preocupações captadas em pesquisas refletem cada época. Nas décadas de 1980 e 1990, tempos de hiperinflação, recessão e crises econômicas, o combo economia, inflação e desemprego aparecia sempre em primeiro lugar nas pesquisas como a principal preocupação dos brasileiros. Nos anos 2000, com a estabilização da economia, saúde e educação tomaram o primeiro lugar. Os brasileiros estavam preocupados com o atendimento insuficiente em hospitais, as filas para cirurgias e as más condições de aprendizado nas escolas. Foi na década de 2010 que a segurança deixou de estar entre o quarto ou quinto item na lista de preocupações nas pesquisas para se tornar o primeiro ou o segundo. Essa escalada coincide, não por acaso, com o aumento do poder e da presença das facções criminosas e a interiorização do crime organizado, que antes se concentrava nas grandes cidades. Mais especificamente a partir de 2018, quando o então candidato Jair Bolsonaro distanciou seu discurso da economia para se concentrar em segurança e costumes, o tema passou a dominar as pesquisas de opinião.

O combo violência, criminalidade e tráfico de drogas é atualmente a maior preocupação dos brasileiros. Um em cada cinco brasileiros — mais exatamente 22% — afirmam isso. Em seguida, vem a preocupação com corrupção/ordem pública, com 18%, e economia, inflação e desemprego, com 15%. Só depois surgem as questões sociais, como fome e miséria, com 11%, e a desigualdade entre ricos e pobres, 8%. A saúde (7%) e a educação (6%) vêm no final. O conjunto criminalidade, violência e tráfico de drogas é a principal preocupação em 22 estados brasileiros. Ficam em segundo lugar em Roraima, Tocantins, Santa Catarina e Espírito Santo, e em terceiro apenas no Distrito Federal. A corrupção é a maior preocupação em Roraima, no Tocantins e em Santa Catarina. No Espírito Santo, é a miséria. No Distrito Federal, corrupção e economia estão na frente do combo de violência.

QUAL É A SUA MAIOR PREOCUPAÇÃO ATUAL?

Ao comparar o nível de preocupação com criminalidade, violência e tráfico de drogas com a taxa de homicídios por estado, percebemos que há certa ligação, mas a correlação não é tão forte. A sensação de insegurança independe de haver mais violência na vizinhança mais próxima, na porta de casa, sendo uma percepção generalizada em termos territoriais. Essa desconexão entre a incidência de crimes próximos e a percepção de violência vem do fato de que as pessoas também formam suas avaliações com base em informações que recebem da imprensa, de políticos e de outras influências. Isso pode fazer com que reportem níveis parecidos de insegurança, quando na verdade uma delas é mais propensa a testemunhar o crime do que a outra.

De todo modo, os níveis de insegurança reportados pelos brasileiros seguem padrões nos quais os grupos mais vulneráveis se mostram, de fato, mais preocupados. Mulheres, pessoas pretas e os mais pobres mostram níveis mais elevados de preocupação com violência, criminalidade e tráfico de drogas. Esses grupos são os que se sentem mais inseguros. No caso das mulheres, para 26% delas essa é a principal preocupação, contra 19% dos homens — para eles, no topo da lista estão ordem e corrupção, com 22%. No recorte por raça, para 26% das pessoas pretas a maior preocupação é com violência, criminalidade e tráfico, contra 20% das brancas.

Essa preocupação é inversamente proporcional à renda: quanto mais pobre, mais preocupado com a violência e o crime; quanto mais rico, menos preocupado. Entre os que ganham até um salário mínimo, 26% apontam essa como sua principal preocupação, contra 17% entre os que ganham acima de dez salários mínimos. Entre esses mais ricos, a principal preocupação é com corrupção e ordem pública, 23%. Os mais pobres se preocupam mais com violência porque estão mais próximos dela por viverem em áreas menos seguras, mais suscetíveis a ações do tráfico e do crime organizado, e estarem mais expostos nas ruas e no transporte público. Entre os mais ricos, a corrupção tem mais apelo pelo sentimento da injustiça enquanto contribuintes. Mesmo assim, até mesmo entre eles, a preocupação é significativa. A insegurança tem nuances, mas é generalizada.

Formamos dezoito grupos divididos por gênero, raça e renda para medir essa sensação de insegurança. As mulheres pretas com renda familiar entre

QUAL É A SUA MAIOR PREOCUPAÇÃO ATUAL?

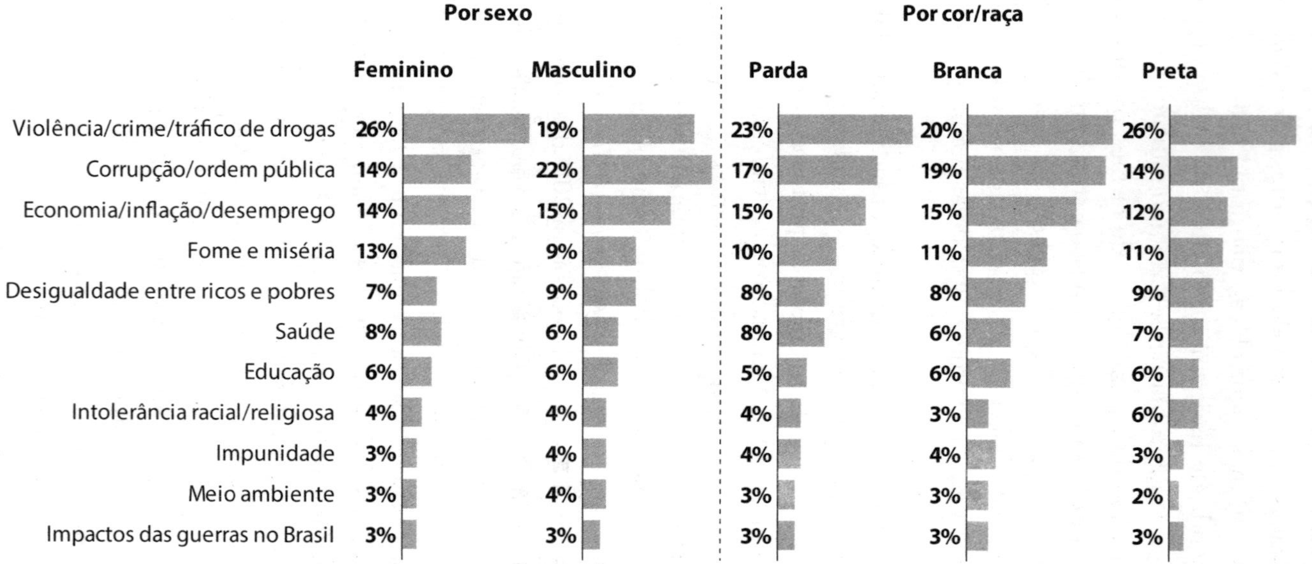

QUAL É A SUA MAIOR PREOCUPAÇÃO ATUAL?

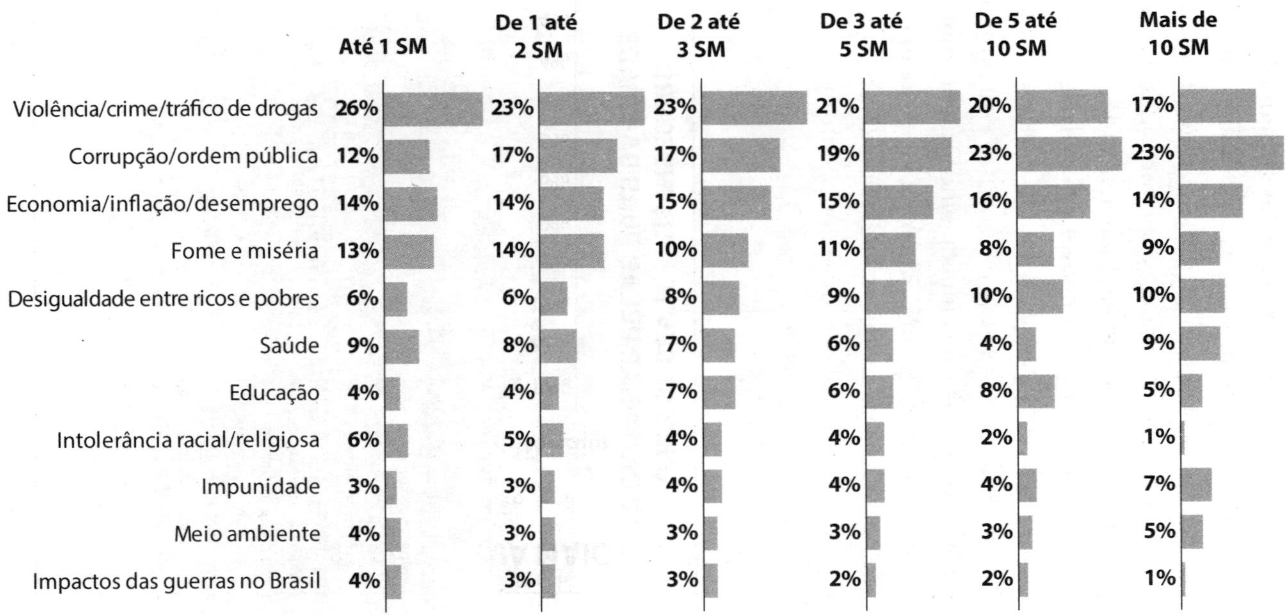

dois e cinco salários mínimos são, de longe, o grupo que se sente mais inseguro, com 78% delas respondendo que se sentem inseguras caminhando pelas ruas da cidade onde vivem. Em seguida, vêm as mulheres pardas, com 11 pontos percentuais a menos, 67%. Dos dezoito grupos, os oito primeiros na escala de sentimento de insegurança são formados por mulheres. Apenas o grupo das mulheres pardas que ganham acima de cinco salários mínimos tem um índice de insegurança compatível com o dos grupos de homens, que soma 54%. Uma explicação para esse fenômeno é que parte dele pode ser motivado pelo medo dos crimes sexuais, que não está presente nos homens. Os homens pardos que ganham acima de cinco salários mínimos são os que se sentem menos inseguros, com 43%. A maior preocupação com a segurança relatada pelas pessoas pretas está relacionada ao fato de os índices de homicídio e violência policial serem maiores entre pretos, como mostram pesquisas na área.

QUEM SE SENTE MAIS INSEGURO AO CAMINHAR PELAS RUAS DA CIDADE?

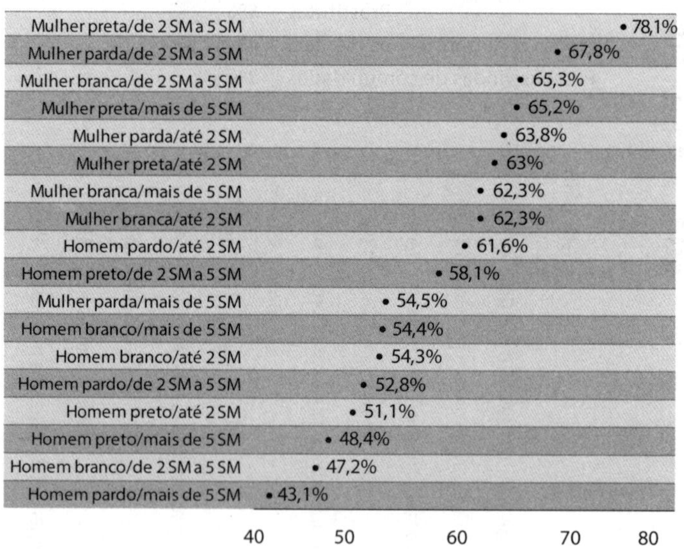

O medo do crime tem múltiplas consequências na vida social, fazendo com que pessoas deixem de sair de casa ou mudem trajetos, gastem dinheiro com segurança, se estressem no dia a dia e se preocupem com parentes e amigos. Associações com a criminalidade e drogas causam repulsa e os brasileiros querem distância de qualquer indício delas. Perguntados em uma lista sobre quais grupos são menos desejados como vizinhos, 52% de todas as respostas se concentram em pessoas com alguma associação à criminalidade e às drogas. Especificamente, 23% das respostas sobre vizinhos indesejados foram "viciados em drogas", 15% para "ex-presidiários" e 14% para "menores infratores". São números superiores a "pessoas que bebem demais" (10%), "prostitutas" (5%) e "pessoas com transtornos mentais" (4%).

Os brasileiros estão entre os povos que se sentem mais inseguros no mundo. A maioria, exatamente 56%, concorda com a frase "não me sinto seguro ao andar pelas ruas da minha cidade". A tabela abaixo mostra que essa sensação não está ligada à situação econômica, dado que habitantes do Zimbábue e da Jordânia, dois países mais pobres que o Brasil, se sentem bem mais seguros nas ruas.

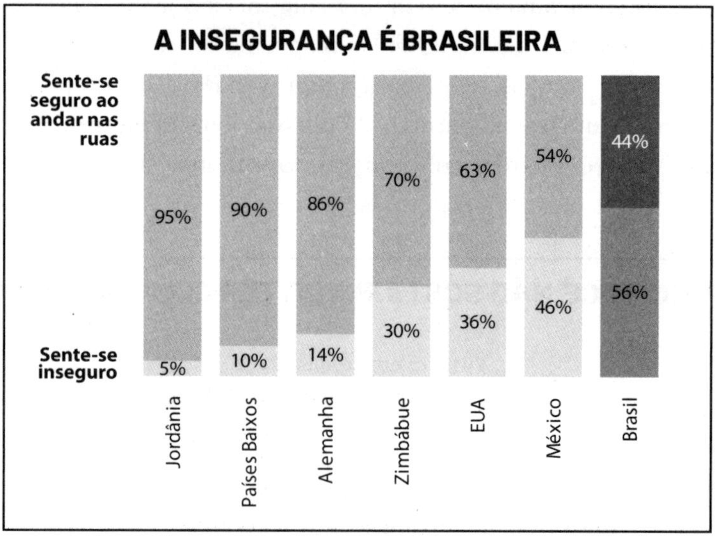

O sentimento de insegurança no Brasil cresce de acordo com o tamanho da cidade. Em média, 58% dizem não se sentir seguros. Nas capitais, esse sentimento sobe para 70%, contra 62% nas cidades grandes, com mais de 100 mil habitantes; 53% nas médias, entre 30 mil e 100 mil habitantes; e 44% nas pequenas, com até 30 mil habitantes.

Sendo a criminalidade e a insegurança temas recorrentes no nosso imaginário e na nossa rotina, como resolver esse problema? Assim como não há brasileiro que, a despeito de acompanhar ou não futebol, não tenha opinião sobre a escalação da Seleção em ano de Copa do Mundo, não há cidadão que não tenha ideias para reduzir a criminalidade no Brasil. As ideias podem variar pontualmente, mas, em geral, os brasileiros acham que a solução não está em políticas públicas de prevenção ou de cuidado, mas na punição severa por meio da Justiça. A maioria da população acredita em punições mais duras e amplas, com medidas como a redução da maioridade penal e a adoção da pena de morte em casos de crimes hediondos. Essa visão da justiça que se baseia em estabelecer a ordem e a conformidade por meio da punição foi chamada pelo sociólogo George Mead, em artigo publicado há mais de um século, de justiça punitiva (ou punitivismo). Em pleno século XXI, continuamos a pensar as soluções para o crime nesses mesmos termos, o que sugere que o sentimento de insegurança permanece. Quanto mais inseguro se sente, mais punitivista é o brasileiro.

Apesar de os crimes cometidos por menores de 18 anos não serem maioria e serem, em geral, contra o patrimônio, 94% dos brasileiros defendem a redução da maioridade penal para 16 anos. Três em cada quatro brasileiros — exatamente 77% — acreditam que deveria existir pena de morte para crimes hediondos, como o estupro. Ao mesmo tempo que querem punir com morte os responsáveis por um dos mais graves crimes contra as mulheres, a maioria dos brasileiros, 52%, acha que mulheres que praticam aborto — previsto em lei em casos de estupro — devem ser presas. Uma parcela pequena dos brasileiros, 28%, concorda em facilitar a compra e a posse de armas. É a mesma parcela dos que são favoráveis à legalização da maconha. Num balanço geral, apenas 7% dos brasileiros concordam que reduzir a maioridade penal, adotar a pena de morte para crimes hediondos, legalizar a maconha e facilitar a compra e a posse de armas são soluções para combater a criminalidade. Trinta e oito por cento das pessoas concordam com pelo menos três dessas quatro alternativas.

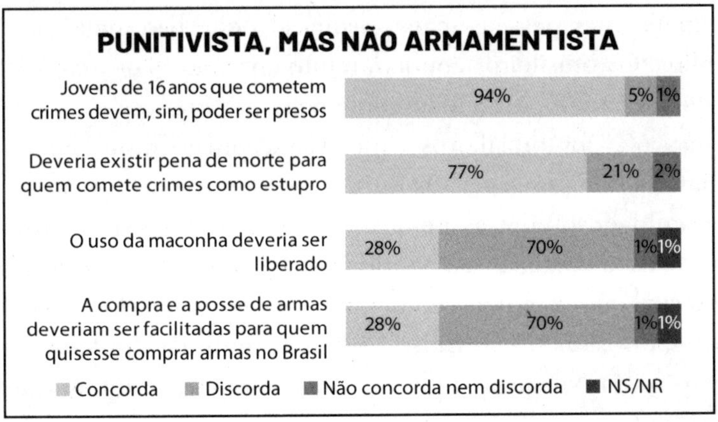

O punitivismo é maior entre as novas gerações, especialmente na Geração Redemocratização, entre os católicos e os pardos. No lado contrário estão os despenalizadores, que não defendem penas mais duras. Entre esses, prevalecem brasileiros com ensino superior que moram em capitais. Entre os grupos religiosos, os adventistas, outros evangélicos, espíritas e adeptos de religiões de matrizes africanas são mais despenalizadores. O punitivismo é uma característica brasileira. Deriva da confiança na polícia e na desconfiança na Justiça. A pesquisa Quaest de julho de 2024 verificou que 86% dos brasileiros concordam com a ideia de que a polícia prende criminosos, mas a Justiça solta porque a legislação é fraca. Apenas 11% discordam disso. Outra pesquisa Quaest, de setembro de 2025, mostra que 71% dos brasileiros confiam na Polícia Militar. A PM aparece como a segunda instituição mais confiável, atrás apenas da Igreja Católica, com 73%.

A sociedade brasileira é uma sociedade com medo. O medo faz com que as pessoas socializem menos e optem — quando podem — por morar em condomínios que as segregam do espaço público. Como diz a letra de "Minha alma", do Rappa, "As grades do condomínio são pra trazer proteção/ Mas também trazem a dúvida se é você que tá nessa prisão". O medo faz com que as pessoas confiem menos umas nas outras. Um dos principais efeitos colaterais da criminalidade e da alta sensação de insegurança é a desconfiança.

No Brasil, a confiança interpessoal é baixíssima: nós, os brasileiros, não confiamos uns nos outros. A confiança interpessoal, fator fundamental para o desenvolvimento de um país, vive à beira do abismo. Brasileiros confiam apenas nas pessoas mais próximas, o que não inclui nem mesmo seus vizinhos. Os brasileiros confiam muito em poucas pessoas; aos de fora desse pequeno círculo, resta a desconfiança.

Apenas 6% dos brasileiros concordam com a frase: "Podemos confiar na maioria das pessoas". Os outros 94% preferem a frase: "É preciso ser muito cuidadoso com as pessoas". Apesar de ter sido realizada cinco anos depois da divulgação da World Values Survey, a pesquisa *Brasil no espelho* mostra que o índice de confiança interpessoal dos brasileiros não se alterou. Com seus 6%, o Brasil só fica à frente do Zimbábue e está no lado oposto ao da Noruega, onde 72% das pessoas acreditam que se pode confiar nos outros.

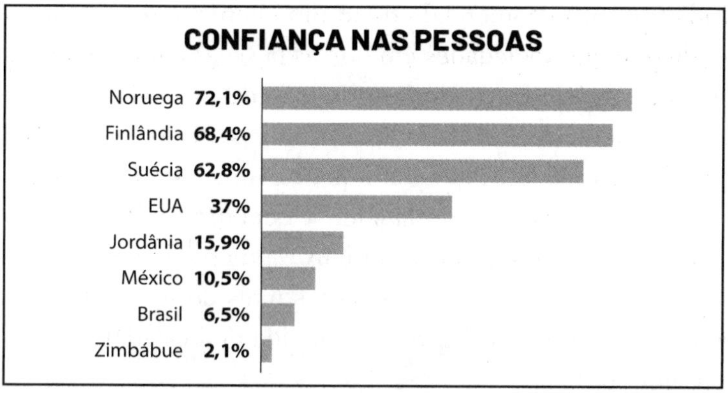

Mas por que a falta de confiança é tão importante? A confiança interpessoal está associada à maior capacidade institucional, maior crescimento econômico e menor desigualdade. Pessoas que sentem mais confiança nas demais tendem a confiar mais nas instituições de seu país, como na política, na justiça e nas forças de segurança. Pessoas com mais confiança também se mostram mais dispostas a investir, firmar contratos e se arriscar em novos negócios, que são comportamentos associados ao crescimento financeiro e econômico. A confiança também faz com que as pessoas se disponham a conhecer e interagir com pessoas de outros grupos, o que ajuda a estabelecer laços de coesão na sociedade.

Décadas de estudos mostram que o nível de confiança interpessoal e o associativismo de uma sociedade estão correlacionados com maiores níveis de capacidade institucional, a qualidade da democracia e o crescimento econômico. A Itália costuma ser usada como exemplo dessa constatação por conta da sua situação muito particular e a imensa diferença entre a porção Norte e a porção Sul do país. Numa pesquisa publicada em 1994, o cientista político norte-americano Robert Putnam mostrou que regiões mais ao norte do país, com maior estoque de capital social, apresentam instituições democráticas eficazes e maior desenvolvimento. Em contraponto, regiões mais ao sul, que possuem baixo estoque de capital social, enfrentam desafios em relação à construção e manutenção democrática e ao desenvolvimento.

A falta de confiança provoca também efeitos financeiros. Entre inúmeras consequências, a desconfiança gera maior necessidade de burocracia e custos. Toda transação comercial possui um elemento de confiança. A consequência disso é que sociedades em que as pessoas confiam mais umas nas outras tendem a apresentar melhores taxas de desenvolvimento econômico, porque teriam menores custos de transação associados ao dia a dia. Indo mais além, estudos recentes mostram que há uma correlação negativa forte entre confiança interpessoal e desigualdade econômica. Pelo gráfico a seguir é possível notar essa correlação. Com baixo índice de confiança entre seus cidadãos, o Brasil é também um dos países mais desiguais do mundo, com um alto índice de Gini, o indicador de medida de desigualdade mais disseminado no mundo.

CORRELAÇÃO ENTRE NÍVEL DE CONFIANÇA E DESIGUALDADE ENTRE PAÍSES

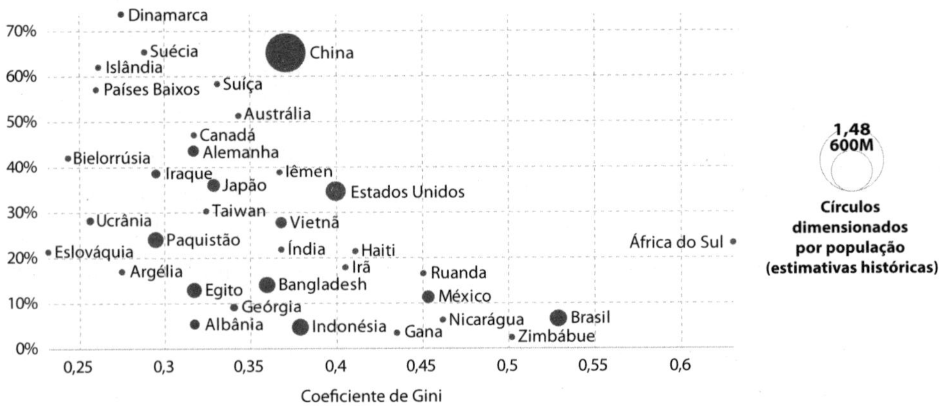

Fontes: Integrated Values Surveys (2022); World Bank Poverty and Inequality Platform (2023).

Ao construir um índice mais robusto de confiança interpessoal, verificamos que o resultado médio da população brasileira foi de 2,5 na escala de 0 a 10. Mesmo levando em consideração a variação regional, o resultado não chega a 5 pontos. A desconfiança é um fenômeno nacional. Acre e Sergipe são os estados com as maiores taxas de confiança, seguidos de Maranhão, Alagoas e Rio Grande do Norte. Regionalmente, os estados ao sul do Brasil apresentam melhores taxas de confiança, com Rio Grande do Sul e Santa Catarina tendo destaque superior ao Paraná. O Mato Grosso do Sul e o

Mato Grosso sobressaem nacionalmente por possuírem as menores taxas de confiança entre as pessoas.

Vimos no Capítulo 1 que a família só fica atrás de Deus em termos de importância para os brasileiros. Como seria natural, é nela que eles mais confiam: 94% dizem confiar em seus familiares mais próximos, sendo que 69% confiam muito, 20% confiam razoavelmente e 5% confiam pouco. Ainda que o nível de confiança seja majoritariamente positivo, os níveis de "muita" confiança caem drasticamente em relação a parentes (38%) e pessoas que conhecem pessoalmente (31%). Pessoas de outras religiões apresentam um nível de confiança alto (79%), mas apenas 26% confiam muito, 40% confiam razoavelmente e 13% confiam pouco. O nível de confiança vai diminuindo de acordo com a distância: vizinhos, pessoas com crenças políticas diferentes, pessoas de outros países e aquelas que veem pela primeira vez. O nível de confiança nos vizinhos é consideravelmente menor que o dispensado a pessoas mais próximas, mesmo que de outras religiões: 71% confiam nos vizinhos, mas apenas 20% confiam muito. O nível de confiança cai ainda mais quando o recorte é pela crença política: 65% das pessoas confiam em quem tem um posicionamento político diferente, mas apenas 11% confiam muito, 35% confiam razoavelmente e 19% confiam pouco. Brasileiros também confiam substancialmente menos em pessoas de países estrangeiros e em pessoas que estão vendo pela primeira vez. Em relação a este último grupo, 45% dos brasileiros dizem não confiar, contra 6% que confiam muito e 23% que confiam razoavelmente.

A desconfiança parece estar crescendo junto com o aumento da sensação de insegurança nos últimos anos. Gerações mais novas confiam menos nos vizinhos do que as mais velhas. Enquanto 46% dos brasileiros da Geração.Com e 47% da Geração Redemocratização confiam "muito" ou "razoavelmente" nos vizinhos, 54% dos membros da Geração Ordem e Progresso e 59% da Geração Bossa Nova confiam "muito" ou "razoavelmente" nos seus vizinhos. Essas diferenças se mantêm quando analisamos apenas o nível mais alto de confiança: enquanto 15% da Geração.Com confia "muito" nos vizinhos, 27% da Geração Bossa Nova têm o mesmo sentimento por aqueles que moram ao redor.

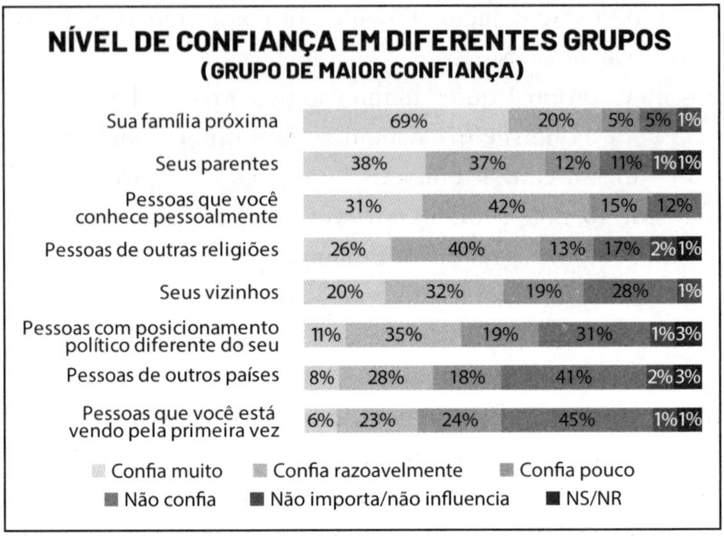

A urbanização do Brasil, acelerada a partir da década de 1950, tem clara influência nesse fenômeno. A concentração da população, o surgimento de grandes metrópoles e a verticalização das habitações, unidas às mudanças no mercado de trabalho, reduziram nas últimas décadas a convivência em comunidade. Pessoas da Geração Bossa Nova viveram num país em que os vizinhos não apenas se conheciam, como cooperavam entre si, e cujos filhos brincavam juntos nas ruas. É comum que as pessoas hoje nem conheçam ou convivam com seus vizinhos devido a diferentes horários de trabalho, à rotina agitada e ao medo de ficar nas ruas.

Se a confiança está correlacionada com a proximidade, o fato de se levar uma vida mais ou menos on-line ou off-line poderia afetar o nível de confiança que as pessoas têm entre si. Testamos essa hipótese e vimos que não há diferença entre aqueles que consomem mídia e notícias majoritariamente on-line e aqueles que têm um consumo midiático mais off-line. A desconfiança em relação aos vizinhos não está relacionada a uma vida mais on-line: o número de pessoas que não confiam nos seus vizinhos é igual entre os dois grupos — 28%. Por outro lado, há uma pequena diferença entre aqueles que confiam muito: os que levam uma vida mais off-line estão 5 pontos percentuais à frente daqueles que levam a vida on-line no quesito confiar muito em seus vizinhos.

Já a crença política afeta mais a confiança. Aqueles que se classificam como conservadores confiam menos em pessoas de posicionamento político diferente, em comparação com aqueles que se classificam como progressistas e moderados. Enquanto 43% dos conservadores dizem confiar "muito" ou "razoavelmente" em pessoas com posicionamento político diferente do seu, 49% dos progressistas têm a mesma posição. Os moderados apresentam o maior nível de confiança em pessoas de posicionamento político diferente: 52% confiam, sendo que 10% "confiam muito" e 42% "confiam razoavelmente". Uma das consequências mais perceptíveis disso é o ambiente favorável ao fenômeno das bolhas nas redes sociais, em que as pessoas acreditam apenas no que dizem outras do seu grupo, com as quais concordam. Mesmo diante de sólidos argumentos contrários, o fato de o interlocutor não ter as mesmas opiniões impede o diálogo. É o império do viés de confirmação, tão analisado nos últimos anos.

O QUANTO VOCÊ CONFIA EM PESSOAS COM POSICIONAMENTO POLÍTICO DIFERENTE DO SEU?

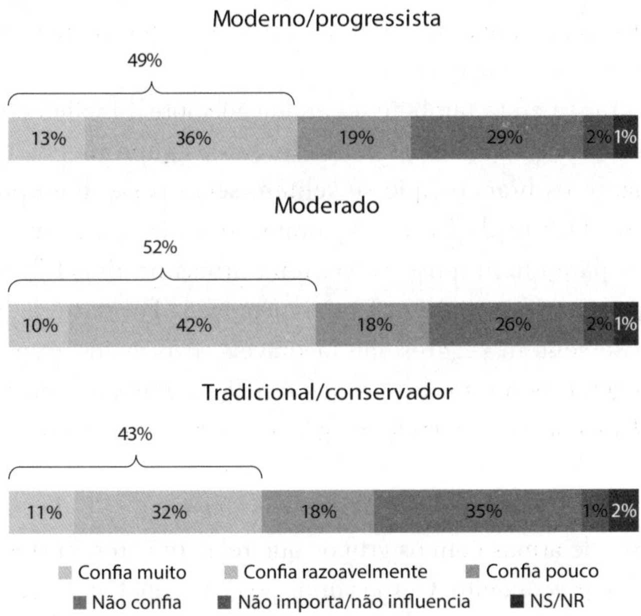

A baixa confiança está correlacionada com a sensação de falta de segurança: grupos que se sentem mais inseguros apresentam menores índices de confiança interpessoal. As mulheres pretas sentem mais insegurança nas ruas e confiam menos nas pessoas em geral. Quando perguntadas sobre pessoas que estão vendo pela primeira vez, as mulheres desconfiam 8 pontos percentuais a mais do que os homens. Os homens brancos são os que mais tendem a confiar nas pessoas de forma geral.

A construção do punitivismo na sociedade brasileira vem dessa equação social. A insegurança aumenta a desconfiança, que, por sua vez, aumenta a crença de que apenas o punitivismo resolve. Com pouca confiança em políticas preventivas e na Justiça, os brasileiros acreditam que a punição é a melhor forma de dissuadir os criminosos, além de proporcionar uma sensação de justiçamento. Entre os que concordam com a frase "é preciso ser muito cuidadoso com as pessoas", 78% são favoráveis à pena de morte para os que cometem crimes hediondos, como estupro, e 94% são favoráveis à redução da maioridade penal para 16 anos. Entre os que concordam com a frase "podemos confiar na maioria das pessoas", 71% são favoráveis à pena de morte para crimes hediondos e 91% são favoráveis à redução da maioridade penal para 16 anos. Os punitivistas são os que menos confiam nas pessoas e nos próprios vizinhos.

A insegurança afeta também a percepção sobre a facilidade para comprar e manter armas: os pretos inseguros são o grupo menos favorável às armas, enquanto os brancos que se sentem seguros são o grupo mais pró-armamentista. Diante da frase: "A compra e a posse de armas deveriam ser facilitadas para quem quisesse comprar armas no Brasil?", apenas 21% dos pretos que se sentem inseguros são favoráveis. Por outro lado, 33% dos brancos que se sentem seguros são favoráveis. É o maior grupo. Mas vale lembrar: em geral, nenhum dos grupos é majoritariamente favorável às armas. Esta talvez seja a bandeira ideológica da extrema direita que menos tem apelo popular.

É possível notar uma correlação entre insegurança e discordância em relação à posse de armas com os grupos que relatam já terem sido vítimas de discriminação e preconceito. Como vimos no Capítulo 3, mulheres e homens pretos são os que relatam mais episódios desse tipo. São os dois grupos que

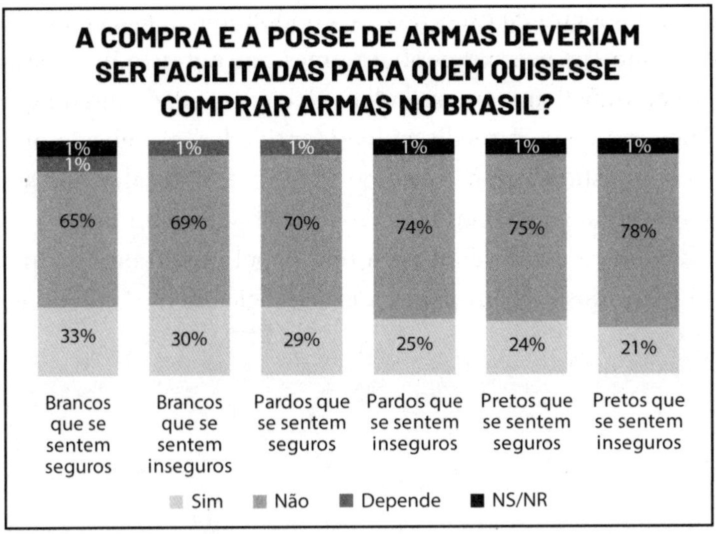

mais acreditam que pretos serão mais mal tratados pela polícia. Também são esses grupos os que se sentem mais inseguros e se mostram mais contrários às armas. Os resultados sugerem que, apesar de se sentirem inseguros e terem medo do crime, os brasileiros não enxergam nas armas a saída para reduzir a criminalidade ou se sentirem mais seguros nas ruas. A confiança na polícia é alta — 71% da população confia nela, como já mencionado — e, segundo os brasileiros, é ela quem deve estar bem equipada para combater o crime, não a população.

Em suma, o Brasil vive aprisionado num círculo vicioso em que o medo gera a desconfiança, a desconfiança alimenta o punitivismo e o punitivismo promete uma ordem que raramente se cumpre. Esse circuito reorganiza a vida cotidiana — do endereço escolhido às rotas e horários —, penaliza de modo desproporcional mulheres, pessoas pretas e os mais pobres, encarece a convivência e corrói o espaço público. Armas não aparecem como saída majoritária; o que a população pede é Estado que funcione: polícia profissional e Justiça que puna com certeza (não com crueldade). Romper esse padrão significa trocar a lógica da exceção e do condomínio pela da cooperação e do encontro: quando as pessoas confiam umas nas outras e nas instituições, o custo de viver, trabalhar e empreender cai, e a sociedade inteira ganha. Este capítulo mostrou como o medo molda identidades, escolhas e preferências políticas, como estabelece a teoria de Inglehart; o desafio que se impõe é transformar segurança em confiança — e confiança em futuro.

A insegurança e a desconfiança têm papel importante na forma como os brasileiros se posicionam política e ideologicamente, como veremos no capítulo a seguir.

7

Ideologia e política

Quando Cazuza cantava "Ideologia, eu quero uma pra viver", em 1988, o Brasil ganhava uma nova Constituição, um avanço civilizatório em termos de direitos sociais. Ainda que o contexto político fosse intenso num país que experimentava o início do seu amadurecimento numa democracia, com apenas três anos de liberdade após 21 anos sob uma ditadura militar, e a um ano de voltar a eleger o presidente da República, ser de esquerda ou de direita não era uma questão muito presente e clara no imaginário dos brasileiros.

Um ano depois, em 1989, na primeira eleição direta para presidente desde 1960, uma pesquisa feita pelo Centro de Estudos de Cultura Contemporânea e pelo Datafolha detectou que 76% dos entrevistados se posicionaram na escala entre esquerda e direita. Um ano depois, 80% conseguiram se localizar e, em 1993, 93% fizeram isso. O cientista político André Singer, em seu livro *Esquerda e direita no eleitorado brasileiro*, chamou esse posicionamento de autoidentificação ideológica. De acordo com as pesquisas, a autoidentificação ideológica aumentou entre os brasileiros nesses quase 40 anos. Desde 2002, o Centro de Estudos de Opinião Pública da Unicamp faz, logo após as eleições, uma pesquisa chamada Estudo Eleitoral Brasileiro, num momento em que a política está fresca na cabeça das pessoas. Em

2002, 76% dos entrevistados se colocaram entre esquerda e direita. Essa porcentagem caiu para 58% em 2006, foi de 55% em 2010 e 56% em 2014. Mas saltou para 79% em 2018 e para 85% em 2022. Os dados são claros: a partir de 2018, os brasileiros passaram a se identificar mais com a escala esquerda-direita.

Nossa pesquisa mostra que, hoje, 96% dos brasileiros se posicionam entre esquerda e direita quando perguntados. Os dados revelam que ser de esquerda ou de direita não só passou a ser uma definição mais usada pelos brasileiros nos últimos anos, como foi além. No Brasil polarizado de hoje, os rótulos "esquerda" ou "direita" não estão presentes só na hora de votar, mas perpassam questões de convivência familiar, as amizades e até os relacionamentos amorosos.

Recorremos ao clássico *Direita e esquerda: razões e significados de uma distinção política*, de Norberto Bobbio, para estabelecer aqui o que se entende por esquerda e direita: enquanto a esquerda está associada à defesa da igualdade como forma de atingir o desenvolvimento da sociedade, a direita está mais associada à ideia de que existem desigualdades naturais entre as pessoas e que essas diferenças são importantes para o desenvolvimento da sociedade. Mas, embora os termos esquerda e direita pareçam ser mais usados do que nunca entre os brasileiros, isso não quer dizer que as pessoas entendam esses rótulos da mesma forma convencionalmente definida por estudiosos e intelectuais como Bobbio. A compreensão dos termos esquerda e direita varia de acordo com textos históricos e entre pessoas diferentes. Como veremos a seguir, é possível que muitas pessoas se identifiquem como de esquerda e de direita sem terem um entendimento muito estruturado a respeito do que tais termos significam.

Quando perguntados onde se encontram em uma escala de posicionamento ideológico, brasileiros se identificam mais com posições ao centro (37%) e à direita (36%). A esquerda é minoritária, com 23%. Desde 2017, houve um aumento no percentual de brasileiros que se identificam como de direita. A partir de 2019, no entanto, o maior crescimento foi do contingente dos que se dizem de centro, de 26% para 37%, um aumento de 11 pontos percentuais. A direita caiu três pontos desde então, enquanto a esquerda recuou cinco.

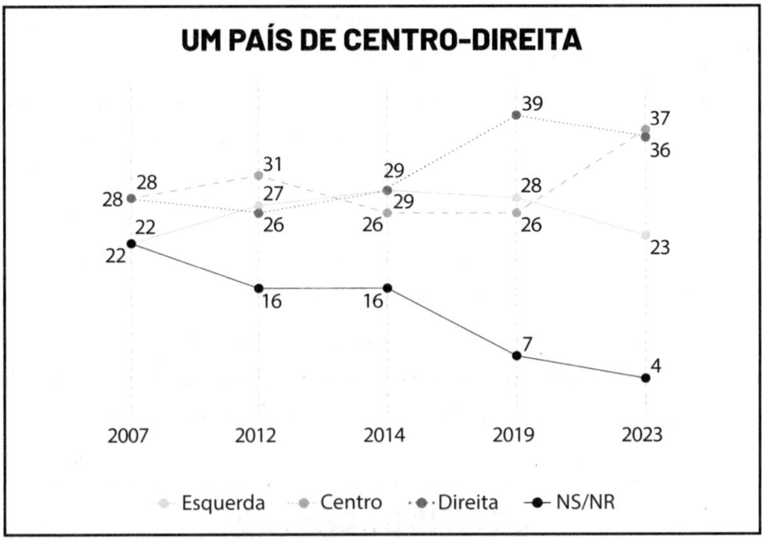

Esse processo de aumento da autoidentificação ideológica desde 2017 reflete a dinâmica dos eventos políticos do país. O crescimento da direita a partir de 2017 e 2018 sugere que o momento do país e a ascensão de Bolsonaro e seus apoiadores — que se identificavam publicamente como de direita — levaram a um aumento na proporção de pessoas também se identificando como de direita. Isso revela que, em vez de Bolsonaro ter vencido por causa da existência de um grande contingente de eleitores consistentemente identificados como de direita, foi provavelmente sua ascensão que levou muitos eleitores a se verem assim. É o que mostra o artigo dos cientistas políticos Guilherme Russo, Jairo Pimentel Junior e George Avelino, que usaram um experimento no qual observaram que informar entrevistados de que Bolsonaro seria de direita fez com que seus apoiadores se dissessem de direita com mais frequência.* Ao mesmo tempo, é provável que a polarização crescente no país tenha feito com que aquelas pessoas que rejeitam os políticos e as ideias de esquerda e de direita se tornassem mais propensas

* Russo, G. A., Junior, J. P., & Avelino, G. (2022). "O crescimento da direita e o voto em Bolsonaro: causalidade reversa?". *Opinião Pública*, vol. 28, nº, 3, pp. 594-614.

a se entenderem como no centro do espectro ideológico, o que explicaria o aumento recente no tamanho desse grupo.

A esquerda é minoria em todas as gerações. No entanto, o posicionamento no espectro ideológico tem uma característica geracional. Há mais gente de direita entre os mais velhos, na Geração Bossa Nova, que passou a juventude e parte da vida adulta sob o regime militar (1964-1985). Entre esses mais velhos, 40% se dizem de direita. As gerações Ordem e Progresso e Redemocratização se dividem entre direita e centro — 77%. Os jovens, a Geração.Com, são os que mais se dizem de centro, com 42%. Eles também têm o maior contingente na esquerda, com 26%. Vamos tratar mais do comportamento ideológico de acordo com as gerações no Capítulo 8.

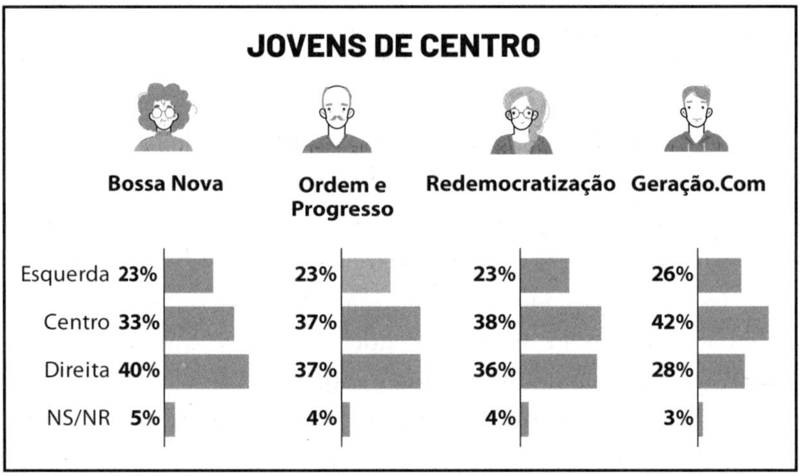

Mas quem está mais à direita? Homens tendem a se declarar mais como de direita em comparação às mulheres. Os mais ricos também se identificam mais à direita, ainda que a diferença não seja estatisticamente significativa. Moradores das regiões Centro-Oeste, Norte e Sul também se declaram mais à direita. Na divisão por religiões, as diversas denominações evangélicas têm mais pessoas de direita, com exceção dos adventistas, em comparação a católicos praticantes. Do outro lado, quem mais se declara de esquerda são os jovens, os pretos, os mais escolarizados, moradores de capitais e da região Nordeste. No espectro religioso, as pessoas de esquerda estão proporcionalmente mais presentes entre os católicos não praticantes, espíritas, ateus, umbandistas e candomblecistas.

Mais do que se posicionar entre esquerda e direita, o brasileiro está polarizado e tem comportamento paradoxal. Embora seja um pouco mais conservador nos valores, é defensor do Estado como solucionador dos problemas públicos. Quando pedimos aos brasileiros para se autoclassificarem na escala progressista/conservador, 51% assumem o conservadorismo. O menor grupo é o do meio, dos que se dizem moderados, com 19%. Os que se dizem moderados/progressistas são 30%. É preciso cuidado, no entanto, para sobrepor este posicionamento com o ideológico, pois a relação entre ideologia e conservadorismo não é direta. Nem todo mundo que é de esquerda é progressista. Apenas 47% daqueles que se classificam como de esquerda dizem também ser progressistas — 36% se identificam como conservadores. Esse quadro é mais definido na direita, onde 65% se dizem conservadores e apenas 20% se posicionam como progressistas.

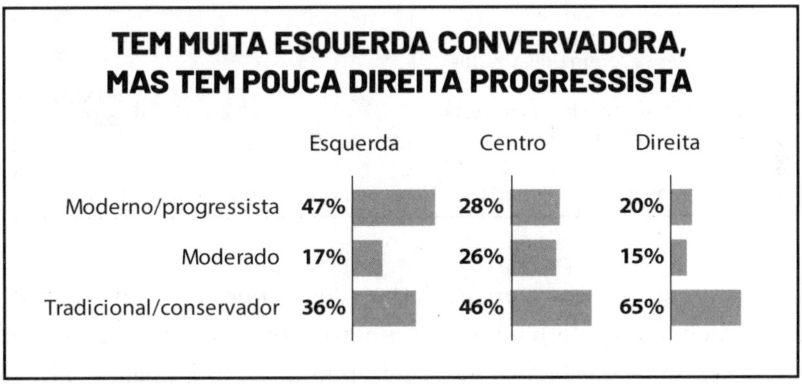

Apesar de serem mais de direita, os brasileiros não acreditam no Estado mínimo; pelo contrário, são estatistas, algo mais comum à esquerda. Entre ser pró-Estado ou pró-mercado, é consenso entre nós que serviços básicos são deveres estatais. Para quase todos os brasileiros — mais precisamente 98% — é dever do Estado garantir educação e saúde gratuitos e que todos tenham boas condições de vida (96%). Já a privatização, cara à direita, nos divide. Quase metade dos brasileiros, 45%, acha que a forma de conseguir bons serviços básicos para todos é pela via da privatização desses serviços. Na mesma proporção, 46% acham que estatais devem ser privatizadas. Os homens são mais favoráveis à privatização, assim como os mais ricos, que ganham acima de dez salários mínimos. Na direção contrária, o estatismo aumenta conforme a escolaridade. São mais estatistas também os habitantes de capitais, os mais pobres, os pretos e pardos e os moradores do Centro-Oeste e do Nordeste. Após mais de 30 anos do início da privatização das empresas estatais, os brasileiros ainda relutam na venda de ativos públicos, como a Petrobras e o Banco do Brasil.

As contradições nas crenças do brasileiro sobre tamanho do Estado e costumes, bem como alinhamento assimétrico entre os eixos conservadorismo/progressismo e direita/esquerda refletem as peculiaridades na maneira como as pessoas entendem alguns desses rótulos. Enquanto observamos um aumento na autoidenficação ideológica, notamos que muitos brasileiros de direita adotam posições pró-Estado e muitos brasileiros de esquerda se dizem conservadores. Sendo assim, esses termos parecem servir menos como posições ideológicas coerentes e organizadas, e mais como rótulos que ajudam os brasileiros a acompanhar a vida política e seguir seus líderes.

Também podemos traçar a origem dessas contradições na ideologia dos brasileiros se nos voltarmos para algumas das contradições nos valores mais fundamentais sobre a vida social que mostramos nos capítulos anteriores. As opiniões sobre ideologia, conservadorismo e progressismo, estatismo ou privatismo nos levam, obrigatoriamente, a voltar ao que vimos no Capítulo 4 em relação à concepção dos brasileiros sobre meritocracia e individualismo e suas opiniões sobre redução da desigualdade e de políticas contra a pobreza. Nosso conservadorismo nos faz acreditar que a pobreza não deve ser combatida a qualquer preço. O esforço individual é que deve ser a solução dos problemas. Os brasileiros acreditam que pobres precisam fazer por merecer a ajuda. A maioria acha que os auxílios pagos pelo governo contribuem para a prevenção da fome, mas acreditam que fazem os pobres se esforçarem menos. Metade das pessoas acredita que, ao receber auxílios, os pobres não se esforçam para subir de classe social. Assim, as noções pró e antiassistencialismo convivem no imaginário nacional. Os homens são menos preocupados que as mulheres em relação à redução da pobreza. Os brasileiros mais escolarizados e os da Geração.Com são os mais preocupados com a redução da pobreza em relação aos outros grupos das suas categorias. O mesmo acontece com os pretos em comparação aos brancos, pardos e às pessoas de outras raças e cores. Quando se observam as opiniões por região do país, emerge uma grande contradição: está no Nordeste a maior proporção de domicílios que recebem o Bolsa Família (35%); ao mesmo tempo, o Nordeste é a região onde há menos pessoas preocupadas com a redução da pobreza.

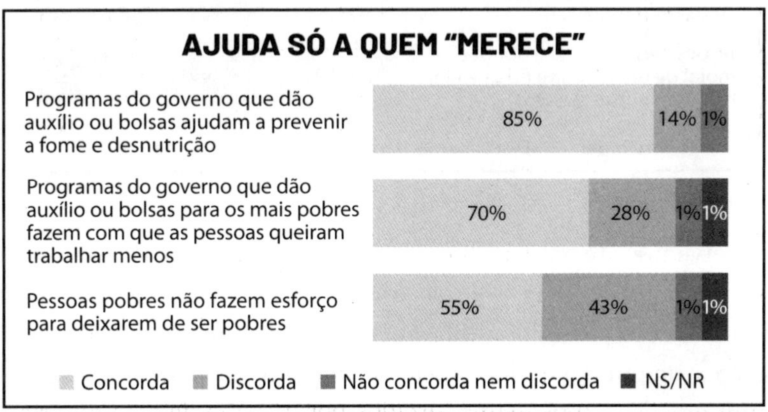

Na hora de financiar essa ajuda, a maioria dos brasileiros (72%) é a favor da taxação regressiva, ou seja, que todos paguem mais impostos para ajudar a população mais pobre. Apenas 43% são favoráveis à taxação progressiva, ou seja, dos mais ricos, para ajudar a população mais pobre. Já vimos que essa opinião está em mutação. Em 2025, uma pesquisa da Quaest mostrou que 63% dos brasileiros eram favoráveis a um projeto que isentasse de cobrança de Imposto de Renda as pessoas que recebem até 5 mil reais mensais e aumentasse o imposto cobrado de pessoas que ganham acima de cinquenta mil reais — as mais ricas. Imposto é visto quase como uma punição, enquanto uma política pública direcionada aos mais pobres é vista como uma benesse indevida. É importante lembrar também outro conceito já visto neste livro: para os brasileiros, rico é sempre o outro. A autopercepção financeira é distorcida. Mesmo pessoas ricas se classificam como de classe média ou classe média baixa. Assim, quando atribuem o aumento de impostos aos mais ricos, os brasileiros com autopercepção financeira distorcida não enxergam que eles também podem ser atingidos. De todo modo, a grande maioria não acha que os ricos tenham a obrigação moral de dividir o que têm com pessoas mais pobres.

Observamos até aqui as diferenças entre esquerda e direita para os brasileiros do ponto de vista político e econômico. Porém, desde a segunda metade do século passado, a diferenciação entre os dois lados do espectro ideológico avançou, além dos aspectos econômicos, para a defesa dos direitos de minorias e grupos marginalizados por questão de raça ou orientações sexuais. Diversas teses apontam que, ao adotar a luta pelas minorias, a esquerda perdeu um pouco da sua base histórica, composta de trabalhadores, parte deles de perfil conservador. De toda forma, ser de direita ou de esquerda passou a incorporar valores sociais. À vista disso, é preciso sobrepor a autoclassificação ideológica aos valores nacionais.

Vamos analisar o conservadorismo brasileiro mais de perto. Como tudo, o conservadorismo aqui tem nuances e é multifacetado. Como observamos nos capítulos anteriores, nós, brasileiros, somos punitivistas e contrários à legalização da maconha, mas aceitamos homossexuais e somos contra as armas. Três frases demonstram esse conservadorismo. Para 94% dos brasileiros, jovens de 16 anos que cometem crimes devem ser presos, 77% concordam com a pena de morte para crimes hediondos, como o estupro, e 70% são contra a legalização da maconha. Por outro lado, o progressismo se manifesta em outras três colocações: 75% dos brasileiros concordam que o casamento é a união de duas pessoas que se amam, independentemente do gênero, 70% discordam que pessoas podem deixar de ser homossexuais se fizerem algum tipo de tratamento e 68% são contra facilitar a compra e posse de armas.

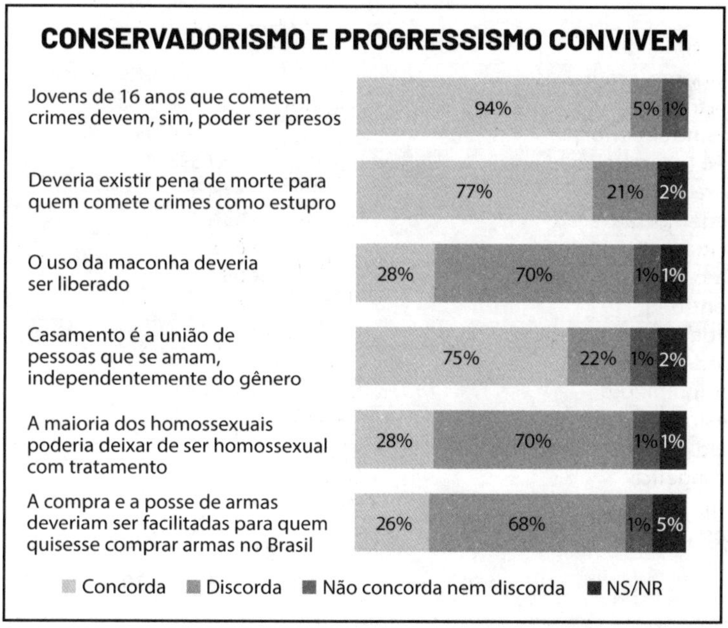

As morais caras ao conservadorismo são as que mais nos dividem. Para 61% dos brasileiros, a escola é um lugar adequado para se debater sexualidade. Por outro lado, 52% acham que uma mulher que faz aborto deve ser presa. São duas opiniões conflitantes, que revelam as complexidades do pensamento nacional quando o tema é sexualidade. Os que se classificam como moderados/progressistas, de esquerda, com ensino superior, sem religião e jovens são os que mais defendem educação sexual nas escolas. O percentual mais alto em favor disso é de 68%. Os menos favoráveis, com índices que vão de 61% a 55%, são os que têm ensino médio, ensino fundamental, se classificam como tradicionais/conservadores, evangélicos, de direita e da Geração Bossa Nova. Em relação aos costumes, os homens são mais conservadores do que as mulheres. Apesar de quase todos os grupos religiosos serem conservadores, os evangélicos são mais do que os outros. Os progressistas nos costumes são os mais jovens, mais escolarizados, de maior renda e que moram em capitais.

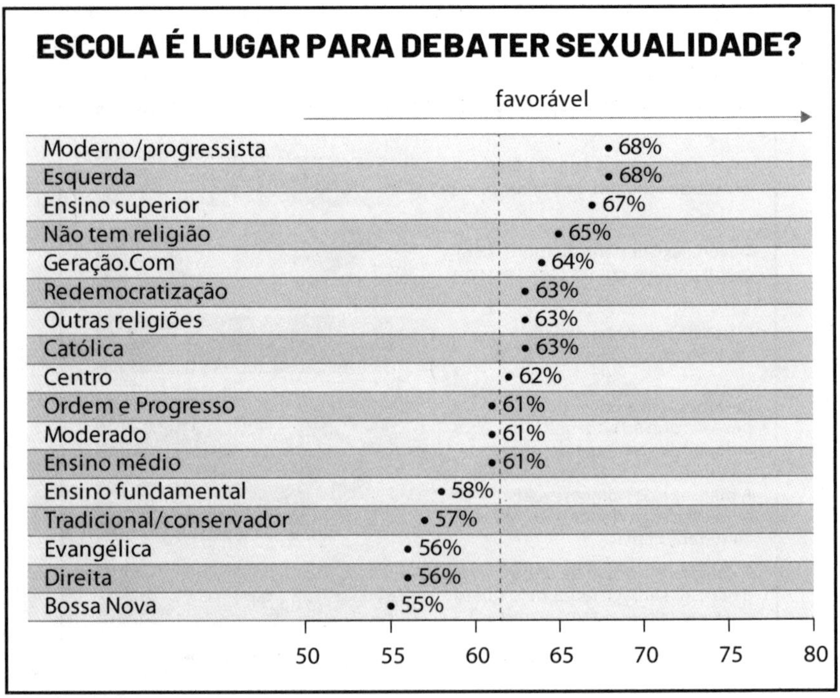

Vimos no Capítulo 3 que os brasileiros têm pouca compreensão sobre a homossexualidade. Apenas 29% acham que é justificável que pessoas sejam homossexuais. Isso significa que, para 71% delas, a homossexualidade não é justificável. Esse percentual indica que o Brasil tem baixa aceitação de pessoas de sexualidade fora do padrão social e apresenta valores mais tradicionais em comparação com outros países. Mas como entender esse resultado?

O brasileiro diz não se interessar pela vida sexual privada das pessoas, mas se incomoda com beijo de pessoas do mesmo sexo em público e homens com comportamentos mais "afeminados", quando esses comportamentos acontecem em público. Prevalece entre nós o conceito de "faça o que quiser, desde que não faça na minha frente", uma distinção particular entre o público e o privado, pela qual o comportamento privado é livre, mas o comportamento público não deve contrariar padrões tradicionais. Em relação ao âmbito privado, 95% dos brasileiros afirmam que a vida sexual de terceiros não interessa a ninguém. Entretanto, 66% dizem que um homem gay não precisa ser "afeminado" e 43% se incomodam com casais compostos por pessoas do mesmo gênero se beijando. A maioria dos brasileiros (68%) também não acreditam na "cura gay" — no entanto, 26% acreditam que pessoas podem deixar de ser homossexuais se fizerem um tratamento.

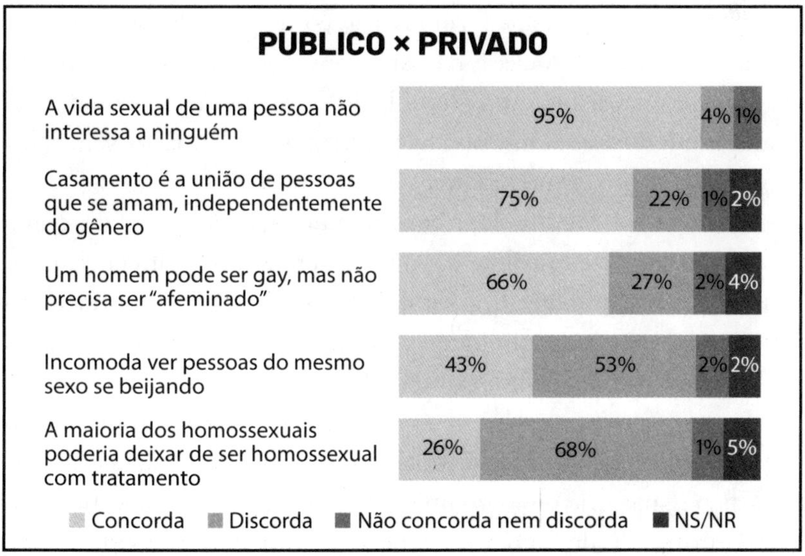

Quando analisamos as atitudes por orientação sexual, notamos que os heterossexuais são os que apresentam maiores taxas de concordância com frases que refletem visões claramente mais homofóbicas. Homossexuais e bissexuais concordam em 21 pontos percentuais a mais que pessoas heterossexuais que o casamento é a união de pessoas que se amam, independentemente do gênero: 95% contra 74%. Apenas 23% dos homossexuais e 19% dos bissexuais se incomodam em ver pessoas do mesmo gênero se beijando, enquanto só 17% dos bissexuais e 16% dos homossexuais acreditam na "cura gay".

A sexualidade é uma questão geracional. Quanto mais nova a geração, maior o número de pessoas que declaram pertencer à comunidade LGBTQIAPN+. A Geração.Com é a mais diversa em relação à comunidade LGBTQIAPN+, especialmente as mulheres jovens. O maior índice de pessoas que se declaram homossexuais e bissexuais é da Geração.Com, com 11%. Na população em geral, 1,9% dos brasileiros se declarou homossexual ou bissexual, percentual muito próximo do que foi encontrado na Pesquisa Nacional de Saúde de 2019. As mulheres da Geração.Com formam o maior contingente das pessoas que se declaram homossexuais ou bissexuais, 13%. Logo em seguida, vêm os homens da mesma geração, com 9%. O menor índice é dos homens da Geração Bossa Nova, com 1%. Pessoas com ensino superior e moradores de cidades médias e capitais têm maior tendência a serem parte da comunidade LGBTQIAPN+. Quando fazemos o recorte por religião, uma tendência de quase todas as crenças é não apresentar pessoas dessa comunidade. No entanto, umbandistas e candomblecistas se destacam como a religião com maior tendência a incluir pessoas LGBTQIAPN+. Entre os sem religião, a presença desse grupo também é mais considerável.

Assim como se incomodam com homens que apresentam comportamentos mais delicados, brasileiros em geral acreditam muito em normas tradicionais de masculinidade. Em geral, 50% seguem normas tradicionais ou muito tradicionais de masculinidade. Apenas 33% seguem muitas normas ou normas não tradicionais de masculinidade.

Os heterossexuais são os que mais seguem e seguem muito as normas tradicionais de masculinidade. Consideramos como adeptos dessas normas tradicionais as pessoas que concordam com frases como "homem não chora na frente dos outros", "todo homem tem de saber dirigir" e "o homem deve ser o

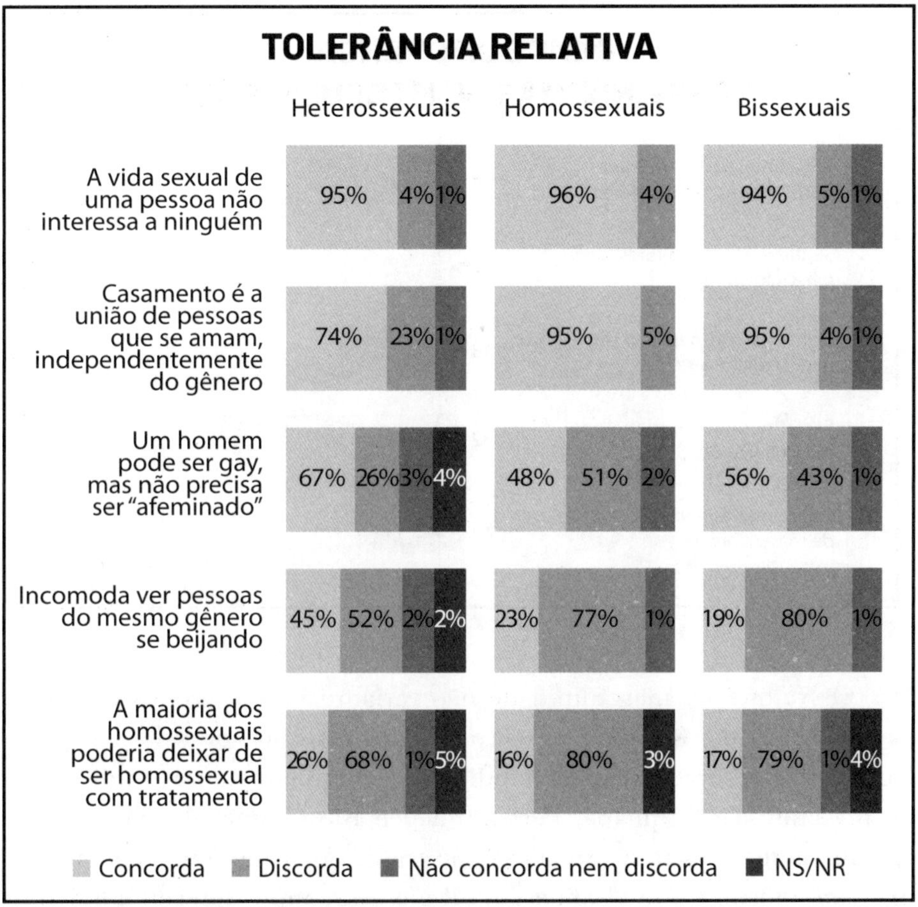

provedor da casa". São também pessoas que atribuem como as principais características do homem ser trabalhador, corajoso, forte e protetor, que reforçam o estereótipo masculino. Ao mesmo tempo, é o grupo que menos segue ou segue muito normas não tradicionais. Os brasileiros que se identificam como homossexuais e bissexuais acreditam menos em valores associados a normas tradicionais de masculinidade.

Quando perguntados sobre as características principais de um homem, os brasileiros reforçam o papel de gênero, como a associação com o trabalho e a coragem: 39% citam "honesto/persistente/trabalhador"; 21% dizem "bom pai e responsável" e 9% mencionam "corajoso/forte/protetor".

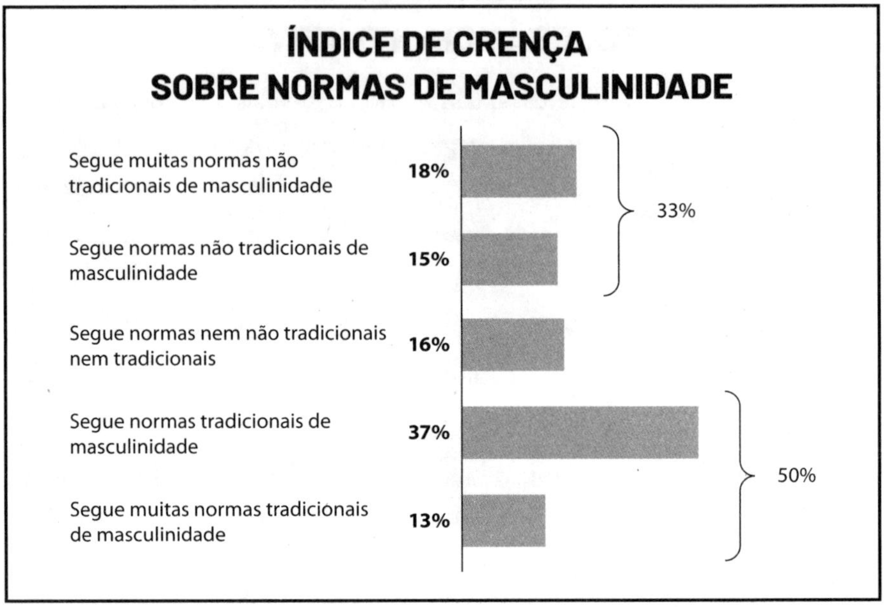

Os valores de masculinidade não variam só entre grupos definidos pela sexualidade. Geograficamente, quanto mais ao norte do país estão localizados os estados, maior o índice de adesão aos valores tradicionais de masculinidade. Amapá, Pernambuco e Rio Grande do Norte apresentam as maiores taxas de adesão ao tradicionalismo nesse campo. De maneira oposta, o Rio Grande do Sul é o estado que apresenta a menor taxa de adesão às normas tradicionais de masculinidade. É possível ter uma visão melhor quando observamos a adesão a normas tradicionais ou não tradicionais de masculinidade por segmentos sociais. Assim, notamos que homens, evangélicos em geral e pessoas não brancas tendem a seguir normas mais tradicionais de masculinidade. Em quase todas as religiões, esse padrão é majoritário. Gerações mais novas, os mais escolarizados, moradores de capitais e brancos tendem a seguir mais as normas não tradicionais de masculinidade.

Enquanto 50% de nós acreditam em normas tradicionais de masculinidade, acontece o inverso com a feminilidade: 62% seguem muitas normas e normas não tradicionais de feminilidade.

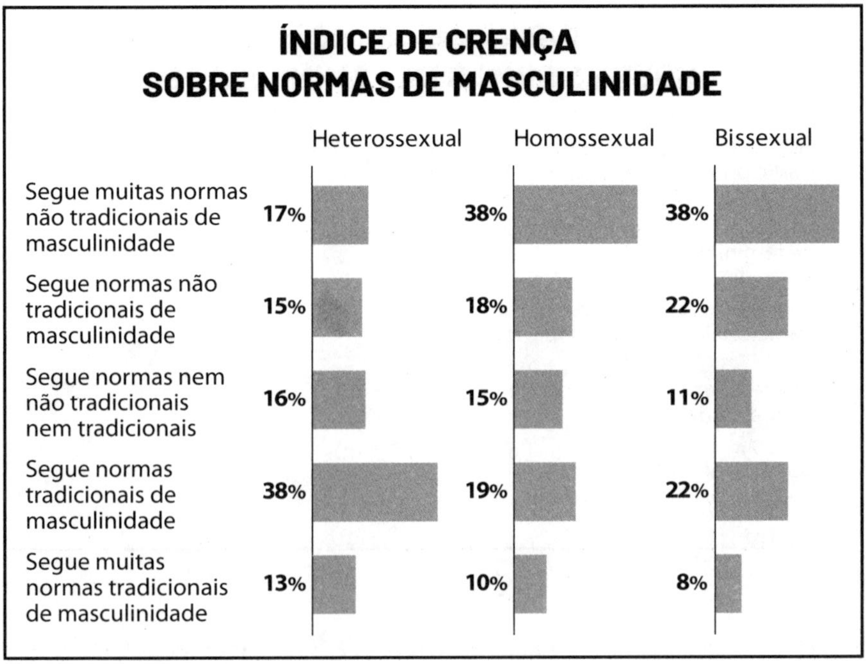

Quando perguntados qual a característica mais importante de uma mulher, brasileiros de ambos os sexos citam ser "boa mãe": 12% das mulheres e 10% dos homens. É a característica que aparece em segundo lugar. Em primeiro lugar, vem "honesta" — 15% das respostas femininas e 16% das masculinas. Em terceiro lugar vem "trabalhadora", com 12% quando o respondente é mulher e 11% quando é homem.

Assim como acontece no caso das normas tradicionais de masculinidade, quanto mais ao norte do país, maior o índice de concordância com as normas tradicionais de feminilidade. O Rio Grande do Norte continua com destaque nesse sentido, com a maior taxa no índice de feminilidade entre os estados. Por outro lado, Mato Grosso do Sul e Santa Catarina são os que apresentam o menor valor no índice de feminilidade. Os homens heterossexuais são os mais favoráveis às normas tradicionais de feminilidade. Do lado oposto estão as mulheres bissexuais, as que mais seguem muitas normas não tradicionais e normas não tradicionais de feminilidade. Consideramos como

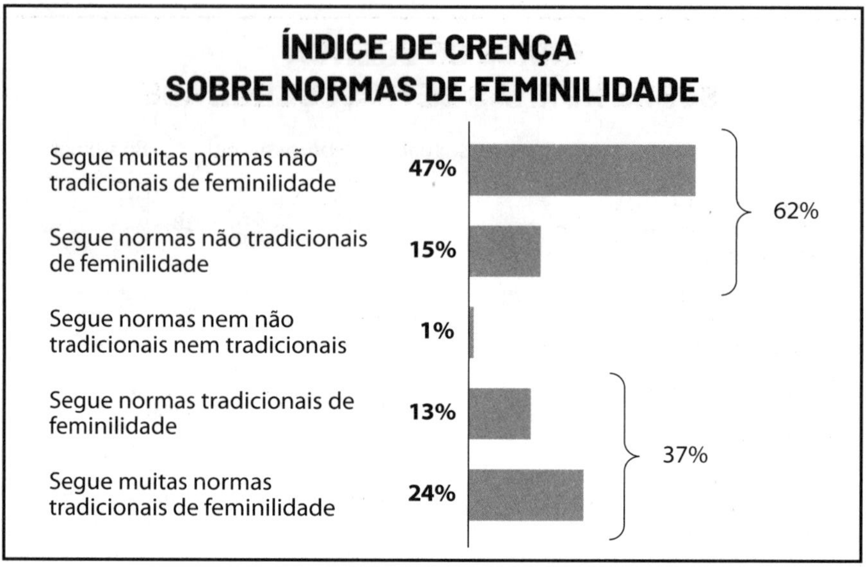

adeptas das normas tradicionais de feminilidade as pessoas que concordam com frases como "uma mulher precisa ter um filho para se sentir realizada" e atribuem à mulher, como características, ser honesta, boa mãe, trabalhadora e educada, que reforçam o estereótipo feminino.

Os homens e pardos têm maior tendência em concordar com as normas tradicionais de feminilidade. Quanto mais nova a geração e maior a escolaridade, maior a tendência a seguir normas não tradicionais de feminilidade. Pessoas que não moram em cidades pequenas também tendem a seguir mais as normas não tradicionais. Não há diferença relevante em relação à renda: todos os grupos, em maior ou menor grau, seguem as normas não tradicionais. A tendência também é dominante entre as diferentes religiões.

Em síntese, a intensificação da autoidentificação ideológica desde 2018 não produziu um eleitorado mais programático, mas um público que usa "esquerda" e "direita" como atalhos identitários para organizar preferências difusas.

CARACTERÍSTICAS MAIS IMPORTANTES EM UMA MULHER

	Para as mulheres	Para os homens
Honesta	15%	16%
Boa mãe	12%	10%
Trabalhadora	12%	11%
Responsável	9%	8%
Educada	7%	7%
Corajosa	6%	3%
Inteligente	6%	8%
Forte	4%	2%
Cuidadosa	3%	4%
Protetora	3%	3%
Persistente	3%	1%
Amorosa	3%	5%
Simpática	2%	4%
Alegre/bem-humorada	2%	2%
Generosa	2%	2%
Calma	2%	2%
Religiosa	2%	3%
Firme/assertiva	2%	1%
Discreta	2%	2%
Poderosa	1%	1%
Elegante	1%	1%
Sensível	1%	1%
Ambiciosa	1%	1%
Bonita	1%	2%

A maioria se abriga no centro enquanto combina conservadorismo moral com estatismo econômico: pede ordem e punição, mas espera um Estado provedor e, ao mesmo tempo, divide-se sobre privatizações. As clivagens de geração, religião, sexo, renda, raça e território modulam esse arranjo — velhos mais à direita, jovens mais plurais, evangélicos mais conservadores, capitais e escolarizados mais estatistas —, porém não eliminam a assimetria

ÍNDICE DE FEMINILIDADE

	Mulher heterossexual	Mulher homossexual	Mulher bissexual	Mulher com outra sexualidade
Segue muitas normas não tradicionais de feminilidade	**54%**	**61%**	**67%**	**67%**
Segue normas não tradicionais de feminilidade	**15%**	**12%**	**9%**	**8%**
Segue normas nem não tradicionais nem tradicionais	**1%**	**1%**	**1%**	**0%**
Segue normas tradicionais de feminilidade	**11%**	**9%**	**6%**	**5%**
Segue muitas normas tradicionais de feminilidade	**20%**	**17%**	**17%**	**20%**

	Homem heterossexual	Homem homossexual	Homem bissexual	Homem com outra sexualidade
Segue muitas normas não tradicionais de masculinidade	**40%**	**61%**	**65%**	**48%**
Segue normas não tradicionais de masculinidade	**16%**	**9%**	**10%**	**52%**
Segue normas nem não tradicionais nem tradicionais	**1%**	**0%**	**0%**	
Segue normas tradicionais de masculinidade	**15%**	**10%**	**6%**	
Segue muitas normas tradicionais de masculinidade	**28%**	**21%**	**18%**	

entre rótulos e conteúdos. O resultado é um mercado político no qual vence quem traduz valores de "ordem" e "mérito" em políticas de proteção social percebidas como justas, sem falar a língua do Estado mínimo nem do assistencialismo incondicional. Em outras palavras, a disputa contemporânea no Brasil não é entre dois pacotes ideológicos coerentes, mas sobre quem consegue alinhar moral, segurança e bem-estar com capacidade estatal — e convencer um eleitorado que se reconhece nas etiquetas, mas decide pelo que funciona. Na Parte III, mostraremos novas formas de classificar os brasileiros em vista do que descobrimos até aqui.

8

O Brasil em segmentos

Até aqui, descobrimos como nós, brasileiros, pensamos. Conhecemos o que nos une e o que nos divide.

O que nos une

Religiosidade: a importância primordial da religião em nossas vidas e a crença de que Deus está no comando.
Família: a importância e a convivência com a família servem como motivação e força.
Individualismo: valorizamos o trabalho individual, o mérito, e cremos que políticas públicas não devem ser focadas apenas nos pobres, mas devem servir a todos.
Cansaço e batalha: estamos cansados da luta do dia a dia e acreditamos no esforço individual por um futuro melhor.
Insegurança: a preocupação com segurança é unanimidade e preferimos regras e políticas punitivistas.

Desconfiança: temos baixo nível de confiança interpessoal, em especial nos diferentes de nós.
Machismo: temos atitudes tradicionalistas e expectativas conservadoras sobre o papel da mulher na sociedade.
Honestidade relativa: julgamos comportamentos questionáveis com veemência, mas relativizamos de acordo com o contexto.

O QUE NOS DIVIDE

Modelo familiar: uma parte de nós aceita os novos arranjos e modelos familiares, outros insistem na defesa da família tradicional.
Sexualidade e intolerância: esperamos força, proteção, coragem e trabalho dos homens; das mulheres esperamos coragem, cuidado e participação nas contas de casa. Com homossexuais, a tolerância é baixa, mas crescente.
Discriminação racial: enxergamos discriminação generalizada na sociedade, mas não somos capazes de reconhecer nossas próprias crenças racistas.
Orgulho e complexo de vira-lata: temos orgulho do país tropical, abençoado por Deus e bonito por natureza, mas desvalorizamos nosso povo.
Assistencialismo e redistributivismo: temos valores divididos sobre a igualdade salarial, papel do Estado e ajuda aos pobres.
Ideologia: embora sejamos um país de centro-direita, mais conservador, estamos polarizados em relação às elites políticas, o que afeta nossos valores e a forma como encaramos a ação do Estado na economia.

Essas conclusões gerais sobre os valores, interesses e atitudes dos brasileiros nos ajudam a entender melhor quem somos, o que pensamos sobre o hoje, e o que desejamos e projetamos para o futuro. A bateria de informações apresentadas até aqui, no entanto, é tão extensa e rica que nos permite ir além. Estamos acostumados a analisar resultados de pesquisa à luz de variáveis sociodemográficas — idade, raça, gênero, escolaridade e renda. No mundo todo, essa é uma tradição de décadas na pesquisa social. Porém a base de dados da *Brasil no espelho* é tão extensa que é possível propor uma nova forma de classificar os brasileiros a partir de seus interesses, desejos e valores. O exercício analítico a que me propus, neste caso, foi o de criar "tipos ideais" de segmentos brasileiros a partir das respostas da pesquisa, de forma a criar grupos sociais que se parecem entre si, mas que são diferentes dos demais. Com a pesquisa *Brasil no espelho* podemos entender o país a partir de segmentos da sociedade definidos por suas identidades.

Para tanto, me ancorei nos achados de segmentação eleitoral que fiz com Thomas Traumann no livro *Biografia do abismo** e adicionei ao modelo usado na obra novas variáveis e uma nova forma de tratar os dados. Utilizando 197 variáveis, adotei um modelo estatístico de clusterização de dados** que agrupou indivíduos em segmentos. Esse procedimento é totalmente agnóstico: sua única regra é calcular probabilidades que permitem identificar quem mais se parece com quem no padrão de respostas dadas, e quem mais se distancia de quem, também com base nessas respostas. Essa análise de *clusters* alocou cada um dos quase 10 mil respondentes da pesquisa em nove grupos, por aproximação probabilística. O mais trabalhoso não foi realizar essa tarefa, mas analisar os padrões de resposta para que a nomenclatura correta fosse atribuída a cada um dos *clusters* gerados pelo modelo estatístico.

O time de inteligência da Quaest foi fundamental nesse processo. Foram várias semanas trabalhando na classificação, organização e tabulação das informações daqueles que apresentavam semelhanças, para chegarmos aos títulos com os quais resolvemos batizar cada um dos *clusters*. Lembrando que os nomes usados são arbitrários. São escolhas deste pesquisador, baseadas

* Rio de Janeiro: HarperCollins, 2023

** Técnica de aprendizado de máquina não supervisionado que agrupa dados semelhantes em grupos chamados *clusters*. O objetivo é que os elementos dentro de um mesmo *cluster* sejam mais parecidos entre si do que com os elementos de outros *clusters*. Essa técnica é utilizada para revelar estruturas, organizar informações e facilitar a análise de grandes volumes de dados em áreas de categorização. (N. E.)

no meu conhecimento em sociologia e política, na minha leitura de Brasil como analista político e no padrão de respostas identificado no estudo.

O resultado é um agrupamento da sociedade em nove segmentos identitários, com tamanhos e preferências eleitorais diferentes. São eles: os conservadores cristãos; a classe DE — Dependente do Estado; o agro; os progressistas; os militantes de esquerda; os empresários; os liberais sociais; os empreendedores individuais e a extrema direita.

Repito: os nomes atribuídos a cada grupo são arbitrários, são escolhas para tentar caracterizar o comportamento e os valores desses grupos. É claro que essa escolha não é perfeita, nem reflete um julgamento normativo que dá a um ou outro grupo valor maior ou menor. É uma tentativa de caracterização sociológica, que naturalmente guarda imprecisões. A proposta aqui apresentada quer contribuir para a caracterização das identidades sociais do país, sem fazer qualquer julgamento de valor sobre os grupos.

Aqui, quero fazer uma nota metodológica importante: é impossível, eu sei, dizer que alguém cabe apenas em uma caixa. Não cabe. No entanto, encaixar os indivíduos em categorias é uma forma de classificação que os biólogos e os sociólogos usam há muito tempo, pois nos ajuda a extrair o sentido de cada um desses grupos. Dito isso, sei que há indivíduos que são, ao mesmo tempo, pobres e evangélicos — o que permitiria classificá-los tanto como membros da classe DE quanto como conservadores cristãos. A regra classificatória para resolver esse dilema metodológico foi analisar a relação entre as características dos indivíduos e sua escolha eleitoral. Por exemplo, se um indivíduo pesquisado vota em Lula principalmente por sua defesa do Estado, dos programas sociais e por seu status social, o modelo atribui maior probabilidade de ele pertencer à classe DE. Mas, se o que orienta sua escolha de voto é a influência da igreja, do pastor ou do padre, o modelo confere maior probabilidade de ele, mesmo sendo pobre, ser classificado como conservador cristão. Ou seja, a regra de classificação para alocar indivíduos é identificar qual variável mais determina a escolha eleitoral. Se a classe ou o bolso são mais importantes, o evangélico, vai para a classe DE; se a religião é o fator mais importante, o pobre será classificado como conservador cristão.

O relevante desse modelo é que ele nos permite conhecer o tamanho dos grupos mais significativos do país. Os conservadores cristãos, por exemplo, formam o maior grupo, com 27% da população. São, em sua maioria, evangélicos, mas também incluem católicos mais conservadores. Com 23% da população, o segundo maior grupo é a classe DE, ou Dependentes do Estado, beneficiários de programas sociais, como o Bolsa Família. O agro representa 13% da população e reúne produtores, trabalhadores rurais e pessoas que se associam ao estilo de vida sertanejo, inclusive na culturais. Os progressistas são os que mais destoam do resto da sociedade em relação a normas menos tradicionais de gênero, estereótipos familiares e defesa de minorias. São 11% dos brasileiros e se destacam pela defesa de minorias políticas e pautas "*woke*". Os empresários compõem a elite econômica, composta em sua maioria de pessoas brancas, favoráveis à privatização e contrários a benefícios pagos aos mais pobres. São 6% da população. Os liberais sociais são 5% e situam-se no centro do espectro político. Defendem a liberdade individual, são favoráveis à redução de impostos e a políticas punitivistas. Se, na economia, são liberais, no campo social acreditam na social-democracia como atuação estatal. O segmento dos empreendedores individuais é novo no Brasil e surgiu de forma original nesta pesquisa. É formado por trabalhadores sem vínculo empregatício, como prestadores de serviço por aplicativo, que se consideram empreendedores de classe média, mesmo tendo renda baixa. São 5% dos brasileiros.

Sobram dois grupos. Os mais difíceis de serem nomeados. A dificuldade não vem da acurácia estatística de classificação de probabilidades, mas do perigo de torná-los mal interpretados neste mundo tão polarizado. De um lado, estão os militantes de esquerda. É o grupo composto por militantes do PT, defensores de partidos políticos, de assembleias e debates institucionais. Eles são chamados de militantes porque vem da tradição sindical. Em sua maioria, sentiram-se humilhados institucionalmente pelo impeachment de Dilma Rousseff. Saíram com desejo de retomar o poder em eleições subsequentes. Já venceram e já perderam eleições. Votam por desejo, não por obrigação. Representam 7% e defendem o atual governo Lula em todas as instâncias e circunstâncias.

Do outro lado, está a extrema direita. Este é o melhor nome que encontrei para classificar o grupo. A extrema direita, neste livro, tem um papel pedagógico muito importante. Vejo, ouço e leio muita gente confundir a direita com a extrema direita, e não me parece uma abordagem correta. A maior parte dos conservadores cristãos é de direita; a maior parte do agro é de direita; e grande parte dos empresários também é de direita. Entretanto, nem por isso eles devem ser chamados de extrema direita. Para ser denominado como extrema direita, como faço neste livro, nosso modelo estatístico escolheu uma variável: o grau de apoio à democracia como a melhor forma de governo. Os únicos que são majoritariamente defensores da tese de que há outras formas melhores de se governar, portanto, os únicos que não defendem a democracia, são os membros desse grupo de extrema direita. E, segundo nosso estudo, eles são apenas 3% da população brasileira. Repito: a extrema direita no Brasil é composta por aproximadamente seis milhões de pessoas. É muita gente, mas está longe de ser a maioria do país, muito menos a maioria da direita brasileira. Eles são, na verdade, coesos, barulhentos e engajados, mas não podem ser confundidos com a direita liberal brasileira. Chamar quem votou em Bolsonaro de extrema direita é algo, nesses termos, tecnicamente equivocado. Assim como é equivocado dizer que todo eleitor de Lula é comunista. Se este livro puder contribuir para dar nome certo aos grupos, delimitando o uso dos termos ao que realmente representam, já terei me dado por satisfeito. Terá sido uma contribuição para o debate social brasileiro.

Como vamos ver mais à frente, a militância de esquerda defende a democracia tanto quanto os conservadores cristãos. É claro que há quem prefira um modelo mais autoritário entre militantes de esquerda, liberais sociais ou membros do agro, mas somente na extrema direita a maioria não defende a democracia. Por isso, esses 3% precisam ser chamados de extremistas nesta tarefa analítica que aqui apresento.

O gráfico abaixo apresenta os segmentos, seus tamanhos na população (eixo Y) e a proporção de membros desse segmento que votou em Lula no segundo turno de 2022 (eixo X). Os militantes de esquerda, como era de esperar, votaram todos em Lula em 2022. Da classe DE, 73% votaram em Lula no segundo turno. Entre os liberais sociais, 66% votaram nele, entre os progressistas, 64%. Dos empreendedores individuais, Lula obteve 52% dos votos. Esses cinco grupos formaram a frente ampla que levou Lula a seu terceiro mandato. Como podemos ver, nem todos dentro desses grupos preferiram Lula, mas a maioria, sim. Entre os grupos cuja maioria não queria Lula presidente novamente estão os conservadores cristãos, que deram 31% de seus votos ao vencedor. Entre os membros do agro, apenas 27% votaram em Lula; e, entre os empresários, o apoio a Lula foi ainda menor: 25%. Como também era de esperar, dos 3% classificados como extrema direita, ninguém votou em Lula em 2022.

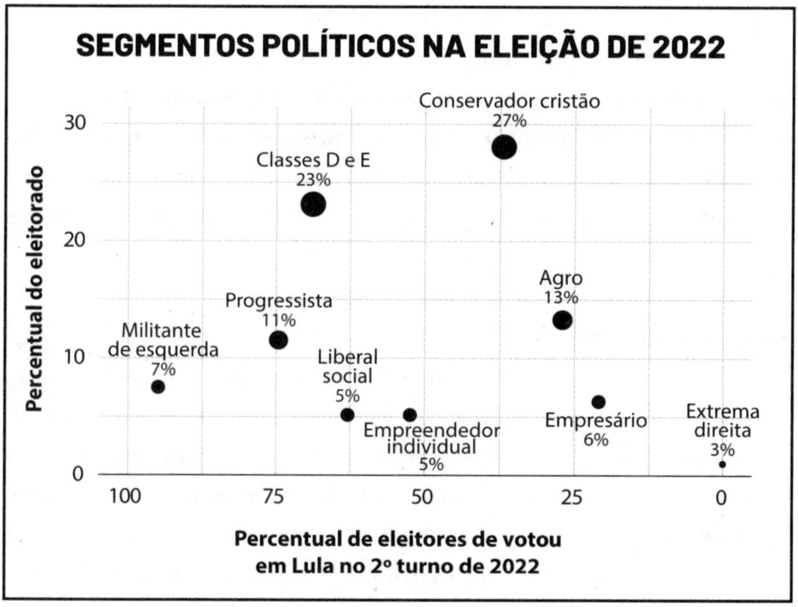

Essa segmentação é especialmente útil para entender o posicionamento político e como isso pode impactar o comportamento eleitoral dos brasileiros. Numa sociedade polarizada, em que os valores passaram a influenciar não só as urnas, mas também as amizades, as relações familiares e até as amorosas, esse modelo de divisão se mostra mais adequado à contemporaneidade.

Essa segmentação, como eu disse, já estava presente no meu livro com Thomas Traumann, *Biografia do abismo*; mas, nesta versão, utilizo mais variáveis e mais elementos para compreender o que distingue cada grupo, o que o torna único, diferente dos demais.

Desses nove segmentos, três estão concentrados regionalmente: os dependentes do Estado (Nordeste), os conservadores cristãos (periferia de grandes cidades) e o agro (Centro-Oeste e interior de Minas e São Paulo). Os outros estão dispersos por todo o território nacional, embora seja possível identificar particularidades: há um percentual maior de militantes de esquerda no Sudeste e no Nordeste; de progressistas, no Sudeste; de empreendedores individuais no Norte e Nordeste; e de empresários, no Sul e no Centro-Oeste. Extrema direita e liberais sociais não apresentam um padrão regional claro.

Vamos observar agora as particularidades de cada um. Um aviso sobre metodologia: neste segmento da nossa pesquisa, excluímos as respostas "não sabe" e "não respondeu" e fizemos os cálculos com base apenas em quem respondeu, para chegar aos percentuais que refletem as opiniões das pessoas de cada segmento.

1. Conservadores cristãos

Os conservadores cristãos formam o maior segmento da população brasileira, com 27%. É um grupo vasto, composto majoritariamente por evangélicos, mas que inclui também católicos mais conservadores, que frequentam a igreja semanalmente. Como visão de mundo, valorizam a ordem, a obediência e o respeito aos mais velhos. Compartilham crenças tradicionais sobre papéis de gênero e tem como principal pauta a "defesa da família". Em termos políticos, conservadores cristãos tendem a se preocupar fortemente com a segurança pública e buscam candidatos com posicionamentos abertamente conservadores. Votaram em massa em Jair Bolsonaro nas duas últimas eleições e se distanciam do PT, como verificamos em *Biografia do abismo* e em diversas pesquisas feitas pela Quaest.

Nesse grupo, 56% dizem ir à igreja toda semana, o maior resultado entre todos os segmentos. Logo atrás vem a extrema direita, com 54%. Nesse quesito, há uma enorme diferença entre esses dois grupos e os demais, que chegam, no máximo, a 36%, uma variação significativa de vinte pontos percentuais. No extremo oposto estão os progressistas, grupo em que apenas 23% afirmam ter esse hábito. A diferença de 33 pontos percentuais reflete o abismo entre progressistas e conservadores, um contraste que envolve não apenas valores, como também posicionamento político.

O fervor religioso desses dois grupos é um fator relevante de diferenciação em relação aos demais.

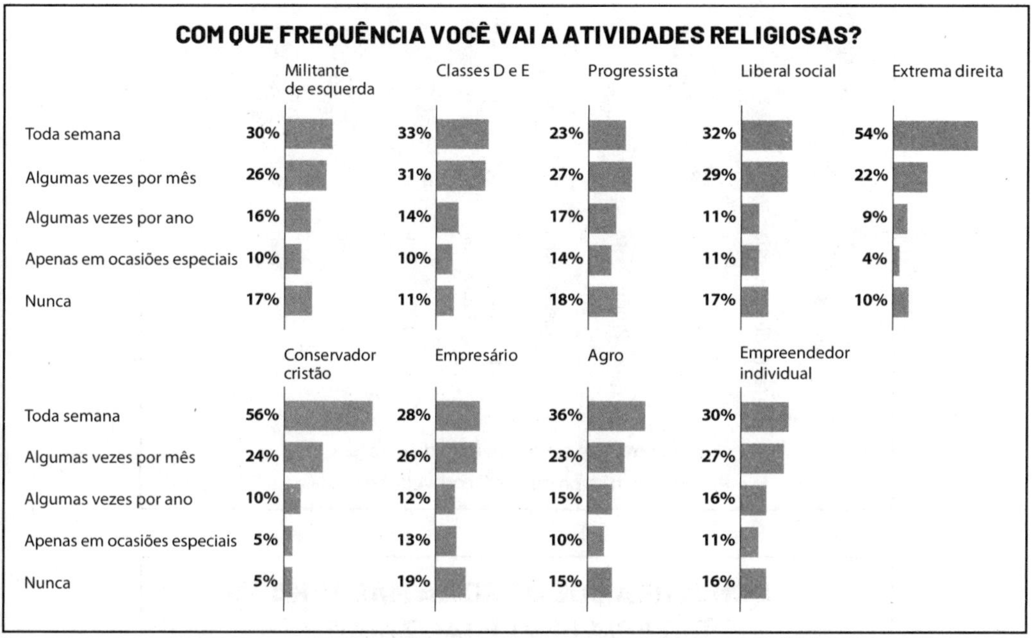

Os conservadores cristãos são tradicionalistas. Entre eles, 77% concordam com a ideia de que o homem é o provedor da casa, o mais alto índice entre todos os grupos. A média nacional é de 65%, e oito dos nove grupos apresentam médias semelhantes, com diferença máxima de doze pontos percentuais. Apenas o agro se aproxima dos conservadores, com 74%. Diante dessa ideia, os conservadores cristãos e os progressistas parecem viver não em países diferentes, mas em planetas distintos: apenas 3% dos progressistas concordam com essa afirmação, uma diferença de 74 pontos percentuais.

Os conservadores cristãos estão entre os maiores opositores da legalização da maconha: 78% são contra a ideia, índice menor apenas que o da extrema direita, com 83%. Logo depois vêm os dependentes do Estado, com 76%, mais próximos da média nacional de 70%. Mais uma vez, o

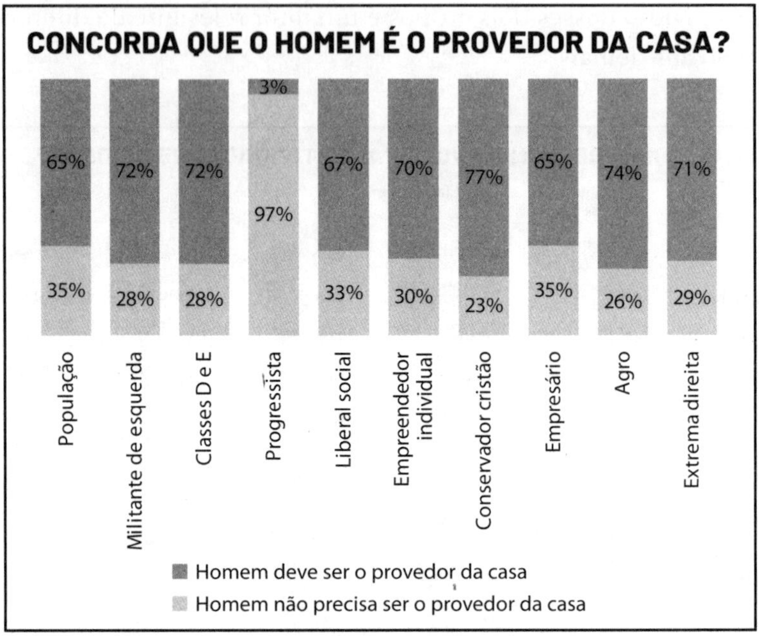
CONCORDA QUE O HOMEM É O PROVEDOR DA CASA?
65%
35%
72%
28%
72%
28%
3%
97%
67%
33%
70%
30%
77%
23%
65%
35%
74%
26%
71%
29%
População
Militante de esquerda
Classes D e E
Progressista
Liberal social
Empreendedor individual
Conservador cristão
Empresário
Agro
Extrema direita
Homem deve ser o provedor da casa
Homem não precisa ser o provedor da casa

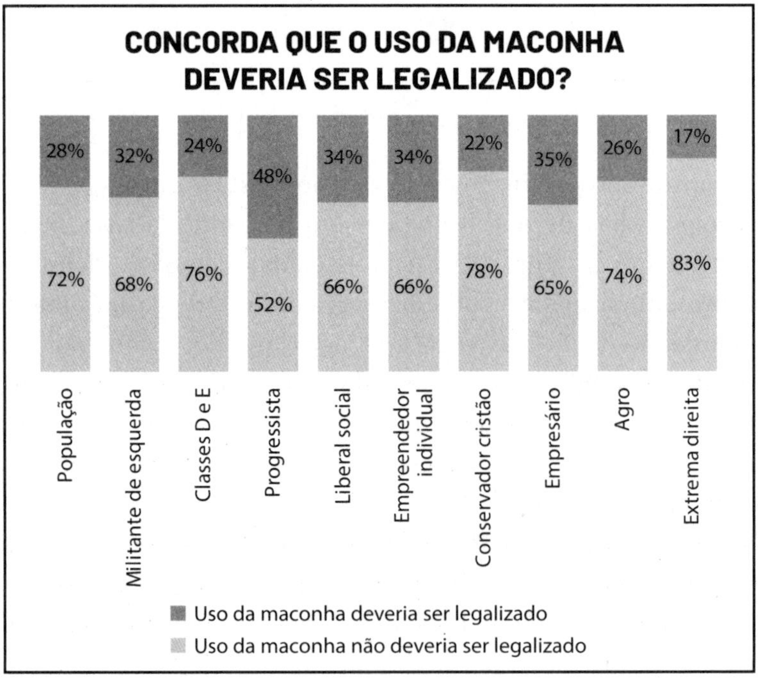
CONCORDA QUE O USO DA MACONHA DEVERIA SER LEGALIZADO?
28%
72%
32%
68%
24%
76%
48%
52%
34%
66%
34%
66%
22%
78%
35%
65%
26%
74%
17%
83%
População
Militante de esquerda
Classes D e E
Progressista
Liberal social
Empreendedor individual
Conservador cristão
Empresário
Agro
Extrema direita
Uso da maconha deveria ser legalizado
Uso da maconha não deveria ser legalizado

grupo mais distante dos conservadores é o dos progressistas, com 52% de opositores à ideia.

Vimos que, apesar de conservadores e adeptos de valores tradicionais, 90% dos brasileiros acreditam que o que define uma família é o amor, independentemente do modelo. Há pouca oposição a essa ideia — mas uma das maiores porções é a dos conservadores cristãos. Entre eles, 12% discordam que o que define a família é o amor, independente do modelo. Ficam atrás apenas da extrema direita, com 14%. A média nacional é de 9%. Mesmo assim, uma aceitação de 88% entre os conservadores cristãos é um índice elevado, que indica uma aproximação desse grupo à média nacional.

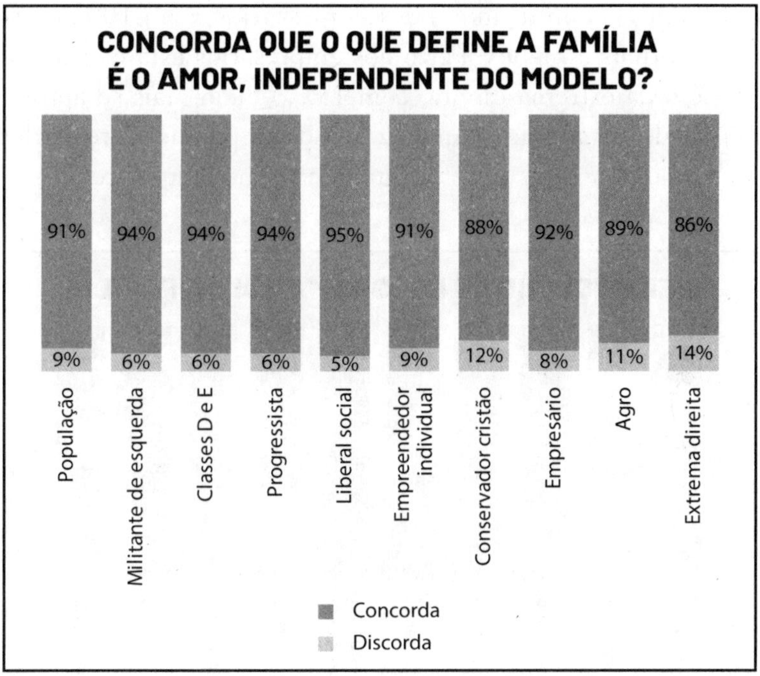

2. Dependentes do Estado

Os dependentes do Estado formam o segundo maior segmento do país, com 23% da população. O grupo se concentra majoritariamente nos estados do Norte e Nordeste, além de partes do Sudeste, e tem poder de compra significativamente mais limitado que o dos outros grupos. São beneficiários de programas sociais como Bolsa Família, Farmácia Popular, Luz para Todos e da política de valorização do salário mínimo. São os mais sensíveis aos solavancos da economia, os mais afetados por altas no preço dos alimentos e os que têm maior dificuldade para conseguir um novo emprego, por isso, são altamente preocupados com a agenda econômica. Como eleitores, desejam um governo capaz de lhes oferecer condições para uma vida melhor. Os programas sociais foram fundamentais para o Partido dos Trabalhadores (PT) angariar os votos e o apoio dessa camada da população ao longo dos anos.

Esse grupo é o maior beneficiário do Bolsa Família: 37% recebem o auxílio ou têm ao menos um integrante da família que o recebe, quinze pontos percentuais acima da média nacional, de 22%. O grupo que menos têm pessoas nessa condição é o dos empresários, com 10%, ou seja, 27 pontos percentuais a menos. Perto dos empresários está o grupo do agro, com 11%, e o da extrema direita, com 15%. Quem mais se aproxima dos dependentes do Estado nesse quesito são os empreendedores individuais: 32% recebem o benefício ou tem alguém na família que o recebe.

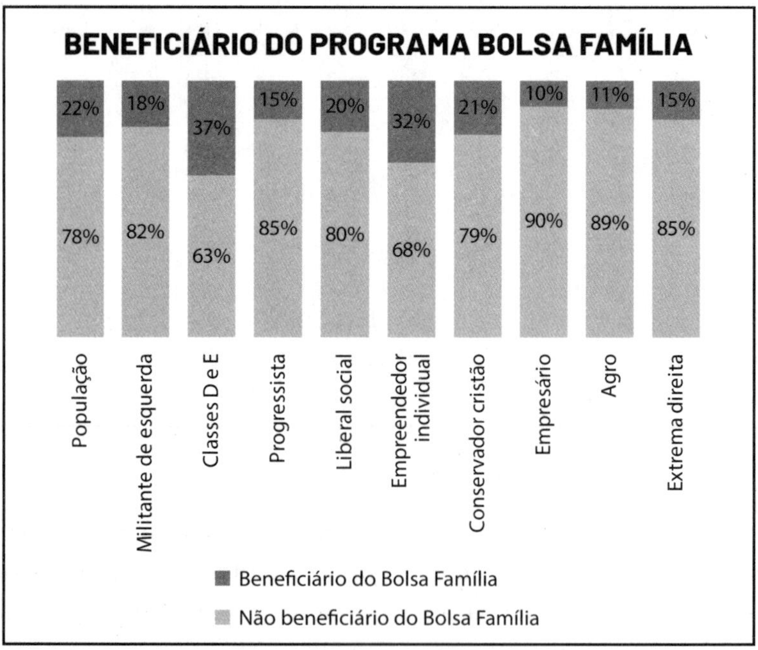

Como era de se esperar, os dependentes do Estado (Classes D e E) formam o grupo que mais busca um Estado atuante contra a desigualdade econômica: 83% de seus integrantes concordam com a ideia de que o governo deveria aumentar impostos de todos para ajudar os mais pobres. Esse número está dez pontos percentuais acima da média nacional e bem acima dos grupos que menos concordam com essa proposta, o dos empresários (dezoito pontos) e o do agro (quatorze pontos). Quem mais se aproxima dos dependentes do Estado nessa visão são os liberais sociais, com 77% de concordância. Os progressistas, com 73%, e os militantes de esquerda, com 70%, ficam logo atrás. Pode parecer uma contradição, mas é importante lembrar que esses grupos defendem prioritariamente a tributação progressiva, ou seja, o aumento dos impostos sobre os mais ricos como forma de combater a desigualdade.

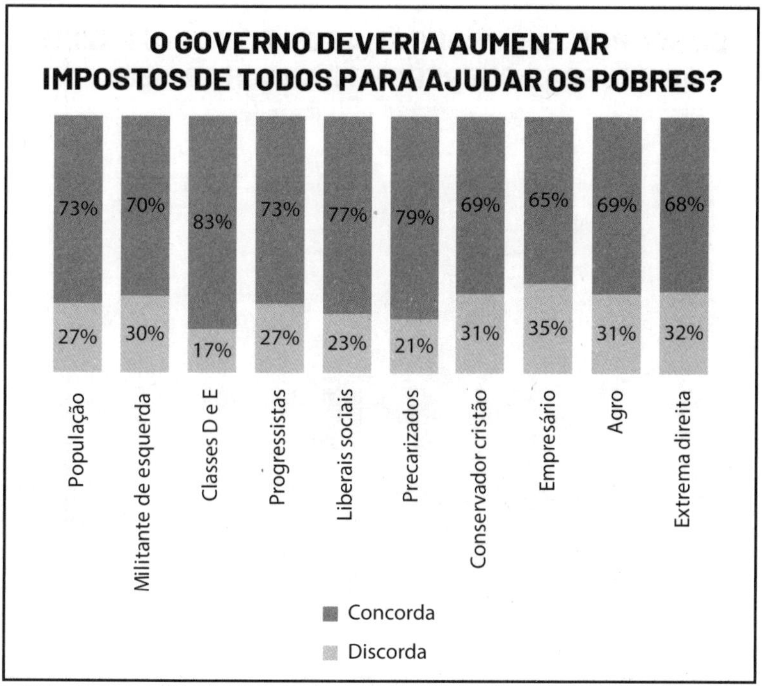

Vimos no Capítulo 4 que os brasileiros têm uma visão particular de políticas assistencialistas, segundo a qual os mais pobres devem "fazer por merecer" a ajuda — e essa ajuda deve ser limitada a evitar a fome, não a reduzir a desigualdade, pois, segundo essa lógica, tiraria o empenho das pessoas no trabalho. De forma surpreendente, os dependentes do Estado, os maiores beneficiários de programas como o Bolsa Família, demonstram alta aderência à ideia de que os programas do governo fazem as pessoas quererem trabalhar menos — 73% deles acreditam nisso, três pontos percentuais acima da média nacional. Apenas os empreendedores individuais e o agro, com 74%, e a extrema direita, com 79%, superam os dependentes do Estado na concordância com essa afirmação. Progressistas, com 61%, e liberais sociais, com 68%, são os que menos concordam com isso — ainda assim, uma maioria significativa.

CONCORDA QUE PROGRAMAS DO GOVERNO FAZEM AS PESSOAS QUEREREM TRABALHAR MENOS?

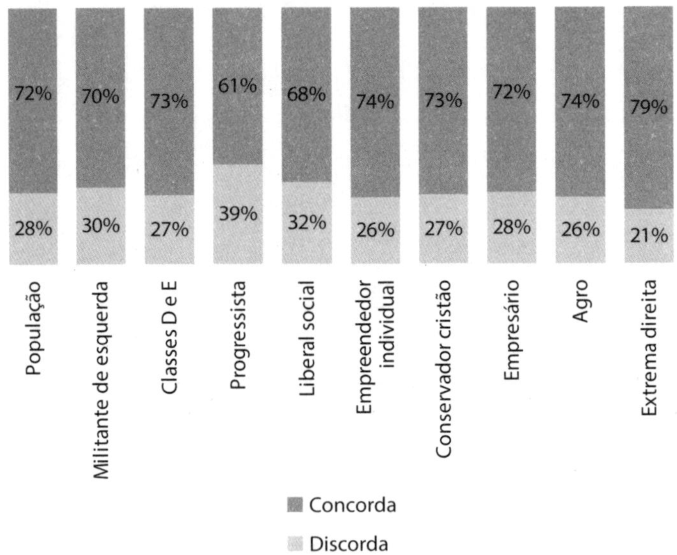

A alta concordância entre todos os grupos, com baixa diferença percentual entre si, mostra quão enraizada está na sociedade brasileira a ideia de que benefícios sociais induzem à indolência.

3. Agro

O agro não é apenas pop, mas também tem tamanho e influência primordiais na sociedade brasileira. A partir do boom das commodities, na primeira década do século XXI, o setor ganhou enorme impulso e se tornou uma das principais forças econômicas do país. Tornou-se também um modo de vida, com influência na cultura. Já vimos que o sertanejo desbancou o samba e é hoje o gênero musical mais ouvido do Brasil, inclusive nas áreas urbanas.

Com forte concentração no Centro-Oeste, Sul e interior dos estados de São Paulo e Minas Gerais, o grupo representa 13% da população e é composto por grandes produtores, trabalhadores rurais e pessoas que se associam à cultura sertaneja. Os membros do agro se identificam fortemente com o posicionamento tradicional e conservador, pois tendem a defender posições divergentes dos moradores de áreas urbanas, como a facilitação da posse de armas e o afrouxamento de legislações ambientais e protetoras de terras indígenas. Por essas características, o agro é, em sua ampla maioria, opositor do governo Lula e grande defensor do ex-presidente Bolsonaro.

Em termos de tradição e conservadorismo, os brasileiros do agro só perdem para a extrema direita: 71% do agro se diz tradicional/ conservador, em comparação aos 100% manifestados pela extrema direita. Apenas 2% do agro se classificam como moderno/ progressista.

É no agro que se encontra um dos maiores apoios às políticas armamentistas. Vimos que a facilitação da compra e da posse de armas é rejeitada por 70% dos brasileiros. A exceção está no agro, onde 60% rejeitam a ideia, o mesmo índice observado entre os empresários. Índice menor do que esse aparece apenas na extrema direita, com 58%. Unidos, os brasileiros do agro, os empresários e os da extrema direita formam os maiores apoiadores do armamentismo, com índices acima de 40% de adesão. Embora minoritária, essa adesão é suficiente para o sucesso relativo de políticas públicas como a implementada durante o governo Bolsonaro, que facilitou a compra e a posse de armas, política posteriormente revogada pelo governo Lula.

VOCÊ SE CONSIDERA...

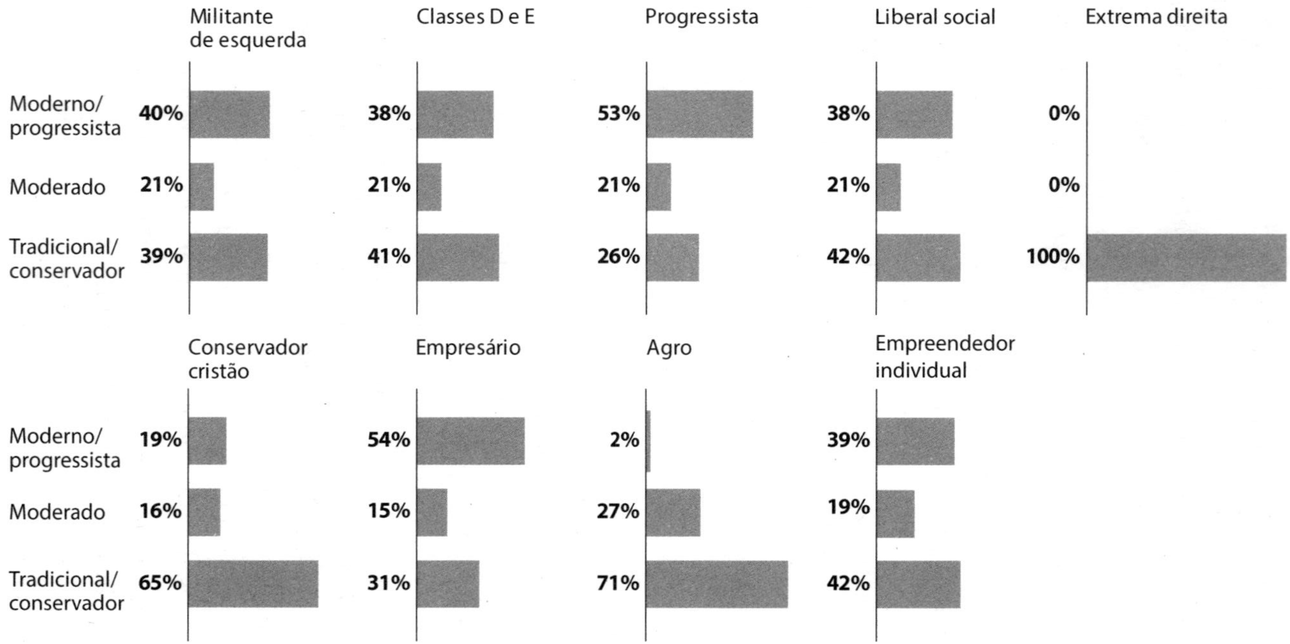

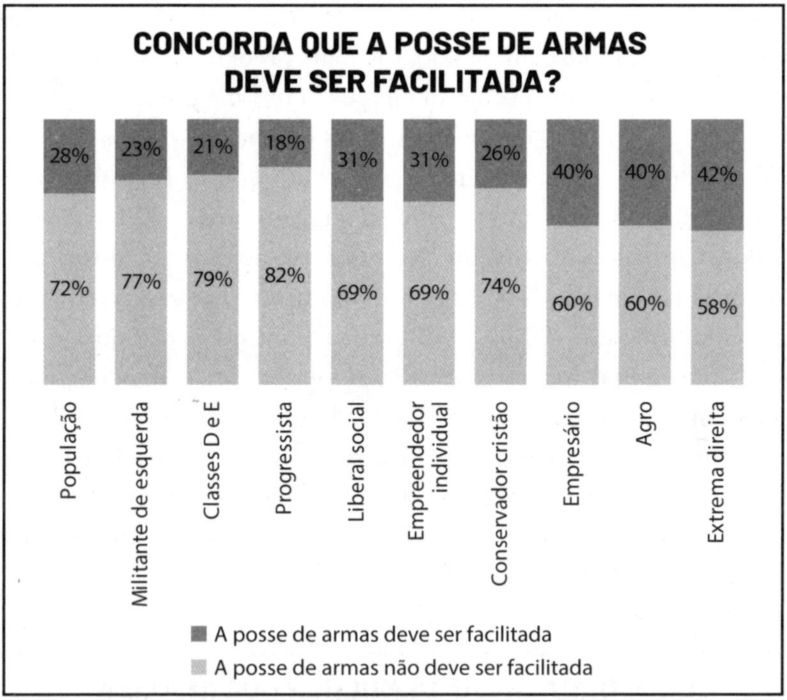

Na política, o agro é uma das forças mais poderosas do Congresso. Com a maior bancada de deputados e senadores, é capaz de barrar políticas ambientais e impulsionar pautas conservadoras, em associação com a bancada evangélica, que reflete os valores dos conservadores cristãos.

4. Progressistas

Na definição de Noberto Bobbio, o progressismo é um movimento que acredita ser possível mudar a sociedade por meio da mobilização política. Os progressistas representam 12% da população e têm características claras: uma proporção maior de mulheres, jovens e pessoas com renda acima da média. Os brasileiros desse grupo demandam um Estado com posições firmes em relação às pautas de defesa de minorias sociais e políticas. É o grupo que mais diverge do restante da sociedade brasileira em relação a normas de gênero e estereótipos familiares. São também os mais preocupados com a crise climática e seus efeitos sobre os mais vulneráveis. Além disso, os progressistas se informam menos pela televisão e mais por canais digitais. No campo eleitoral, buscam candidatos mais preocupados com o enfrentamento das desigualdades e votaram em peso em Lula em 2022.

Os progressistas são o grupo que mais destoa dos outros oito segmentos. São, de longe, os que menos concordam com a frase "uma mulher que pratica aborto deve ser presa". Vimos que, em média, 52% dos brasileiros concordam com essa afirmação. No entanto, apenas 3% dos progressistas concordam com ela — ou seja, o grupo discorda dessa premissa quase que por unanimidade (97%). A diferença para outros grupos é enorme. Depois dos progressistas, os grupos com menor concordância com a frase são o dos empresários, com 51%, e o dos liberais sociais, com 52%. Quem mais concorda com ela são a extrema direita, com 66%; os dependentes do Estado, com 65%, e os empreendedores individuais com 64%. Esses grupos ficam à frente até dos conservadores cristãos, notoriamente contrários ao aborto, com 59% de concordância.

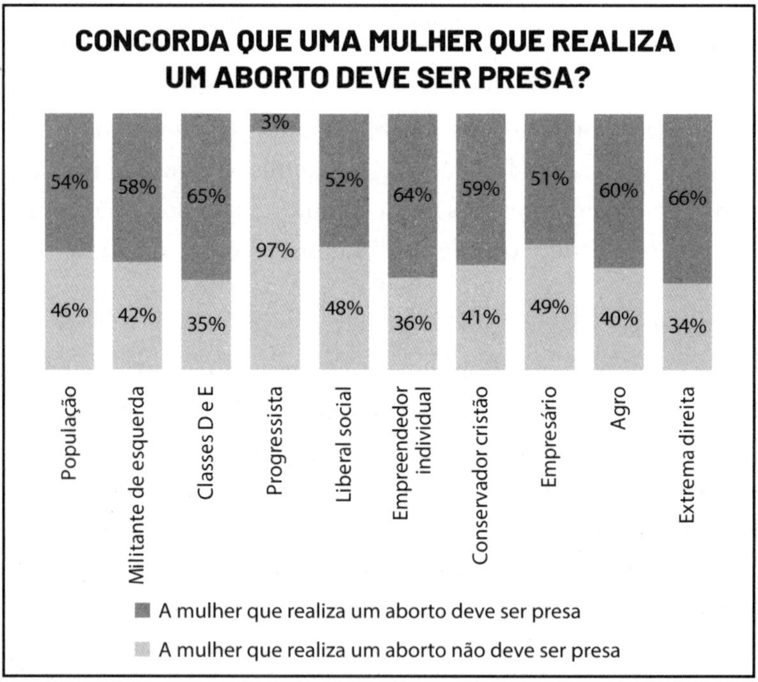

Diante da frase "ter filhos é um dever dos casais diante da sociedade", apenas 28% dos progressistas concordam. Esse grupo é o que mais se aproxima do perfil identificado nos capítulos anteriores: o das pessoas que seguem normas de gênero menos tradicionais. Mais uma vez, a diferença entre seu posicionamento e o dos demais grupos é pronunciada. Os grupos que mais se aproximam desse resultado pertencem a dois extremos econômicos, os dependentes do Estado e os empresários, ambos com 43% de concordância. A média da população é de 46%. Os que mais concordam são os dependentes do Estado, com 53%, e os de extrema direita, com 55%. É importante notar que, mais uma vez, até os conservadores cristãos ficam atrás da extrema direita, com 47%.

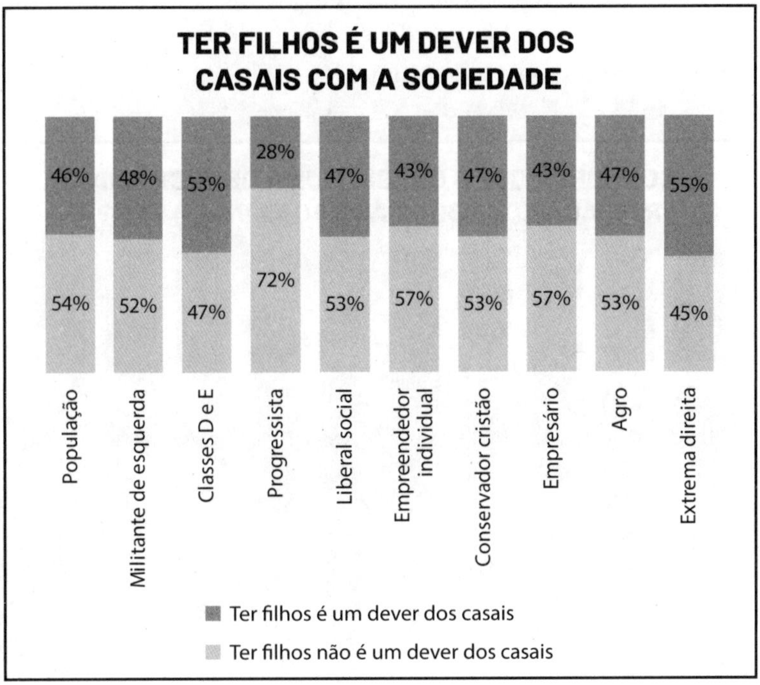

Vimos no Capítulo 2 que os brasileiros acreditam mais na fé do que na ciência. Em média, 86% concordam com essa frase. Com 69%, os progressistas são o grupo que menos concorda com ela. Num país em que 96% acham que Deus está no comando de suas vidas e 96% acreditam que, por terem fé em Deus, tudo dará certo, até entre os progressistas a fé supera a racionalidade pura. Ainda assim, os progressistas destoam bastante dos outros grupos. O grupo mais próximo de sua posição, isto é, o que menos concorda com a frase, é o dos empresários, com 82%. Com índices de concordância acima de 90%, e mais distantes dos progressistas, estão os conservadores cristãos, com 92%; os dependentes do Estado, com 93%, e os da extrema direita, com 94%.

Como mencionamos, os progressistas são o grupo que mais se preocupa com questões relacionadas às minorias, quaisquer que sejam elas. Assim, são também os que mais discordam da frase "o Brasil é uma democracia racial onde todas as raças vivem bem", com 65%. Em todos os nove grupos, a maioria discorda dessa ideia idílica que prevaleceu no século XX. A média nacional é de 57% de discordância. O grupo que menos discorda é o dos liberais sociais, com 53%, seguido dos dependentes do Estado, empreendedores individuais e os empresários, todos com 54%.

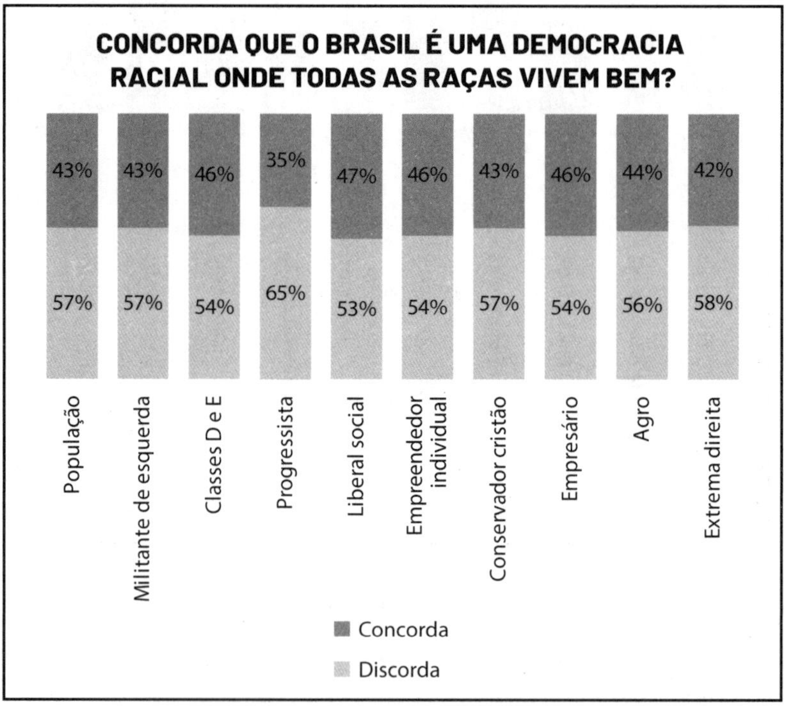

Sabemos que a família só fica atrás de Deus na escala de importância dada pelos brasileiros. Dentro dela, os filhos têm um acentuado destaque: em média, 60% das pessoas acham que sempre se deve proteger os filhos, apesar dos seus erros. Os progressistas são o grupo que menos concorda com isso, com 53%. São pessoas que acreditam mais na autonomia e na responsabilização dos filhos. De forma surpreendente, essa é a pergunta em que a opinião dos progressistas mais se aproxima da de seu oposto, a extrema direita, com 55%, apenas dois pontos percentuais de diferença. Outra surpresa: em geral, os progressistas se aproximam dos militantes de esquerda em suas opiniões, mas não nesse caso. Entre os militantes de esquerda, 63% concordam com a frase, uma diferença de dez pontos percentuais em relação aos progressistas.

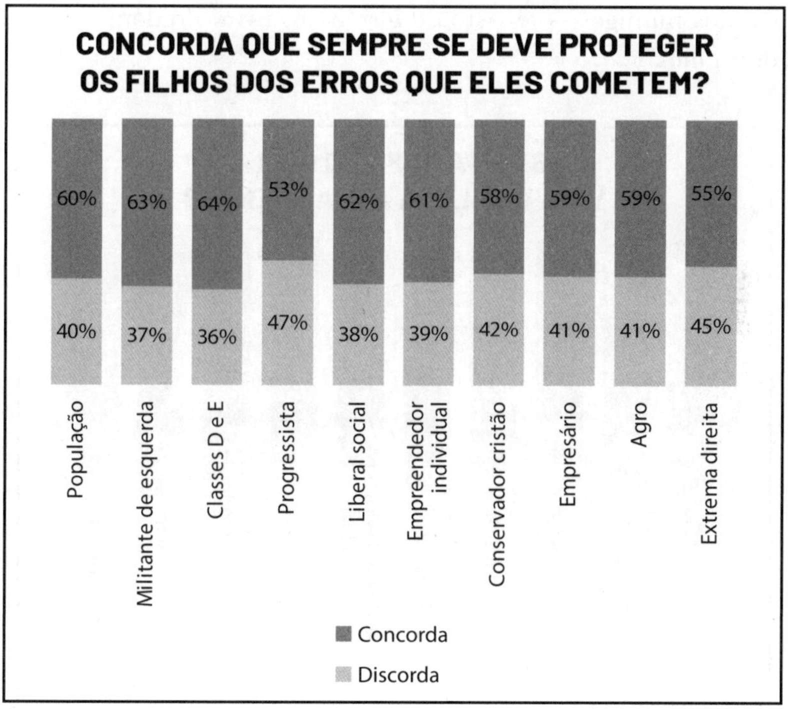

5. Militantes de esquerda

Os militantes de esquerda têm uma característica única na sociedade brasileira: identificam-se fortemente com um partido político. Eles são 7% da população. É um grupo com escolaridade acima da média e com alto nível de interesse por política. O sentimento de terem sido despejados do poder em 2016, com o impeachment de Dilma Rousseff, fez com que voltassem a se mobilizar e buscassem uma espécie de revanche institucional, um retorno pela porta da frente com a eleição de Luiz Inácio Lula da Silva em 2022, como verificamos em pesquisas feitas pela Quaest desde então. Hoje, os militantes de esquerda enxergam o mundo pelas lentes da polarização, através das quais as ações do atual governo são quase sempre positivas, enquanto tudo o que propõe a oposição — cujos integrantes são considerados inimigos — é visto de forma negativa. Predomina a visão do "nós contra eles".

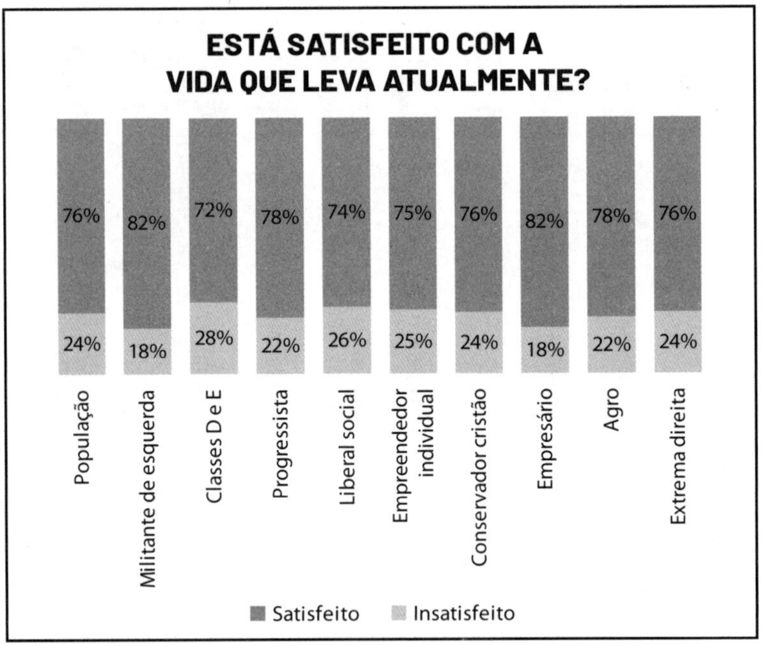

Ao lado dos empresários, os militantes da esquerda formam o grupo que demonstra maior satisfação com a vida que leva: 82% afirmam isso, enquanto a média nacional é de 76%. Estão mais satisfeitos do que os progressistas e o agro, ambos com 78% e bem acima dos dependentes do Estado, com 72%, o índice mais baixo de satisfação. Seu oposto, a extrema direita, marca 76% nesse quesito.

Os militantes de esquerda são também os mais otimistas quanto à atual economia, pois enxergam o mundo sob a lente da polarização: 63% afirmam que o país cresceu na época da pesquisa. Sua crença é corroborada pelos números do PIB, calculados pelo IBGE, mas a média nacional dos que dizem o mesmo é de 52%, uma diferença expressiva de onze pontos percentuais. A opinião dos militantes é próxima da expressada pelos dependentes do Estado e dos progressistas, que registram 60%. No entanto, a diferença é grande em relação ao que pensam os conservadores cristãos (48%), empresários (47%) e o agro (44%). Um abismo se abre quando comparados à extrema direita, em que apenas 28% afirmam que o país cresceu, a despeito dos dados econômicos.

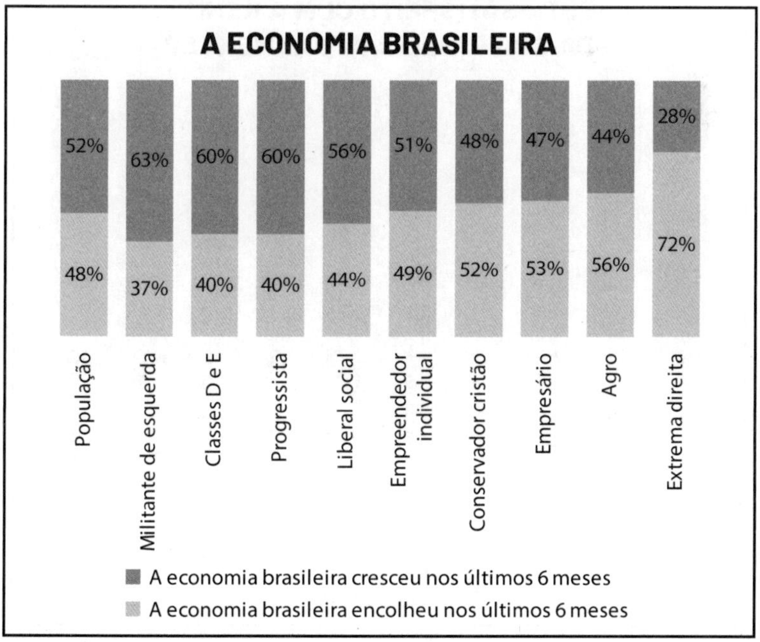

Nos últimos anos, pesquisas passaram a detectar que a polarização política leva a visões distorcidas da realidade. Uma pessoa pode negar um dado estatístico, um fato ou uma situação comprovável se for desfavorável à sua crença política, se contrariar seus valores ou se for exposto por alguém de uma corrente política da qual ela discorda. É a vida em bolhas, facilitada pelas redes sociais. No Capítulo 10, trataremos mais desse assunto.

6. Empresários

A elite econômica do país é formada por uma minoria de 6% da população, com maior concentração de pessoas brancas, mais velhas e residentes nas regiões Sul e Sudeste. Os empresários possuem opiniões claras em relação à economia: preferem um sistema liberal, com privatização de empresas estatais, e são contrários a benefícios do governo aos mais pobres. Essa elite econômica se vê como um grupo moderno, pois consome informação majoritariamente por canais digitais.

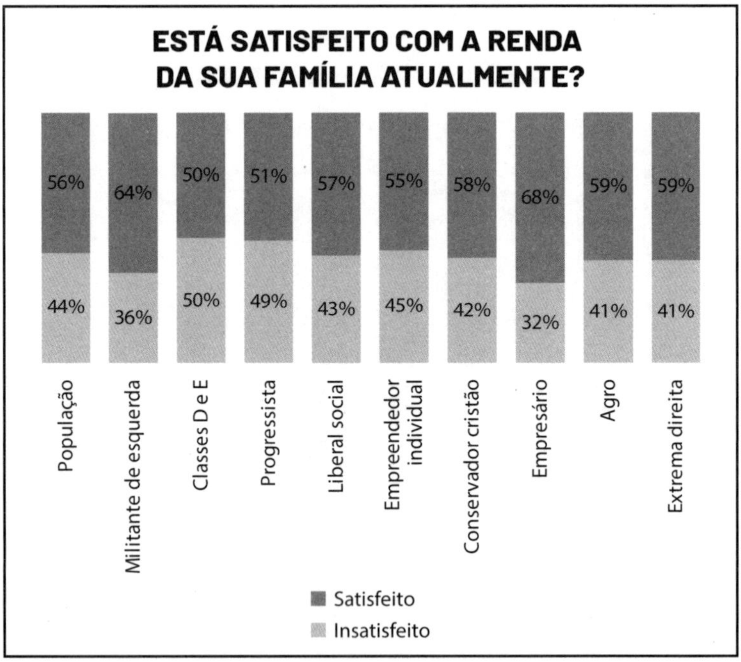

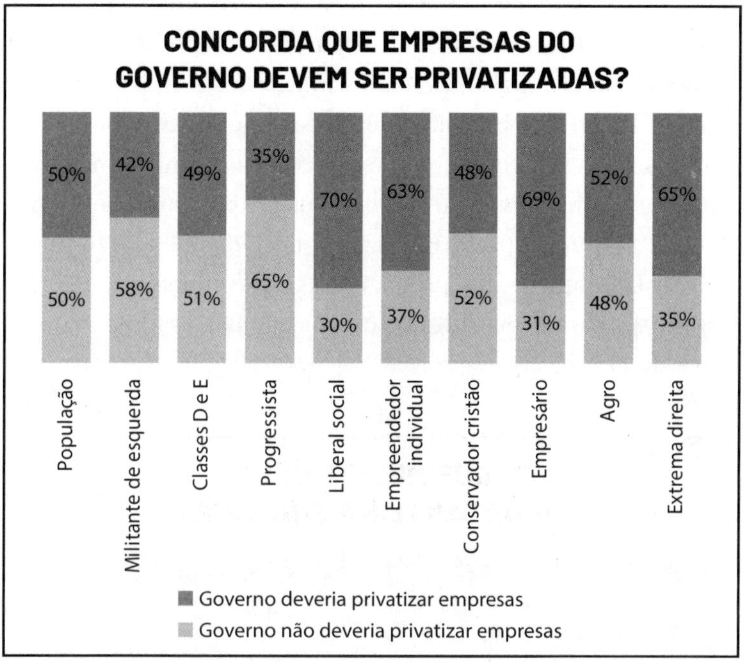

Os empresários são o grupo mais satisfeito com a renda da família, com índice de 68%, doze pontos percentuais acima da média nacional. Ficam à frente dos militantes de esquerda, com 64%. Chegam mais perto desses grupos o agro e a extrema direita, com 59%. No lado oposto, entre os menos satisfeitos, estão os dependentes do Estado, com 50%, e os progressistas, com 51%.

Como era de se esperar, os empresários estão entre os maiores adeptos da privatização de empresas estatais. Com 69% de apoio à ideia, ficam atrás apenas dos liberais sociais, com 70%. Seu extremo oposto são os progressistas, grupo em que apenas 35% apoiam esse conceito. O resultado sugere que os empresários acreditam que seu modelo de gestão — ou seja, o modelo privado — é sempre superior ao público.

Vimos na introdução deste livro que a religiosidade se reduz na mesma proporção que aumenta a sensação de segurança econômica e física das pessoas. O posicionamento dos empresários brasileiros reflete esse pressuposto do trabalho de Inglehart. Por fazerem parte da elite econômica e estarem mais satisfeitos com sua renda, os empresários se sentem mais seguros, o que pode explicar o fato de estarem entre os grupos que dão menor importância a Deus: 8% dos empresários dizem que Deus não é tão relevante em suas vidas. Aproximam-se dos progressistas, que marcam 11%, ainda que pensem assim por motivos diferentes. Esses são os dois grupos menos dependentes de Deus.

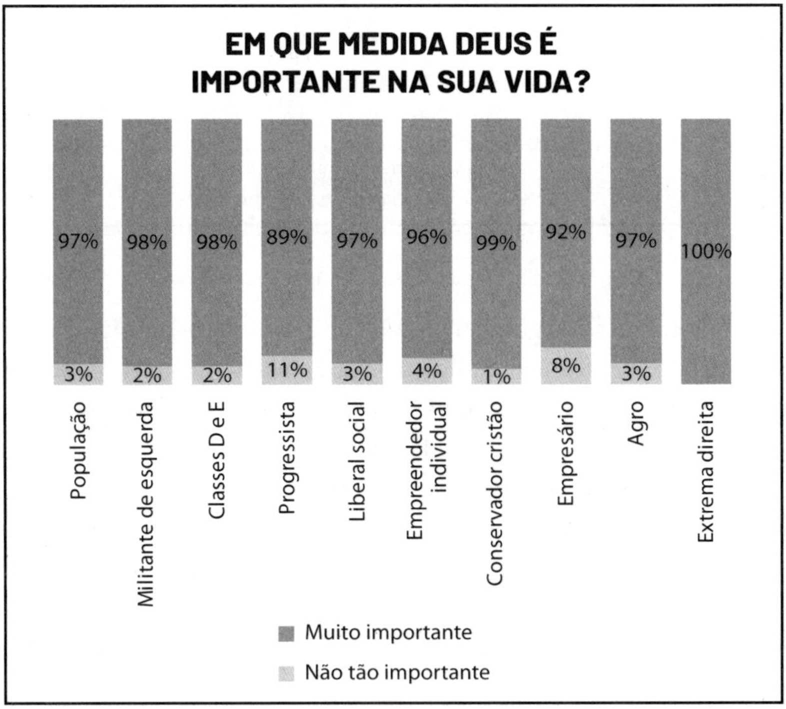

É claro que o índice dos que dizem que Deus é muito importante em suas vidas entre os empresários é alto — 92%. Isso reflete a característica brasileira de colocar Deus acima de tudo, que examinamos no Capítulo 2. Na média, apenas 3% dos brasileiros dizem que Deus não é tão importante.

Nessa pergunta, surge uma rara unanimidade: 100% das pessoas de extrema direita dizem que Deus é muito importante em suas vidas, mais até do que os conservadores cristãos, com 99%.

7. Liberais sociais

Com posições mornas em um país polarizado, os liberais sociais formam uma minoria, representando 5% da população brasileira. Em 2022, no primeiro turno, sua candidata foi Simone Tebet. Os liberais sociais defendem pautas de liberdade individual, como o voto não obrigatório e a redução dos impostos e do tamanho do Estado — o que os afasta do governo Lula. Também apoiam pautas globalistas, como defesa da democracia, e gostariam de ver o Brasil com uma imagem internacional de respeito. São defensores de uma terceira via e da união de um centro político. Seu maior desejo para o Brasil é o fim da polarização.

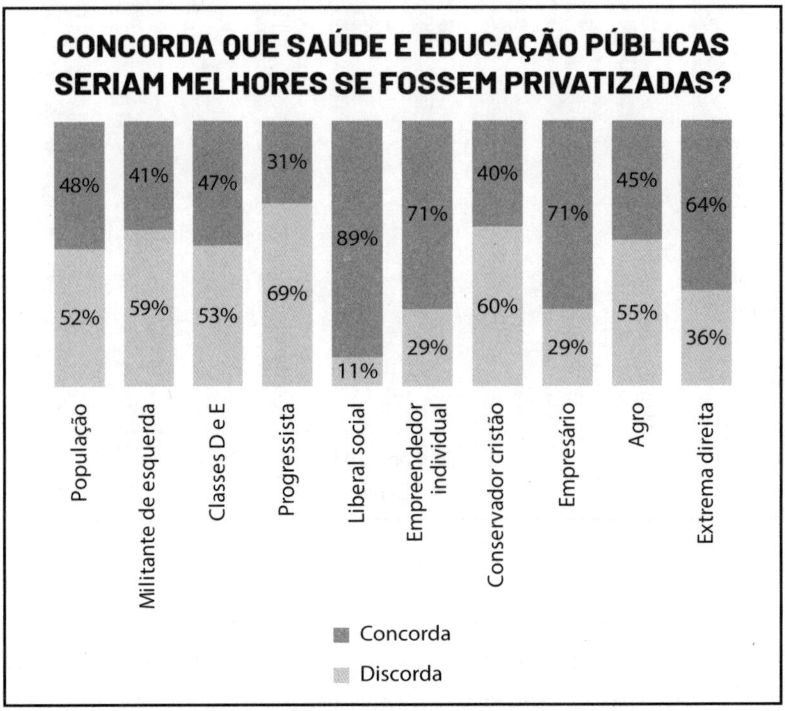

A principal característica que diferencia os liberais sociais é a defesa da privatização: 89% deles concordam com a ideia de que os serviços públicos de saúde e educação seriam melhores se fossem privatizados. Esse percentual é de 41 pontos acima da média nacional e 18 acima dos grupos que ocupam o segundo lugar em concordância com a ideia, de empresários e empreendedores individuais. Sabemos que a privatização é um dos temas que divide a sociedade brasileira. O extremo oposto dos sociais liberais nesse campo são os progressistas, grupo no qual apenas 31% concordam com a ideia, menos até que o dos militantes de esquerda, com 41%.

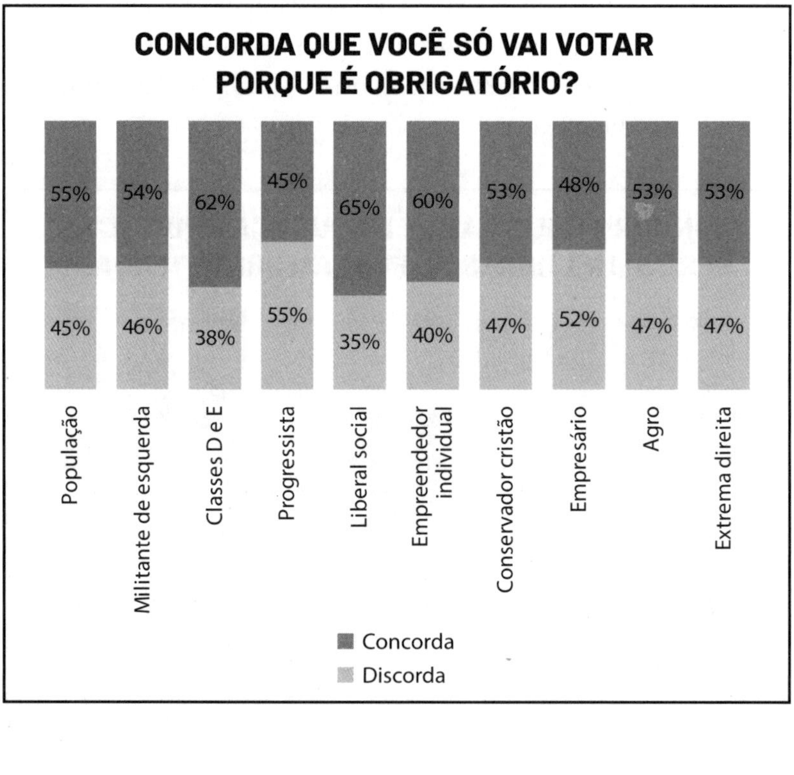

O voto obrigatório é uma das mais estáveis instituições da política brasileira — o que não quer dizer que seja bem aceita. Os brasileiros têm uma relação de comodismo com essa obrigação: na média, 55% dizem que só votam porque é obrigatório, mas nunca houve uma iniciativa de destaque para tornar o voto facultativo. Os liberais sociais são os maiores opositores: 65% dizem votar apenas por obrigação. A diferença para os outros grupos, contudo, não é expressiva. O segundo grupo mais opositor a essa exigência é o dos dependentes do Estado, com 62%, seguido pelos empreendedores individuais, com 60%. Os que menos se opõem ao voto obrigatório são os progressistas, entre os quais apenas 45% afirmam votar apenas por serem obrigados por lei.

Apesar das posições moderadas na política, os liberais sociais são punitivistas, como a maioria dos brasileiros, e têm opiniões fortes sobre crimes. Eles estão entre os maiores adeptos da pena de morte para crimes como estupro: 85% concordam com a medida, o que faz desse grupo o segundo maior defensor da ideia, atrás apenas dos empreendedores individuais, entre os quais o apoio chega a 86%. Os liberais sociais são mais punitivistas até que o agro, que apresenta 82% de apoio, e a extrema direita, com 81%.

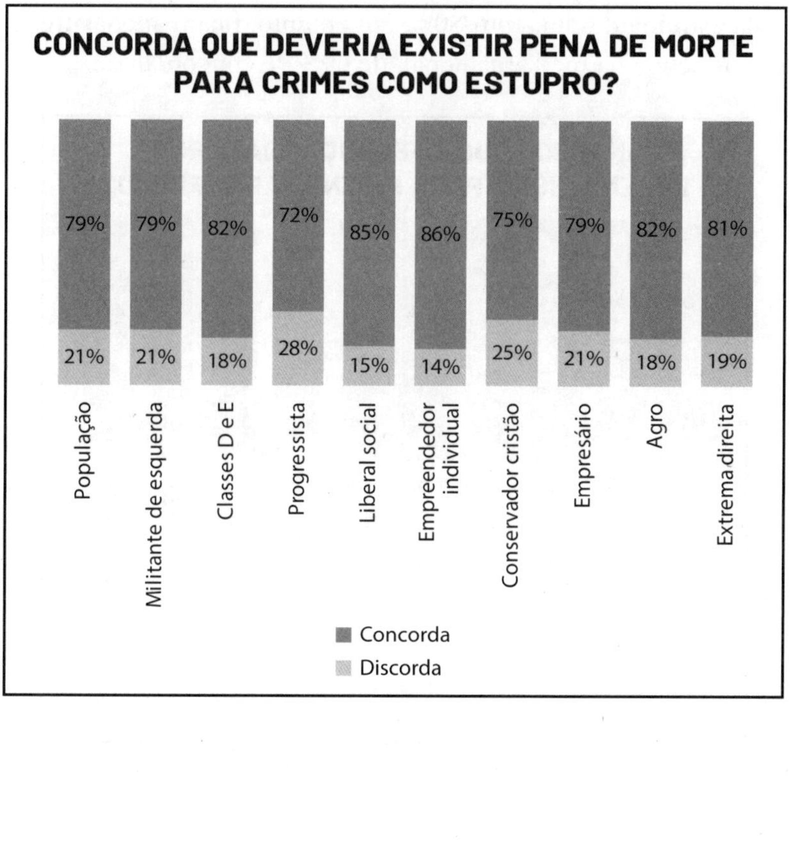

8. Empreendedores individuais

Os empreendedores individuais são os integrantes da nova economia de trabalhadores que atuam sem vínculo trabalhista e sem os benefícios da carteira assinada. É um grupo formado majoritariamente por homens, que muitas vezes se enxergam como empreendedores e, por isso, valorizam o individualismo. São os mais suscetíveis ao discurso do esforço pessoal e da busca da riqueza, popularizado por influenciadores em redes sociais, e os mais refratários a organizações tradicionais, como sindicatos. Como membros da classe média, especialmente nas regiões Sul e Sudeste, são um grupo que tende a ter aversão ao Estado e defender a redução de impostos. Suas visões da política e da democracia brasileira são negativas.

Individualistas, os empreendedores individuais estão entre os grupos que mais concordam com a ideia de que diferenças salariais devem existir para incentivar esforço pessoal no trabalho. Atingem um índice de concordância de 72%, abaixo apenas do agro, com 73%, dos liberais sociais, com 76%, e da extrema direita, com 80%. No entanto, ficam apenas três pontos percentuais acima da média nacional, de 69% de concordância.

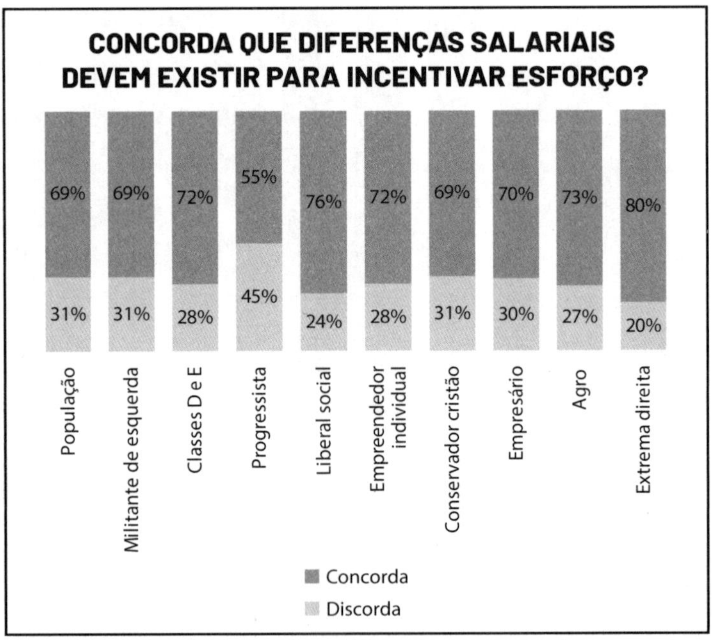

Por outro lado, esse é um dos grupos que mais defende a ideia de que só se deve ajudar quem faz por merecer: 71% de seus integrantes concordam com essa afirmação, mesmo índice dos militantes de esquerda, e abaixo apenas dos liberais sociais, com 75%. Diante dessa pergunta, oito dos nove grupos têm uma taxa de concordância bem próxima da média nacional de 66%, com uma oscilação de apenas nove pontos percentuais. A exceção são os progressistas, cuja taxa de concordância fica onze pontos abaixo. É mais uma evidência da alta adesão dos brasileiros a essa ideia.

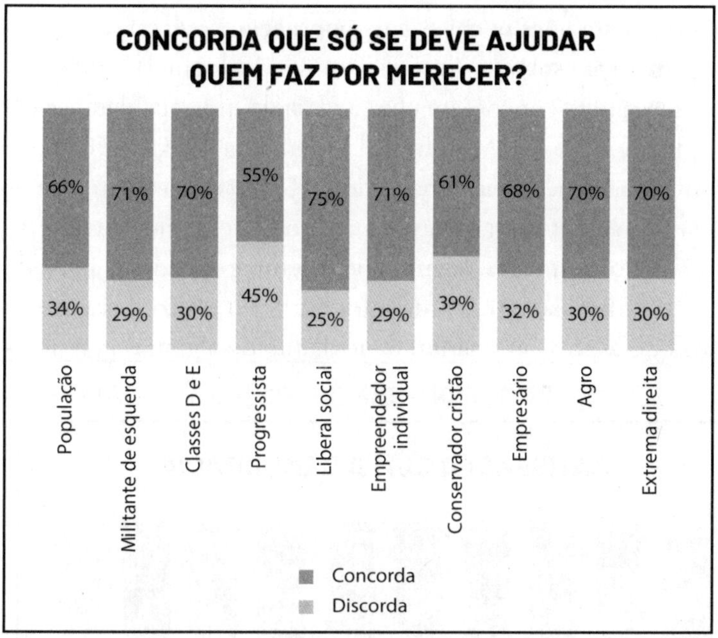

No entanto, é na discussão da privatização que os empreendedores individuais espelham melhor sua essência. Seu apoio à privatização de empresas públicas é de 63%, semelhante ao expressado pelos liberais sociais, que se qualificam como os maiores defensores da ideia, com 70%; pelos empresários, com 69%; e pela extrema direita, com 65%. Os empreendedores individuais ficam muito acima da média nacional, de 50% — o que, como vimos, mostra como a questão das privatizações nos divide.

9. Extrema direita

A extrema direita é composta por brasileiros que enxergam o mundo de forma conservadora nas diversas dimensões e não têm apreço pela democracia como valor. São contrários à participação do Estado nas esferas econômica, social e ambiental. Tendem a ser religiosos e defensores das normas de gênero mais tradicionais. No entanto, diferem dos conservadores por suas visões radicais em relação às instituições democráticas e à defesa de regimes ditatoriais. Preferem um poder central forte e nacionalista, que imponha uma ordem particular numa sociedade considerada perdida. A extrema direita é pequena, composta por apenas 3% da população.

Numa medição sobre a satisfação com a democracia, 100% dos brasileiros da extrema direita concordam com a ideia de que, em algumas circunstâncias, uma ditadura pode ser preferível à democracia. Os números traduzem esse extremismo. A média nacional é de 20% de pessoas com essa opinião. O grupo que mais se aproxima da extrema direita nesse quesito é o dos dependentes do Estado, com 21%, seguido pelos empreendedores individuais, com 20%. Por seu radicalismo, a extrema direita foi o único dos nove segmentos identitários que expressou unanimidade diante de algumas perguntas.

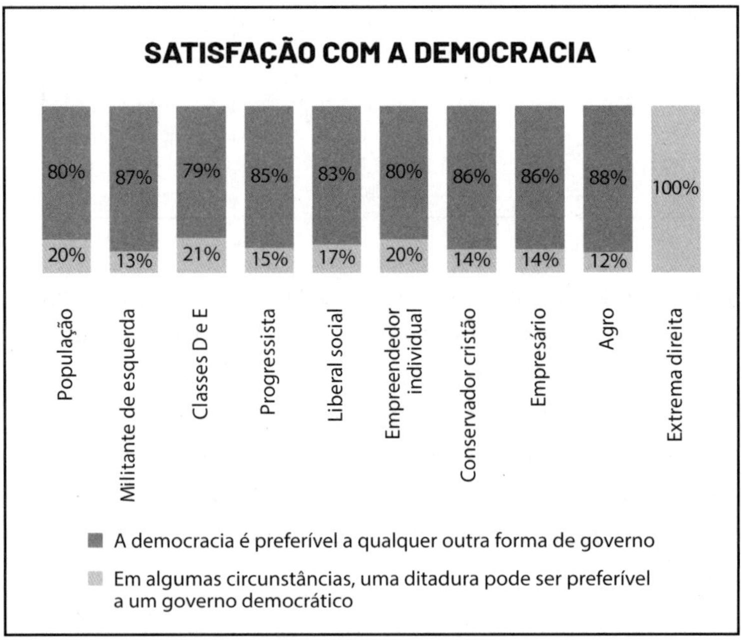

Esses segmentos são especialmente úteis para entendermos a principal divisão na sociedade brasileira de hoje, entre direita e esquerda, que chamamos de polarização. A partir deles, entendemos melhor também o voto. Em *Biografia do abismo*, Thomas Traumann e eu identificamos, por pesquisas da Quaest, que o candidato Luiz Inácio Lula da Silva foi eleito por uma coalizão formada por militantes de esquerda, dependentes do Estado, progressistas e liberais sociais. O último grupo, por sinal, nunca tinha votado em Lula. O candidato Jair Bolsonaro teve o apoio do agro, dos conservadores cristãos, dos empresários e da extrema direita. Como mostramos na ocasião, Lula venceu porque tomou de Bolsonaro o pequeno grupo dos liberais sociais, que havia votado contra o candidato do PT quatro anos antes. Em 2018, como escreveu em 2020 o cientista político Jairo Nicolau, o Brasil havia dobrado à direita.

Com a *Brasil no espelho*, conseguimos enxergar mais de perto os movimentos desses nove segmentos identitários. Conseguimos mostrar quais valores e atitudes aproximam ou distanciam esses grupos entre si, quais conflitos são permanentes entre eles e quais são gerados pela disputa eleitoral em dois turnos. É uma nova maneira de diagnosticar para onde vai o Brasil.

9

O QUE NOS ENSINAM AS FUTURAS GERAÇÕES?

VAMOS VOLTAR UM POUCO ao início, ao trabalho de Ronald Inglehart. Sua teoria postula que as maiores mudanças de valores em uma sociedade acontecem com a troca de gerações. Esse processo tem implicações relevantes em diversos aspectos, como política, sexualidade, papéis de gênero, normas sociais, entre outros. Dessa forma, estudar as diferenças e semelhanças de opiniões de pessoas de idades diferentes é fundamental para entender uma sociedade no presente e apontar tendências para o futuro. Lá no início, mostramos que o Brasil de hoje está muito próximo do Brasil de 1997 no modo de pensar. O país voltou no tempo. Agora é a hora de examinarmos o que esse hoje indica para o amanhã.

Assim como propusemos no capítulo anterior uma nova classificação dos brasileiros, não mais por critérios demográficos, mas por segmentos identitários, propomos aqui também uma nova forma de tratar grupos etários. Em geral, as gerações são divididas pelos padrões americanos, que chamam de *baby boomers* os nascidos após a Segunda Guerra Mundial e designa outras gerações por letras como X, Y e Z. Não acredito que esse seja o critério mais adequado para o Brasil. Vale a pena explicar minhas razões por meio da história desse conceito e de como surgiram essas nomenclaturas.

É atribuída à escritora Gertrude Stein a invenção do termo "Geração Perdida" na década de 1920. De início, servia para designar um grupo de escritores americanos que se mudaram para Paris no início do século XX, do qual ela fazia parte. Com o tempo, o termo passou a ser usado para descrever as pessoas como eles, nascidas no final do século XIX, que foram profundamente afetadas no início da vida adulta pela Primeira Guerra Mundial (1914-1918). O termo foi celebrizado pelo escritor Ernest Hemingway, amigo de Gertrude Stein, que o colocou na epígrafe do livro *O sol também se levanta*, de 1926. Porém, em 1928, o sociólogo alemão Karl Mannheim foi o primeiro a estabelecer a geração como um fenômeno sociológico e formular um conceito, pelo qual pessoas nascidas na mesma época e lugar poderiam compartilhar crenças, valores e uma forma de pensar. Por esse ângulo, faz sentido chamar pessoas nascidas nos Estados Unidos de *baby boomers*. O *Baby Boom* foi um fenômeno americano, uma reação comportamental ao fim de um conflito com efeitos demográficos significativos. Nasceram 75 milhões de pessoas nos Estados Unidos entre 1946 e 1964. Só que isso não tem o mesmo valor para o Brasil, onde o impacto da Segunda Guerra Mundial foi menor e bastante diferente.

Daí em diante, contudo, a nomenclatura das gerações foi feita por acaso. O termo "Geração X", que passou a descrever a geração seguinte, apareceu pela primeira vez em um livro homônimo, de 1964, que falava sobre a cultura jovem britânica, em especial sobre o movimento *mod*, do qual o símbolo mais conhecido era a banda de rock The Who. Mais recentemente, o conceito foi popularizado pelo livro *Gerações*, publicado em 1991 por William Strauss e Neil Howe. Especialistas em políticas públicas, eles postulavam que uma sociedade avança em ciclos de 80 anos, no qual gerações se sucedem. A ideia fez certo sucesso naquele momento, mas a verdade é que não tem base científica. Como sabemos, a história é imprevisível, aleatória, está sujeita ao acaso e não se desenvolve conforme ciclos predeterminados. No entanto, foram Strauss e Howe que cunharam o termo "Millennials" para a geração que veio depois da X, porque eram pessoas que nasceram na época em que o livro foi lançado, perto da virada do milênio — e falar sobre o fim do segundo milênio estava na moda. A geração dos Millennials ganhou depois o nome de geração Y apenas porque veio depois da X. Portanto, a seguinte foi chamada de Z porque veio depois da Y, apenas para seguir a ordem alfabética. Como se vê, a nomenclatura das gerações não tem qualquer base. Assim, não há motivo algum para nos atermos a essa estrutura que nada tem a ver com o Brasil.

Vamos retomar o conceito inicial de Karl Mannheim. Gerações são categorias demográficas que refletem padrões culturais, tecnológicos e sociais moldados pelos eventos e avanços de sua época. O contexto nacional é determinante na construção dessas identidades. Por isso, criamos nossa própria divisão de gerações de brasileiros, baseada no contexto do nosso país. Apresentamos aqui uma nova forma de classificar os brasileiros em quatro gerações.

Geração Bossa Nova

Eles são 20% dos brasileiros. Nasceram entre 1945 e 1964, portanto passaram a infância, juventude ou parte da idade adulta sob a ditadura militar (1964-1985). Também viveram o primeiro período democrático da história do país e foram afetados pela hiperinflação depois de viverem o milagre econômico do início da década de 1970. Foram a primeira geração a ir ao mercado sob a Consolidação das Leis do Trabalho (CLT), implantada no período Getúlio Vargas. Tiveram a sorte de ouvir o surgimento da Bossa Nova, de viver um período que o Brasil se propôs a sonhar, sob a presidência de Juscelino Kubitschek. Viram a construção de Brasília. Torceram nos festivais de música da década de 1960. Viveram sob censura. Foram a primeira geração impactada pela chegada da mulher ao mercado de trabalho, pela revolução sexual da década de 1960 e pelo advento da pílula anticoncepcional.

Geração Ordem e Progresso

Os nascidos entre 1965 e 1984 compõem 32% da população. São os filhos da ditadura militar e do milagre econômico. São os primeiros brasileiros a crescer com as mães trabalhando fora de casa e a usufruir mais plenamente a liberdade dos contraceptivos. Foram afetados na infância e adolescência pela economia fechada e pela hiperinflação, viram sete planos econômicos em oito anos e conviveram com cinco moedas diferentes. São a geração da explosão do rock nacional, que cantou as músicas de Legião Urbana, Paralamas do Sucesso, Titãs e RPM, e viu o primeiro grande festival internacional de música, o Rock in Rio. Parte dessas pessoas votou pela primeira vez em 1989, na primeira eleição presidencial em quase 50 anos. Foram os primeiros a ver a esquerda com um partido competitivo — o PT — e a votar nela.

Geração Redemocratização

Nascidos entre 1985 e 1999, eles são 31% da população. Nasceram sob a égide da redemocratização e viveram um momento de esperança na política e na economia com a Nova República. Aprenderam a viver numa economia estável, mas enfrentaram ondas de desemprego e o início do fim da carteira assinada no mercado de trabalho. Viveram um dos períodos de maior avanço da democracia, com o estabelecimento de direitos sociais durante os governos de Fernando Henrique Cardoso e Lula, entre 1995 e 2011. Viram a economia crescer e o país se abrir. Parte deles já nasceu num mundo com internet e celulares.

Geração.Com

São 17% da população. Nascidos entre 2000 e 2009, são os primeiros brasileiros nativos digitais, aqueles que chegaram a um mundo já sob domínio da internet e dos smartphones. São os filhos do Bolsa Família, das políticas de igualdade, das cotas raciais e do movimento LGBTQIAPN+. Sua juventude é marcada pelo impeachment de Dilma Rousseff, pela crise política e pelo baixo crescimento econômico do país. É a primeira geração a cantar mais música sertaneja ou gospel do que samba e MPB. Sua juventude foi afetada pela pandemia da covid-19. Viram o renascimento da direita na política nacional e no mundo. São os primeiros a viver num país onde são poucos os cargos de acordo com a CLT e onde o trabalho remoto é algo comum.

***

Vimos no início do livro que o Brasil é um país heterogêneo, impossível de ser analisado a partir de médias. As diferenças de opiniões entre essas quatro gerações são um dos fatores mais importantes na formação dessa heterogeneidade. A partir da comparação das opiniões delas, seremos capazes de identificar as principais tendências de mudança nos valores e atitudes dos brasileiros até aqui. Comparando as diferenças entre a geração mais velha e a mais nova, conseguimos apontar tendências para o futuro. Esse Brasil plural e multifacetado encontra uma nova leitura geracional a partir das descobertas estatísticas deste estudo.

Como o Brasil tende a mudar no futuro?

Religião

A troca de gerações indica a tendência de um Brasil cada vez menos católico, com crescimento no percentual de evangélicos e de pessoas que não se identificam com nenhuma religião. A Geração.Com é a que tem maior equilíbrio entre católicos e evangélicos — 37% e 36%, respectivamente — e a com maior percentual de pessoas sem religião, 21%.

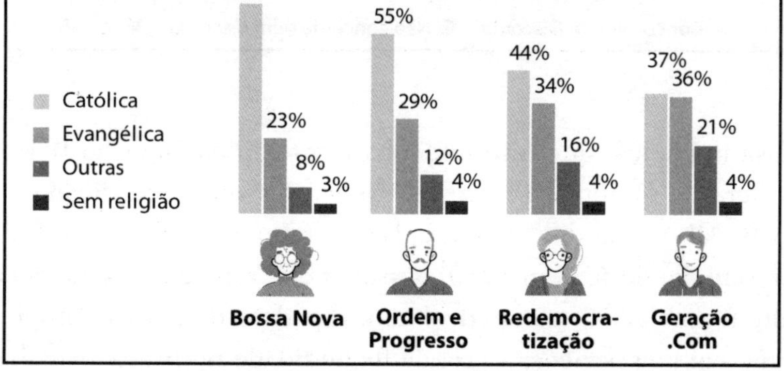

Família

A tendência para o futuro é de um país com menos famílias de casais heterossexuais com filhos. A aceitação de novas estruturas familiares tende a aumentar com o passar do tempo. Gerações mais novas discordam da ideia de que ter filhos é um dever com a sociedade. Para 57% dos brasileiros da Geração Bossa Nova, essa ideia prevalece. A Geração Ordem e Progresso, entretanto, aparece dividida: metade acredita que é um dever, metade não pensa assim. A Geração Redemocratização e a Geração.Com discordam, na maioria, dessa afirmação: só 40% das pessoas da Geração Redemocratização e 35% da Geração.Com enxergam que ter filhos é uma obrigação. Os jovens não se sentem mais obrigados a ter filhos.

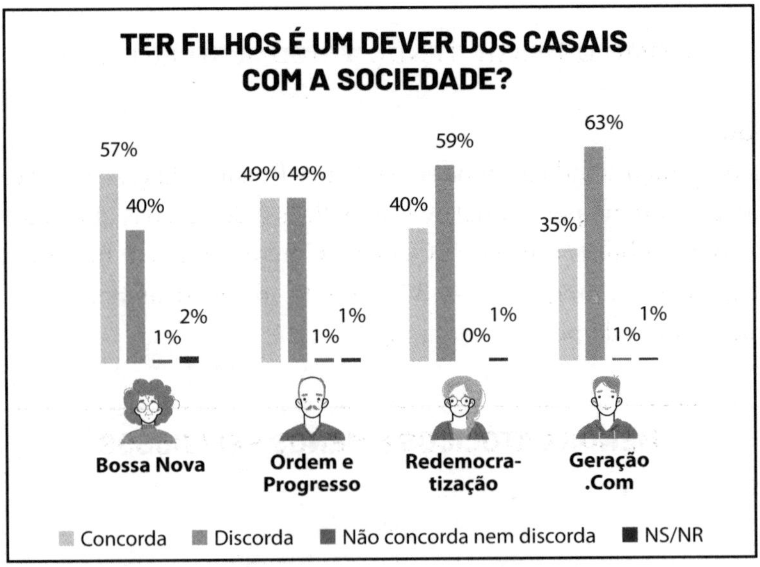

Essa mudança, que teve início na transição da Geração Bossa Nova para a Geração Ordem e Progresso, explica por que a transição demográfica no Brasil é uma das mais rápidas do mundo. A média de filhos por mulher, que era de 6,3 em 1960, passou a cair rapidamente na década de 1970 até a atual 1,57, compatível com o padrão de países europeus. Assim como em países ricos, a taxa de fecundidade no Brasil está abaixo do índice necessário para repor a população, que é de 2,1 filhos por mulher. A tendência expressa pela Geração.Com é de que a população brasileira diminua no futuro.

Insegurança e confiança

Aqui, precisamos unir dois itens para entender melhor a tendência futura. Vimos que a sensação de insegurança faz parte da identidade brasileira. Mais da metade das pessoas, 56%, se sentem inseguras ao andar nas ruas de suas cidades. Os grupos que se sentem mais inseguros coincidem com aqueles que mais se preocupam com a violência e a criminalidade: as mulheres, os mais pobres e os pretos. A novidade é que a pesquisa *Brasil no espelho* detecta que os jovens se sentem mais seguros que os mais velhos.

Contudo, assim como os mais velhos, os jovens têm baixíssima confiança em vizinhos e em pessoas que não compõem seu círculo mais próximo, como a família e os amigos. Quanto mais jovem, menor a tendência de confiar nas pessoas: 46% das pessoas da Geração.Com confiam muito ou razoavelmente nos vizinhos, contra 59% da Geração Bossa Nova. Pessoas pretas também tendem a confiar menos nas pessoas, de forma geral, em comparação a pessoas brancas. A religiosidade, ou a falta dela, não está associada a maior ou menor nível de confiança. Homens e pessoas de maior escolaridade tendem a confiar mais nas pessoas. A falta de confiança interpessoal é uma questão mais profunda do comportamento brasileiro.

Uma boa hipótese para a razão de jovens se sentirem mais seguros pode ser o fato de eles viverem mais trancados em seus quartos, com seus dispositivos, numa vida mais reclusa, estabelecendo mais contato por meios digitais. A vida nesse casulo faz com que se sintam mais seguros, mas a falta de contato pessoal faz com que sejam mais desconfiados. Já faz muitos anos que o Brasil tende a ser um país de desconfiados.

Meritocracia

A troca de gerações indica uma mudança significativa nesse campo. A Geração.Com é a primeira a enxergar as políticas redistributivas como algo positivo. Os mais jovens compreendem melhor a necessidade de ajudar os mais pobres, que têm feito mais para merecer uma vida melhor. Não deixamos de ser um país meritocrático, mas reconhecemos que todo mundo está fazendo sua parte.

Assim como seus pais, avós e bisavós, os brasileiros da Geração.Com acham que as pessoas precisam fazer por merecer ajuda. Entre eles, 65% concordam com a ideia de que só se deve ajudar quem faz por merecer, mesmo percentual da Geração Redemocratização, quase o mesmo da Geração Ordem e Progresso e apenas 6 pontos percentuais atrás da Geração Bossa Nova. É um conceito consolidado na alma brasileira.

Mas os jovens são os que mais concordam com a frase: "pessoas pobres se esforçam para deixarem de ser pobres": 58%, ou seja, 13 pontos a mais que a Geração Redemocratização, e 20 pontos mais que seus avós ou bisavós da Geração Bossa Nova.

Os mais velhos não acham que os pobres fazem por merecer ajuda; os jovens, sim. É uma mudança importante, que pode ter implicações relevantes, como maior apoio a políticas sociais focadas nos mais necessitados.

O jeitinho brasileiro

A tendência é que, no futuro, os brasileiros tenham uma visão mais positiva do nosso lendário "jeitinho". Ele é visto mais como sinônimo de esforço, um traço positivo da nossa cultura e dos nossos valores. Quanto mais jovem a pessoa, mais o jeitinho é valorizado e considerado um aspecto positivo da cultura brasileira. Contudo, o aumento da renda e da escolaridade são os maiores freios a esse efeito geracional: quanto mais rica é a pessoa e mais anos de estudo ela tem, mais negativa é sua visão sobre o jeitinho. As regiões Centro-Oeste, Norte e Nordeste têm uma percepção mais positiva sobre o jeitinho.

Comportamento social

Nos próximos anos veremos uma geração que ainda vive mais dentro do que fora de casa. A maior sensação de segurança e o desejo de convívio social ainda são determinantes para os hábitos sociais de convivência coletiva.

Quando o assunto é ir ou não para a rua, o brasileiro se mostra mais caseiro: 70% dizem preferir levar uma vida mais dentro de casa do que fora dela. Na análise por segmentos, mulheres vivem mais dentro de casa que homens: 75% delas preferem uma vida caseira, contra 65% deles. Pretos gostam mais de sair do que brancos e pardos. Os católicos não praticantes e as pessoas sem religião gostam mais de sair do que pessoas de outras religiões. Os mais pobres vivem mais dentro de casa que os ricos: 80% dos que ganham até um salário mínimo dizem isso, contra 60% dos que ganham mais de dez salários mínimos. Numa análise geracional, os mais jovens são os que mais preferem levar uma vida fora de casa do que dentro dela: 33% das pessoas da Geração.Com dizem isso, contra 14% da Geração Bossa Nova. Ainda assim, a preferência por viver mais dentro de casa é maioria em todas as gerações, com 81% na Geração Bossa Nova e 63% na Geração.Com.

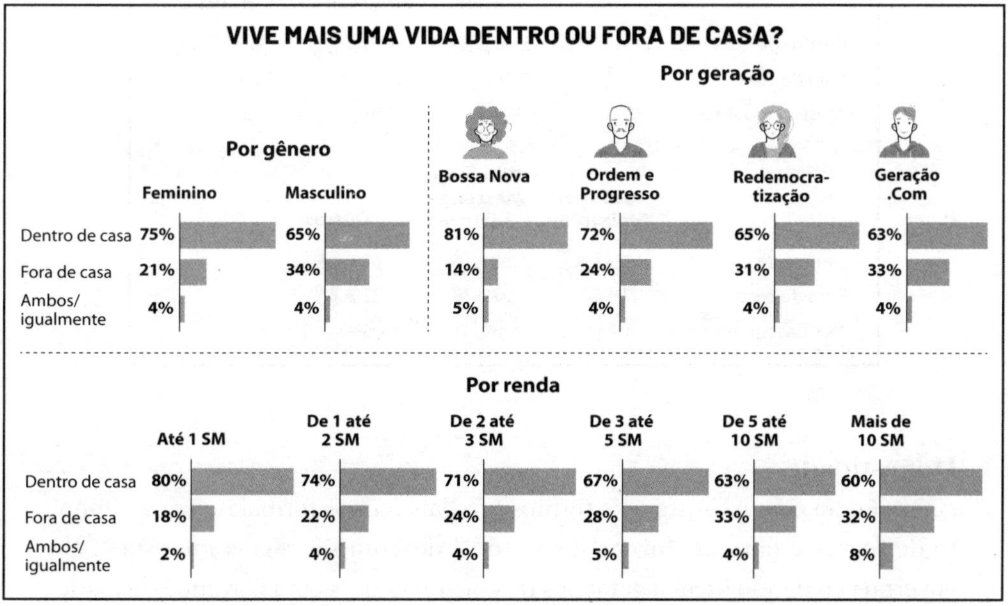

Desempregados e aposentados são os brasileiros que mais vivem uma vida mais dentro de casa (87%) quando comparado ao grupo dos brasileiros que trabalham ou têm emprego (62%) e ao dos estudantes (69%). São 18 pontos percentuais a mais do que o dos estudantes, e 25 pontos percentuais a mais do que o dos que trabalham. Quem fica em casa acaba vendo mais TV, enquanto os que saem de casa se informam mais por meios digitais.

Honestidade

A tendência para o futuro é de termos um país menos formal no cumprimento de regras e normas. Jovens dispostos a descumprir regras impostas pelo governo vão dando lugar a gerações de conservadores com o avanço da idade. Homens em geral e a Geração.Com hoje concordam mais em "não seguir as regras do governo". Os mais ricos e com maior escolaridade avaliam mais que a postura "não seguir regras do governo" é desonesta. Enquanto moradores de capitais e das regiões Norte e Nordeste mostram maior aceitação dessas normas, os do Sul enxergam mais "não seguir regras do governo" como algo desonesto.

Discriminação

Em 1988, ano do centenário da abolição da escravatura no Brasil, foi promulgada a atual Constituição, a primeira a tratar da questão racial, que tornou o racismo crime inafiançável e imprescritível. Naquele ano de memória e avanço civilizatório, foi feita uma pesquisa sobre racismo. Seus resultados mostravam um cenário contraditório: ao mesmo tempo que 97% dos entrevistados afirmavam não ter preconceito racial, 98% diziam conhecer pessoas racistas e ter presenciado situações de discriminação racial. A melhor descrição foi feita anos depois pela historiadora e antropóloga Lilia Moritz Schwarcz, uma das maiores autoridades no estudo da história do racismo no Brasil: "A conclusão informal era de que todo brasileiro parece se sentir como uma 'ilha de democracia racial', cercado de racistas por todos os lados".

Hoje, quase 40 anos depois da promulgação da nova Constituição, há uma tendência de forte percepção e reconhecimento do racismo e da discriminação em relação a pardos e pretos. Entre os mais jovens, há um percentual maior de pessoas que não revelam atitudes racistas, de acordo com opiniões expressas por eles a partir de frases da pesquisa a que foram expostos. Os brasileiros da Geração.Com são os que mais sentem e percebem atitudes racistas, com índices entre 55% e 60%. É uma percepção muito superior à das pessoas das gerações Bossa Nova e Ordem e Progresso, cujos índices ficam muito abaixo, entre 15% e 37%.

A cada geração há um percentual maior de pessoas que não revelam racismo. As novas gerações reconhecem o racismo na vida cotidiana e estão conscientes de que o país precisa melhorar. É um avanço histórico. Esse reconhecimento reduz as atitudes racistas e indica uma tendência positiva de combate a um dos problemas mais antigos e enraizados na vida brasileira.

O debate sobre o racismo cresceu. Não há propaganda, novela, série ou programa jornalístico sem uma pessoa negra entre os protagonistas. As cotas raciais são um sucesso social e acadêmico comprovado. Tendem a ser cada vez menos numerosos os que acreditam na democracia racial. Tendem a ser cada vez mais os que sabem que o racismo precisa ser extirpado.

***

Porém, a tendência de reconhecer mais o racismo não se repete em relação ao machismo. Todos reconhecem que há discriminação contra pretos e pardos, mas não contra as mulheres; todos reconhecem que há racismo, mas não reconhecem que há machismo — embora os mais jovens não se revelem machistas. Como no caso do racismo, essa conclusão deriva de opiniões expressas por eles a partir de frases da pesquisa a que foram expostos. Todas as gerações negam a discriminação contra as mulheres, apesar de a Geração.Com ser a que mais percebe a discriminação de gênero, tanto mulheres quanto homens. No Brasil de hoje, há uma regra social implícita, pela qual ninguém pode deixar de reconhecer o racismo, mas a sociedade não reconhece a discriminação contra a mulher como relevante.

A Geração.Com não reconhece atitudes machistas, mas há um achado inédito: é a primeira vez que detectamos uma geração que, mesmo não reconhecendo o machismo, não o pratica. É como se a Geração.Com entendesse que não há machismo em seu entorno. Outros grupos geracionais praticam mais, no entanto, a Geração.Com acha que o machismo existe menos porque o pratica menos. É a geração com a visão mais moderna nesse sentido.

Sexualidade

A tendência para o futuro é de um grau de tolerância sexual muito mais expressivo tanto em relação a homossexuais, quanto a outros tipos de relações e identidades. A Geração.Com tem o maior percentual de membros da comunidade LGBTQIAPN+ e é a mais tolerante. O percentual de bissexuais é expressivo nesse grupo — 11%, quase o dobro (6%) da Geração Redemocratização. Entre a Geração.Com, 87% se declaram heterossexuais, o mais baixo índice entre todas as gerações. Quanto mais nova a geração e maior a escolaridade, maior a aceitação a homossexuais e bissexuais.

Vemos isso no dia a dia. A Parada Gay de São Paulo, que acontece todos os anos em junho, é uma das maiores do mundo, com cerca de 50 mil participantes. É um dos eventos mais rentáveis para a economia da maior cidade do país. O Brasil tem parlamentares gays e transexuais eleitos com votações expressivas. Assim como os programas de televisão passaram a ter protagonistas negros, nos últimos anos praticamente desapareceram os personagens e tipos gays que eram tratados de forma caricata e preconceituosa. A sexualidade não é uma questão para a Geração.Com.

Ideologia

Há um claro crescimento de valores progressistas em relação a atitudes e costumes no Brasil, mas, ao mesmo tempo, um padrão contínuo de demanda por políticas do Estado, combinação que é uma particularidade muito brasileira. As mulheres são as responsáveis pela maior tendência de visões de esquerda entre os jovens, enquanto os homens se tornam menos de direita. O principal achado da pesquisa *Brasil no espelho* nesse campo é que há uma tendência de jovens serem de centro.

A diferença ideológica entre homens e mulheres é explicada especialmente pelas gerações mais novas. Historicamente, há uma enorme concentração de homens de direita no passado. Entre 1940 e 2000, ou seja, da ditadura do Estado Novo de Getúlio Vargas até a metade do segundo governo FHC, o número de homens de direita permaneceu praticamente estável. A partir de 2000, no entanto, isso mudou: os homens passaram a ser menos de direita e mais de esquerda.

Quando comparamos o autoposicionamento ideológico de homens e mulheres nascidos na mesma época, fica claro que não apenas os mais jovens tendem a se posicionar mais à esquerda, como as mulheres das gerações Ordem e Progresso, Redemocratização e Geração.Com se posicionam consistentemente mais à esquerda em comparação aos homens nascidos no mesmo período.

Estudos recentes sugerem que esse fenômeno das mulheres mais à esquerda que os homens é mundial. Em 2024, o jornal *Financial Times** mostrou uma tendência em diversos países de um consistente aumento de distanciamento ideológico entre mulheres e homens da chamada por eles de geração Z — a nossa Geração.Com. Nos Estados Unidos e em países da Europa, Ásia e África, as mulheres estão mais à esquerda e os homens mais

* BURN-MUDOCH, John. "A New Global Gender Divide Is Emerging". *Financial Times*, 26 jan. 2024.

à direita — ou seja, enquanto elas estão mais progressistas, eles estão mais conservadores. Os gráficos gerados pelos resultados das pesquisas mostram o formato que chamamos de boca de jacaré, com linhas em direções opostas e um grande intervalo entre elas.

Nos Estados Unidos, dados da Gallup detectaram que, enquanto nas últimas décadas havia um equilíbrio no número de homens e mulheres progressistas e conservadores, em apenas seis anos houve uma mudança significativa: na faixa dos 18 a 30 anos, a diferença entre o número de mulheres progressistas e homens progressistas saltou para 30 pontos percentuais. Ou seja: nos últimos seis anos, muito mais mulheres se tornaram progressistas, enquanto mais homens se tornaram conservadores. O mesmo percentual americano se repete na Alemanha e é de 25 pontos percentuais no Reino Unido.

Na Coreia do Sul, país com grande desigualdade de gênero, a boca de jacaré dos valores é tão pronunciada, que provoca efeitos sociais como a queda radical no número de casamentos e na taxa de fecundidade, que se tornou a mais baixa do mundo. Isso acontece porque há um distanciamento entre os gêneros em relação a valores, que se reflete em comportamentos, posturas sociais e no voto.

A pesquisa *Brasil no espelho*, contudo, encontrou resultados um pouco diferentes dos reportados pelo *Financial Times*. Os jovens brasileiros estão mais ao centro do que à esquerda. A cada nova década, há mais mulheres de esquerda do que de direita, mas os homens da Geração.Com são menos de direita. Isso aponta uma tendência de brasileiros de centro no futuro.

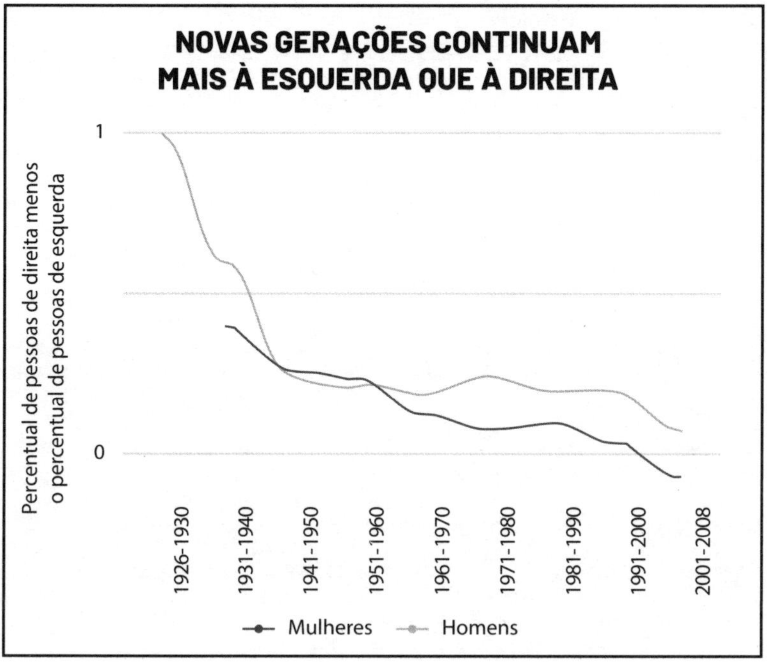

***

Podemos dizer que as novas gerações discriminam menos, são mais tolerantes, não se sentem pressionadas a ter filhos, têm menos medo da violência, tendem a apoiar mais políticas sociais de ajuda aos pobres e são politicamente mais de centro. São os jovens que apresentam mudanças históricas em relação a dois dos maiores problemas do país: a desigualdade e o racismo. Ainda que parte das diferenças que observamos hoje entre as gerações possa ser atenuada no futuro pelo processo de envelhecimento dos mais jovens, há certo consenso entre estudiosos de opinião pública de que tais diferenças se devem predominantemente à época e às experiências vividas pelas gerações. Sendo assim, o Brasil do futuro certamente será diferente do atual, graças às novas gerações.

10

A ilusão do conhecimento

Há cerca de 2.400 anos, quando o filósofo Aristóteles ensinava na Grécia, a vida cotidiana dos gregos era muito diferente da praticada pelos brasileiros hoje. Os gregos daquele tempo acreditavam que vários deuses estavam no comando, não apenas um, como acreditam 96% dos brasileiros atualmente. A democracia grega daquele tempo era muito mais restrita do que a brasileira hoje. No entanto, uma coisa não mudou. Desde aquela época, os pensadores consideram crucial para a vida política e social que as pessoas saibam o que acontece à sua volta. Elas precisam saber dos fatos, entender a realidade, para que exista o que outro pensador, o alemão Jürgen Habermas, chama de esfera pública, a área em que os cidadãos têm liberdade para debater os problemas da vida em comunidade. Afinal, sem conhecimento da realidade não é possível discuti-la.

Sabemos que uma coisa que não falta no Brasil atual é debate. O país oferece como nunca espaços para que os cidadãos discutam os problemas nacionais e manifestem suas visões. Brasileiros gostam de opinar. Dão suas opiniões sobre todos os temas possíveis e imagináveis que possam surgir, seja nos grupos de WhatsApp da família, seja nas redes sociais ou em eventos públicos. Porém, se há canais disponíveis para se manifestar sobre o país, para exercitar a vida social e política na esfera pública, os brasileiros têm o elemento essencial para fazer o melhor uso dessas oportunidades? Os brasileiros sabem o que acontece no país? Os brasileiros se interessam pelos temas mais importantes que envolvem a sociedade, a política e a economia, aqueles que são relevantes, por exemplo, para decidir seu voto?

Para aferir isso, durante a pesquisa *Brasil no espelho* aplicamos um teste capaz de avaliar o conhecimento factual sobre o país entre os diversos segmentos da sociedade. Submetemos os brasileiros a uma espécie de Enem de notícias, uma "prova de conhecimento" com quatro questões sobre a atualidade — no caso, dezembro de 2023. Foram quatro questões de múltipla escolha. Nenhuma das perguntas exigia formação acadêmica ou conhecimento técnico específico para ser respondida; bastava que os entrevistados estivessem atualizados sobre os fatos e tivessem tido contato com notícias. As questões eram:

1. Qual é a taxa de desemprego brasileira atualmente registrada?
2. A economia brasileira cresceu, encolheu ou ficou estagnada no primeiro semestre de 2023?
3. Quantas pessoas morreram de covid-19 no país desde o começo da pandemia?
4. A taxa de homicídios no Brasil caiu, aumentou ou ficou igual em 2022?

As perguntas vinham seguidas de quatro opções de resposta, uma correta e três incorretas. Cada pessoa escolheu a alternativa que julgava ser correta. A maioria das pessoas errou — e muito!

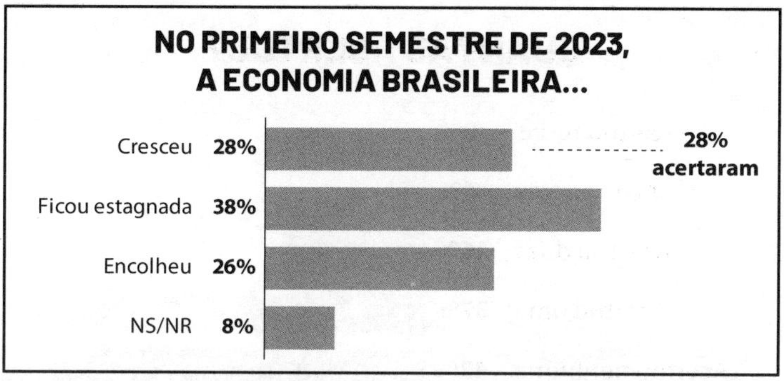

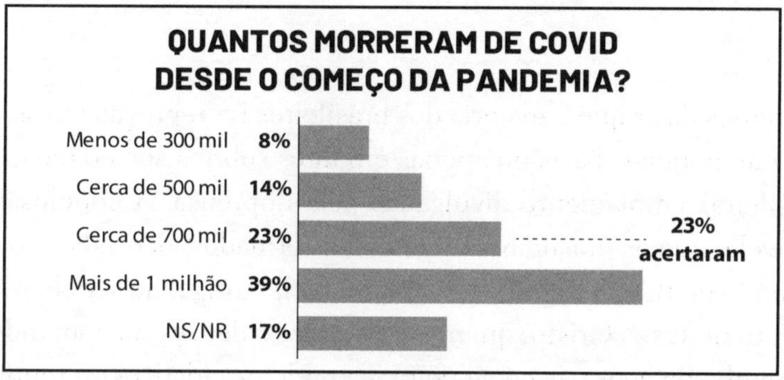

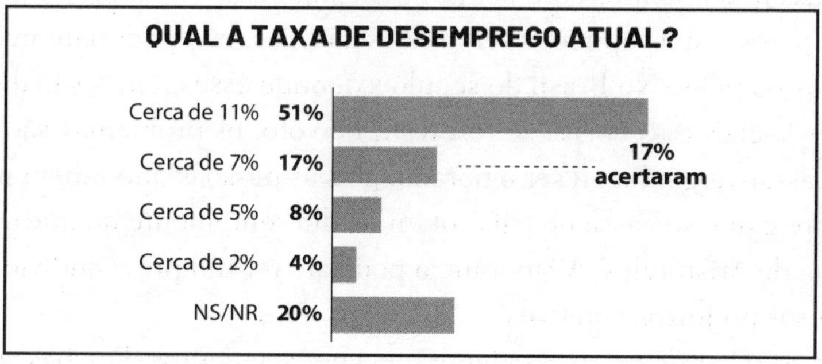

No resultado geral, 42% das pessoas não acertaram nenhuma resposta. Apenas 0,82% dos entrevistados acertaram as quatro perguntas. Em termos mais diretos, quase metade das pessoas não acertou nada e menos de 1% delas acertou tudo. A taxa mais alta de acerto para uma questão foi de apenas 28% — ou seja, menos de três em cada dez pessoas.

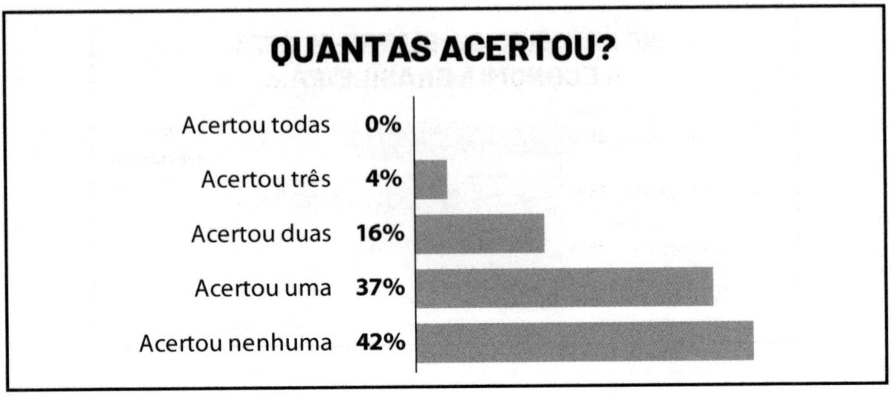

Podemos dizer que a maioria dos brasileiros foi reprovada nessa espécie de Enem de notícias, baseado apenas em fatos sobre a sociedade e a economia brasileiras amplamente divulgados pela imprensa. A conclusão dura e inescapável é que os brasileiros estão mal informados, não sabem o que está acontecendo no Brasil. Se estivessem na Grécia Antiga, no século IV antes do nascimento de Jesus Cristo, quando havia vários deuses no comando, passariam vergonha na ágora, espécie de praça onde os cidadãos se reuniam para discutir assuntos de interesse comum. Não apenas isso: não seriam ouvidos por seus pares e suas opiniões seriam descartadas, não poderiam influenciar nos rumos da pólis. No Brasil do século XXI, onde esses temas são discutidos nas redes sociais e as coisas se resolvem no voto, os problemas são maiores do que passar vergonha ou ser ignorado, pois as pessoas que sabem pouco ou nada sobre o que se passa no país votam — diferentemente do que acontecia na Grécia de Aristóteles. A ignorância pode até ter um preço individual, mas pode causar prejuízos coletivos.

Vamos olhar de perto essa ignorância por segmentos. Pessoas com ensino superior, homens brancos, pretos e pardos tiveram maior índice de acertos nas questões. Mulheres, independentemente da cor e da raça, e pessoas menos escolarizadas foram as que mais erraram. Pessoas da Geração.Com foram as que mais acertaram e as da Geração Ordem e Progresso as que menos acertaram.

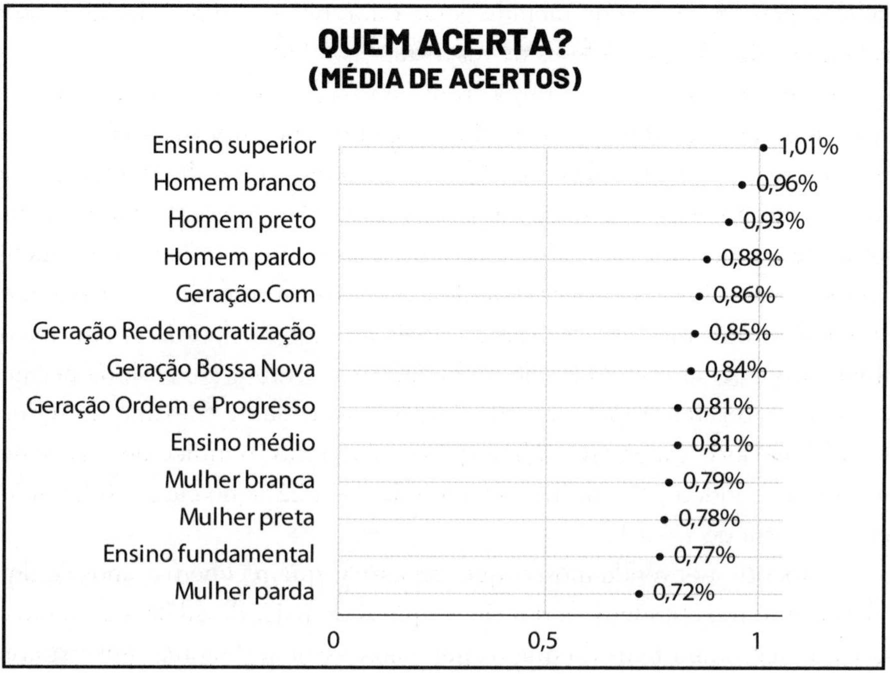

Antes de seguir, é preciso ler os resultados com cuidado para não incorrer em erro e preconceito. Segundo uma pesquisa realizada em 2004 pelos cientistas políticos Jeffery Mondak e Mary Anderson,* focada em conhecimento sobre política, homens parecem saber mais do que as mulheres, mas parte dessa diferença pode ser devido à forma como o conhecimento é medido, por meio de questões de múltipla escolha. Os homens são mais propensos do que as mulheres a chutar respostas, o que pode inflar artificialmente seu desempenho e expor uma possível disparidade de gênero. Obra do acaso, alguns chutes podem estar corretos, fazendo com que o número de questões que os homens acertam seja maior. Uma análise cuidadosa dos

* Mondak, Jeffery J. e Anderson, Mary R. "The Knowledge Gap: A Reexamination of Gender-Based Differences in Political Knowledge". In: *The Journal of Politics*. Chicago: The University of Chicago Press, 2024.

dados sugere que cerca de metade dessa diferença não é real, beneficiando os homens devido aos padrões de resposta.

Esse raciocínio ganha força frente ao fato de que as mulheres mais frequentemente confessam não saber responder perguntas, inflando o número de respostas "não sabe" ou "não respondeu", quando comparado ao número de homens que optam por não responder. Homens parecem não gostar de admitir que não sabem algo, preferem chutar e fingir que sabem. Essa situação só não se aplica quando o assunto é a sensação de insegurança: como vimos, mulheres se sentem mais inseguras e, por isso, têm maior propensão a achar que a taxa de homicídios aumentou. No caso da pesquisa *Brasil no espelho*, repete-se a tendência verificada no trabalho de Jeffery Mondak e Mary Anderson: para as quatro perguntas, o índice de "não sabe" ou "não respondeu" das mulheres variou de 7% a 22%; no caso dos homens, a variação foi de 7% a 17%.

O recorte por renda mostra que as pessoas que recebem menos de dois salários mínimos tendem a errar mais que as demais. Brasileiros com curso superior acertaram mais do que os que não possuem diploma universitário. Os que mais concordam com a frase "a fé vale mais do que a ciência" tendem a acertar menos respostas do que aqueles que discordam totalmente da frase. As pessoas que se identificam como de esquerda acertaram mais que as de centro ou de direita. Em um número, os de esquerda obtiveram quatro pontos (em cem) a mais do que os de centro e de direita nos testes de conhecimento.

No entanto, o baixo conhecimento é apenas metade da história. A pesquisa *Brasil no espelho* questionou também como os brasileiros achavam que tinham se saído no teste. Embora tenham acertado quase nada, eles achavam que tinham acertado bastante. A grande maioria superestima — e muito — seu número de acertos.

Os números impressionam. Enquanto 42% dos brasileiros não acertaram nenhuma questão, apenas 6% acharam que não acertaram nenhuma questão. Em outros termos, enquanto a média entre as quatro perguntas foi de 0,82 acertos, os entrevistados estimaram ter acertado 2,26 respostas, em média. Isso significa que eles superestimaram seu desempenho em quase 40 pontos percentuais.

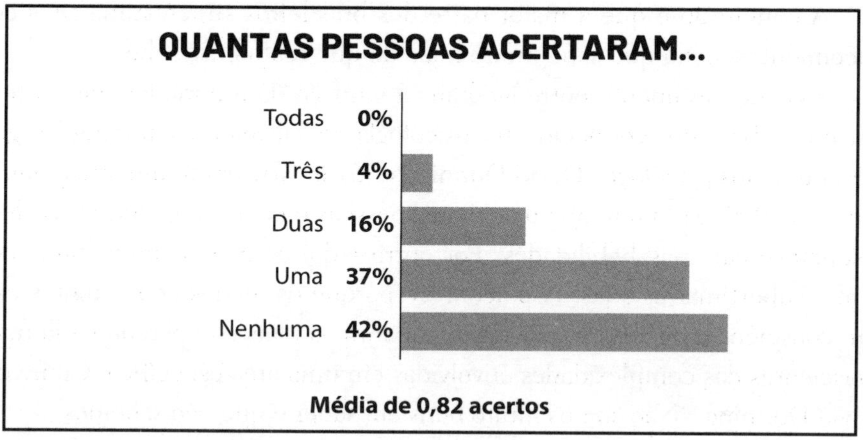

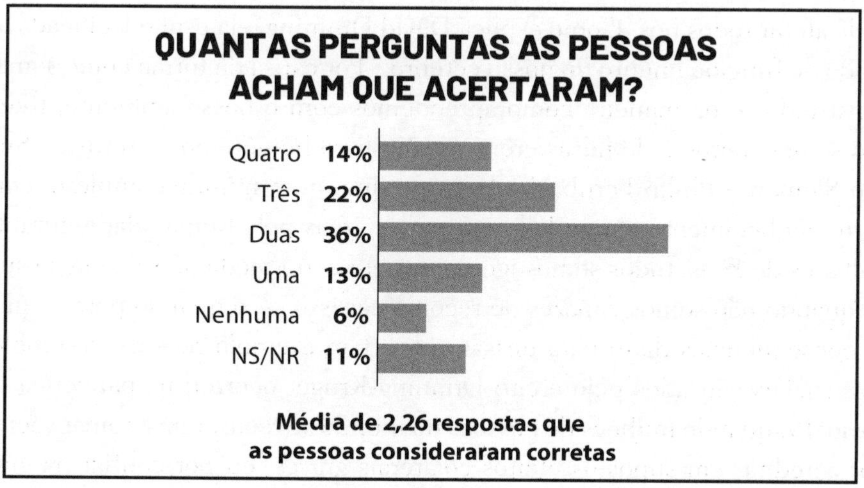

Cerca de sete em dez brasileiros — mais exatamente 67% — acharam que acertaram mais do que de fato o fizeram. Chamamos de "superconfiantes" essas pessoas que superestimam seu conhecimento factual, que julgam ter acertado mais do que de fato acertaram. Por outro lado, apenas 33% dos brasileiros têm parcimônia ao estimar seus conhecimentos factuais. São os que acham que erraram mais do que de fato erraram. Chamamos essas pessoas de "confiança baixa".

A conclusão é que a maior parte dos brasileiros superestima seus conhecimentos, acha que sabe muito mais do que realmente sabe.

Esse descasamento entre ignorância e noção da própria ignorância tem um nome bastante conhecido na psicologia social: efeito Dunning-Kruger. Descrito pelos psicólogos David Dunning e Justin Kruger em um artigo publicado em 1999, é um fenômeno pelo qual pessoas menos competentes tendem a superestimar suas habilidades. Por outro lado, as mais competentes tendem a subestimar as suas. Isso acontece porque os menos competentes não têm consciência de suas limitações, enquanto os mais competentes são mais conscientes das complexidades envolvidas em uma área específica. Como diz David Dunning: "Não somos muito bons em saber o que não sabemos".*

Chama-se isso de ilusão do conhecimento. Há uma produção de artigos de psicologia sobre o tema relativamente extensa. A ilusão do conhecimento pode afetar todos nós. Como explica David Dunning, ela está relacionada ao modo de funcionamento do nosso cérebro. "Por causa da forma como somos construídos e da maneira como aprendemos com o nosso ambiente, todos nós somos motores de falsas crenças". No livro homônimo ao termo,** Steven Sloman e Philip Fernbach observam que, num mundo complexo, com tanto conhecimento acumulado em tantas áreas pela humanidade durante milhares de anos, todos somos ignorantes em certa medida. A distorção surge quando não somos capazes de reconhecer isso — e quando percebemos as consequências disso para nossas vidas. Um exemplo recente de problemas sociais causados pelo efeito Dunning-Kruger ocorreu na pandemia da covid-19, quando milhões de pessoas no mundo se recusaram a tomar vacina por acreditar em supostos efeitos colaterais graves, ou por confiar na cura pelo uso de remédios ineficazes. É incontável o número de pessoas que morreram por ignorar a amplitude de sua própria ignorância, por acreditar numa capacidade de discernimento que julgavam ter, mas não tinham.

* Dunning, David. "We Are All Confident Idiots". *Pacific Standard Magazine*, 2014. Disponível em: psmag.com/archive/confident-idiots-92793. Acessado em 15 ago. 2025.

** Sloman, Steve e Fernbach, Philip. "The Knowledge Illusion". Nova York: Riverhead Books, 2017 [Ed. bras.: *A ilusão do conhecimento*. São José dos Campos: NTZ, 2022].

Em um artigo escrito em 2014, intitulado "Somos todos idiotas confiantes", Dunning explica que, para que pessoas com pouca competência reconhecessem sua ignorância, seria preciso que tivessem justamente o conhecimento que lhes falta. Pessoas com baixo desempenho não conseguem perceber as falhas em seu raciocínio e que não sabem nada sobre alguns temas. Devido a essa ignorância, a incompetência não faz dessas pessoas mais cautelosas, pois elas não estão conscientes do seu despreparo. Pelo contrário, muitas vezes elas ganham uma confiança que se apoia em algo que parece ser conhecimento, mas não é.*

Buscamos entender o alcance do efeito Dunning-Kruger entre os brasileiros. Homens e pessoas com curso superior tendem a acertar mais no teste de conhecimento, mas também tendem a superestimar mais seu desempenho quando comparados aos demais que acertaram o mesmo número de respostas.

Além do conhecimento, a pesquisa *Brasil no espelho* mediu — também com um questionário de quatro perguntas — a propensão dos brasileiros a acreditar em mentiras. Foram apresentadas quatro notícias falsas. Na primeira, as pessoas tinham de dizer se era verdadeira ou falsa a informação de que o então presidente dos Estados Unidos, Joe Biden, se negou a cumprimentar o presidente Lula durante uma reunião. Na segunda, os entrevistados tinham de dizer se era verdadeira ou falsa a afirmação de que a ex-primeira-dama Michelle Bolsonaro teria mandado matar carpas que foram doadas ao Brasil pelo imperador do Japão para pegar as moedas no fundo do espelho d'água do Palácio da Alvorada. A terceira perguntava sobre as causas das mudanças climáticas — uma das alternativas, totalmente falsa, era que o clima na Terra não está mudando. A quarta perguntava se a pessoa concordava com a afirmação falsa de que teria havido fraude nas eleições brasileiras de 2022.

* Dunning, David. "We Are All Confident Idiots". *Pacific Standard Magazine*, 2014. Disponível em: psmag.com/archive/confident-idiots-92793. Acessado em 15/08/2025.

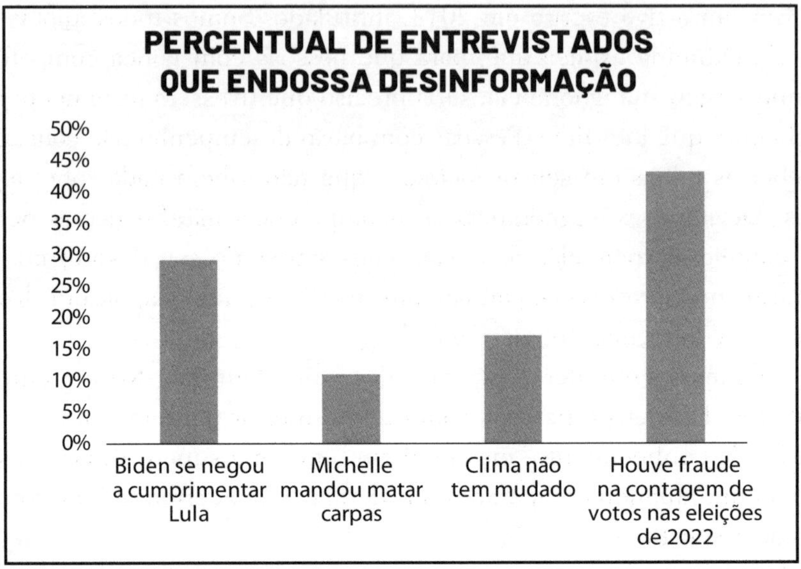

Foram 29% os que acreditaram que Joe Biden teria se recusado a cumprimentar Lula, enquanto 11% acreditaram no boato sobre a ex-primeira-dama Michelle Bolsonaro e as carpas no espelho d'água. Dezessete por cento dos entrevistados responderam que o clima não tem mudado, enquanto uma taxa considerável de 43% concordou com a afirmação de que houve fraude nas eleições de 2022. Ao todo, 69% acreditavam que pelo menos uma das notícias falsas era verdadeira. Os resultados mostram que, embora seja minoria, uma parcela considerável dos brasileiros acredita em informações falsas.

Outro achado da pesquisa é que os entrevistados tendem a acreditar em informações falsas se essas reforçam suas posições políticas. Assim como os entrevistados que se dizem de esquerda acreditam mais na notícia falsa sobre Michelle Bolsonaro, os entrevistados de direita acreditam mais nas outras três, mais alinhadas ao seu campo ideológico. O efeito Dunning-Kruger se manifesta aqui: os entrevistados que mais acreditam nas quatro notícias falsas apresentadas são os que mais superestimam seu nível de conhecimento nas perguntas verdadeiras sobre o Brasil.

Experimentos sobre comportamento mostram que a influência de nossas crenças ideológicas está associada ao efeito Dunning-Kruger e à ilusão do conhecimento. Nossas crenças ideológicas podem nos levar a formar rapidamente opiniões fortes sobre temas que não conhecemos — mesmo que não estejam relacionados a ideologia. Em 2006, Daniel Kahan, professor da Faculdade de Direito de Yale, fez um estudo sobre as percepções a respeito da nanotecnologia, um tema desconhecido pela maioria das pessoas. Ele detectou que a total ignorância não impedia as pessoas de dizer que os riscos da nanotecnologia superavam seus benefícios.

Kahan percebeu que, quando entrevistava pessoas desinformadas, ouvia opiniões diversas. Mas, quando ofereceu a um grupo uma curta descrição sobre promessas e perigos da nanotecnologia, as coisas mudaram. Com apenas dois parágrafos de informações, as opiniões sobre nanotecnologia se dividiram e passaram a refletir as visões de mundo dos participantes. Os que tinham perfil mais individualista foram mais favoráveis à nanotecnologia, enquanto os que tinham perfil mais coletivista passaram a considerar que a nanotecnologia podia causar mais danos do que trazer benefícios. A conclusão de Kahan: se dois parágrafos de texto são suficientes para colocar as pessoas em posição de polarização, apenas oferecer mais informação não as ajudará, pois poderá reforçar visões tendenciosas.*

Vimos até aqui que os brasileiros não estão bem informados, portanto a maioria parece não saber o que acontece no país. Mesmo assim, superestimam seu conhecimento. Confiantes em relação ao que acham que sabem, acreditam em mentiras com certa facilidade. Os brasileiros que mais superestimam o próprio conhecimento factual são também os que mais acreditam em notícias falsas. Parte dos brasileiros forma opiniões — muitas vezes veementes e até intransigentes — com base em dados falsos, que acreditam serem verdadeiros.

Por que devemos nos preocupar com esta situação?

Uma das respostas pode estar numa frase de um humorista americano do século XIX, Josh Billings, citado por David Dunning: "Não é o que

* Ibid.

você não sabe que o mete em encrenca. É aquilo que você tem certeza de que sabe — e que simplesmente não é verdade".* A ilusão do conhecimento pune e pode ter consequências graves, pode nos meter em uma encrenca social. Como eu e Thomas Traumann mostramos em *Biografia do abismo*, o Brasil vive hoje sob uma polarização calcificada, na qual a divisão entre direita e esquerda vai além do voto e invade diversos campos sociais, a ponto de separar amigos e famílias. Se lembrarmos que a pesquisa *Brasil no espelho* mostra que as pessoas desconfiam mais de quem não segue sua mesma linha ideológica, temos uma tendência à manutenção de um ambiente hostil ao debate e, em última instância, um obstáculo ao exercício pleno da democracia. Quando essas mesmas pessoas não têm uma noção precisa da realidade, mas acham que sabem muito, e suas opiniões são confirmadas por outras com o mesmo problema — seja em redes sociais ou pessoalmente —, temos um cenário em que a vida social e política beira o inviável.

Diante desse diagnóstico, o desafio que se coloca — para governos, políticos, empresas, organizações sociais e veículos de comunicação, entre outros — é como se comunicar, interagir e lidar com pessoas que acham que sabem muito, mas sabem pouco. O que fazer diante disso? Como tratar a ilusão do conhecimento? Como não apenas conscientizar os brasileiros de suas limitações de conhecimento, mas também melhorar esse conhecimento?

Em seu livro mais recente, *Nexus*, o historiador israelense Yuval Noah Harari se ocupou em analisar a história das redes de informação da Antiguidade até os nossos tempos de inteligência artificial. Uma visão antiga e simplista dizia que mais informação seria suficiente para que as pessoas percebessem o que é verdade. A experiência mais recente mostra que esse não é o caminho. Segundo Harari:

> A informação às vezes leva ao erro, e não à verdade. [...] A noção ingênua supõe que o antídoto para a maioria dos problemas que enfrentamos

* Ibid.

> na coleta e no processamento da informação é coletar e processar quantidades ainda maiores de informação. Por exemplo, uma informação parcial, uma análise falha ou uma campanha de desinformação podem levar até mesmo os especialistas a identificarem erroneamente a causa real de determinada doença.*

O problema do mundo na terceira década do século XXI não é a escassez de informação, mas, sim, seu excesso. O desafio é encontrar formas de discernir informação de desinformação, de qualificar a informação e de filtrar a quantidade dela.

As redes sociais alteraram o funcionamento daquilo que os economistas Hunt Allcott e Matthew Gentzkow chamam de mercado informacional, formado pelos consumidores de informação e pelos canais que a entregam. No passado recente, um número relativamente pequeno de jornais, rádios e canais de televisão ofertava informações e entretenimento em larga escala. Com os meios digitais, em especial com as redes sociais, houve uma explosão da oferta de fontes de informação e entretenimento. A disputa deixou de ser por espaço, para ser por tempo de atenção. A fragmentação e o modo de funcionar das redes sociais favorecem mais a dispersão de entretenimento e de desinformação do que de informação profissional e de qualidade. O entretenimento e a desinformação levam vantagem sobre notícias por serem mais atrativos e fáceis de consumir. Um estudo recente mostrou que as pessoas tendem a clicar e compartilhar nas redes sociais conteúdos cuja linguagem tem forte apelo emocional, sendo que notícias falsas apresentam esse perfil com mais frequência do que as reais.**

Esse modelo favorece as "bolhas digitais", formadas pela ação dos algoritmos das plataformas de redes sociais. As pessoas recebem predominantemente conteúdos compatíveis com suas preferências. Cria-se, assim, um

* HARARI, Yuval Noah. *Nexus*. São Paulo: Companhia das Letras, 2024, p. 13.

** CHEN, Xi; PENNYCOOK, Gordon e RAND, David. "What Makes News Sharable on Social Media?". *Journal of Quantitative Description: Digital Media*, n. 3, 2024.

público dividido, mal informado e que tem pouco contato com opiniões diferentes da sua. O predomínio do convívio com os iguais valida as próprias opiniões e reforça a tendência atual de as pessoas desconfiarem mais de quem diverge. Como mostra a pesquisa *Brasil no espelho*, parte considerável dos brasileiros substitui informações factuais e objetivas sobre a realidade do país por conteúdos falsos. Como diz David Dunning:

> Uma mente ignorante não é precisamente um recipiente vazio e imaculado, mas sim um que está cheio da desordem de experiências de vida irrelevantes ou enganosas, teorias, fatos, intuições, estratégias, algoritmos, heurísticas, metáforas e palpites que, lamentavelmente, têm a aparência e a sensação de conhecimento útil e preciso.[*]

Não se apresenta solução para um problema tão extenso no curto prazo. Existem experiências interessantes em andamento. Na Finlândia, um programa de educação conscientiza crianças sobre a existência da desinformação e as ensina desde o ensino fundamental como checar se uma informação é verdadeira. Os finlandeses são os líderes no ranking mundial em identificar se um conteúdo on-line é falso; os brasileiros estão em penúltimo lugar entre 21 países. Em um artigo de 2022, o sociólogo Alberto Acerbi[**] usou simulações de dados para mostrar que vale mais a pena aumentar a proporção de informações verdadeiras do que reduzir a desinformação nos ambientes digitais para melhorar a qualidade do debate público. É uma ideia que ainda carece de tempo de aplicação para ser validada.

Nossa aposta é investir em estratégias que incentivem e melhorem o acesso à informação profissional. Nossa pesquisa mostra que as pessoas mais bem informadas tiveram um menor índice de ilusão do conhecimento. As pessoas que se mostraram melhor informadas são aquelas que consomem informação gerada por fontes profissionais, como a imprensa. Numa escala

* Dunning, David. "We Are All Confident Idiots". *Pacific Standard Magazine*, 2014. Disponível em: psmag.com/archive/confident-idiots-92793. Acessado em 15/08/2025.
** Acerbi, Alberto et al. "Research Note: Fighting Misinformation or Fighting for Information?". *Misinformation Review*. Harvard Kennedy School, 2022.

que vai de zero a um, o menor índice de ilusão do conhecimento foi das pessoas que leem jornais com frequência, seguidas daquelas que assistem a telejornais diariamente. Os mais altos índices de ilusão do conhecimento foram das pessoas que não consomem notícias, nem mesmo pelas redes sociais. Pessoas que declararam se informar preferencialmente por WhatsApp demonstraram não só estar mal informadas, como superestimar mais seu desempenho do que aquelas que se informam por outros meios.

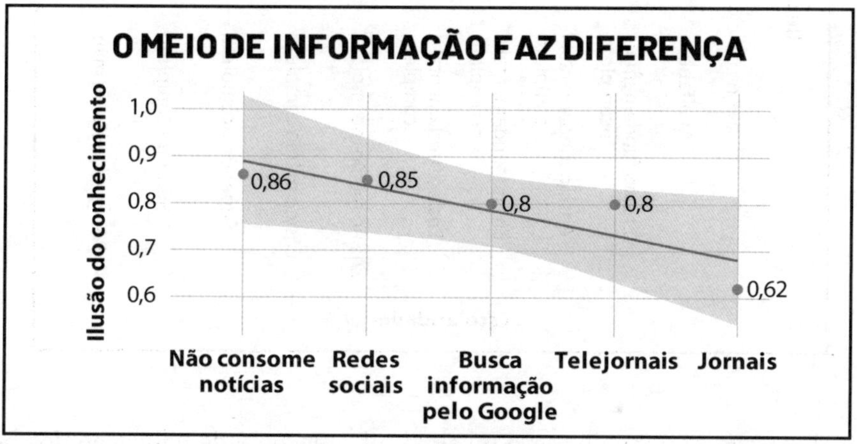

Outro caminho, de longo prazo, é o investimento em educação e em escolaridade formal da população. Quando o critério é nível de escolaridade, o nível de ilusão do conhecimento diminui conforme aumenta o tempo de estudo. As pessoas com mais anos de estudo apresentaram menores índices de ilusão do conhecimento. O índice mais baixo foi das pessoas que fizeram pós-graduação ou mais, seguidas daquelas com ensino superior completo. As que tiveram o maior índice de ilusão do conhecimento foram as analfabetas.

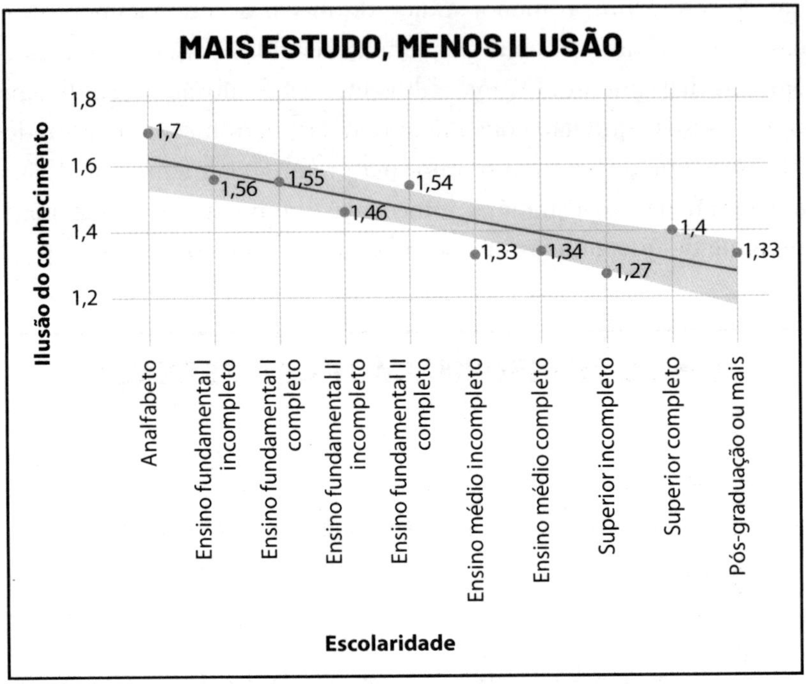

Está claro que melhorar o nível de informação e de educação dos brasileiros é essencial. Mas vivemos uma época paradoxal: nunca houve tanta oferta de informação, nem tantos meios de obter conhecimento instantaneamente, mas nunca foi tão difícil selecionar sua qualidade. O excesso de oferta e a fragmentação dificultam essa busca. Ao mesmo tempo que ampliam oportunidades de debate, diversificam as fontes de informação e fomentam o envolvimento com a política, as redes sociais têm uma estrutura de funcionamento que favorece a dispersão de informações falsas.

Não há saída para reduzir índices de ilusão do conhecimento e minimizar seus efeitos deletérios na democracia e na vida social senão investir em informação profissional e melhorar a escolaridade dos brasileiros. Sem isso, daqui a 25 anos, um novo livro será feito com base em uma pesquisa que dirá que o Brasil ficou parado por 25 anos, que os brasileiros pensam em 2050 como pensavam em 2025, que na sexta década do século XXI, nosso povo pensa como na terceira.

Conclusão

Este livro se propôs a colocar o Brasil diante de um espelho de alta definição, produzindo um retrato que mede crenças, medos, expectativas e valores com um grau de detalhamento que análises meramente interpretativas nem sempre puderam nos apresentar. O que se vê, uma vez alinhados dados contemporâneos e teses tradicionais sobre o Brasil, é um país conservador nos costumes e estatista na proteção social; desconfiado no cotidiano e exigente com o Estado; punitivista, mas não armamentista; cada vez mais autoconsciente de rótulos ideológicos, porém pouco ligado a doutrinas; religioso e apegado à família; progressista em certas pautas no universo privado e resistente ao que afronta as normas tradicionais em público.

Os deslocamentos neste Brasil de hoje são influenciados por três transições recentes de alto impacto: demográfica, religiosa e de consumo de mídia. Todas foram rápidas, abruptas até. Todas são relativamente recentes e, sendo assim, não poderiam ter sido captadas pelos pensadores clássicos do Brasil.

A transição demográfica brasileira foi a mais veloz da história recente, com a queda da fecundidade de 6,28 filhos por mulher na década de 1960 para a média atual de 1,55. Em 65 anos, o Brasil deixou um patamar de alta fecundidade para um padrão europeu. As implicações são imensas. O país perdeu o bônus demográfico, o benefício de ter um estoque maior de jovens no mercado de trabalho aptos a sustentar a previdência dos mais velhos. O Brasil deixa de ser um país que precisa recrutar professores primários para recrutar mais professores universitários, um país que precisa de mais hospitais especializados e de menos maternidades, de mais cuidadores de idosos e de menos babás para as casas mais abastadas.

Da mesma forma, o Brasil passa por uma acelerada transição religiosa, ainda que essa permaneça mais concentrada, é verdade, no cristianismo. A dominância católica recuou de 92,7% em 1960 para 56,7% em 2022, com o crescimento dos evangélicos de 4,1% para 26,9%. Ainda que localizada na matriz cristã, essa migração implica mudanças no modo de vida cotidiana, na intensidade da prática religiosa, no consumo de produtos materiais e culturais e um crescimento do conservadorismo político.

Por fim, a transição do consumo de informação é a mais abrupta de todas. Em menos de dez anos, os brasileiros deixaram de consumir informação quase que exclusivamente pela TV e pelo rádio para se informar simultaneamente pela televisão e pelos meios digitais, nos quais a intermediação e a curadoria são limitadas.

Historicamente, os brasileiros aderem a inovações e mudam de comportamento com agilidade. Em 1994, em poucos meses se adaptaram à mudança da unidade real de valor (URV) para o Real. Da mesma forma, em dois anos, transformaram um sistema de pagamentos, o Pix, em sinônimo de transações comerciais cotidianas e reduziram drasticamente o uso do papel-moeda.

Mudanças tão velozes, contudo, têm seu preço: deixam pouco tempo para que as novidades se sedimentem. Isso faz com que o Brasil conviva com o velho e o novo, use as redes sociais contemporâneas para propagar o arcaico. Alguns achados do nosso olhar no espelho refletem os efeitos dessas acomodações sociais.

Como cientista social, aprendi a ler o Brasil por meio das visões originais e seminais dos clássicos. Em sua riqueza e sofisticação, as interpretações do Brasil oferecidas por eles estão anos-luz à frente do exercício proposto aqui. Este livro não apenas confirma e atualiza suas visões, como permite distinguir o que permanece estrutural no Brasil de hoje e o que se deslocou. Não deve ser usado meramente para olharmos pelo espelho retrovisor, mas também para pensarmos o futuro.

Doze revelações do espelho para discutir o Brasil

1. Fé e apego familiar compõem um núcleo de longa duração, agora plural em formas e denso em função social.

Nossas descobertas sobre religião e família mostram por que o Brasil de 2023 pode, em certos eixos, parecer próximo ao Brasil de 1997: 96% dizem crer que Deus está por trás do que acontece em suas vidas e 97% afirmam que Deus é "muito importante"; 86% sustentam que "a fé vale mais que a ciência", a despeito da experiência da pandemia. Esse traço convive, entretanto, com pluralização e transição: o percentual de católicos caiu de 74% no Censo de 2000 para 56,7% no de 2022, enquanto o de evangélicos subiu de 15,1% para 26,9% e os "sem religião" chegaram a 9,3% — embora, entre estes, 91% ainda declarem fé em Deus ou em um ser superior.

A transição religiosa está longe de estar completa. O Censo de 2022 detectou uma desaceleração do crescimento evangélico, evidência de que nada é estável nesse campo. A novidade não é a importância de Deus, mas a arquitetura religiosa que a sustenta. Entre 1970 e 1990, o número de templos evangélicos saltou de 1.049 para 17.033; em 2019, abriram-se 6.356 templos, uma média de 17 por dia. Esse crescimento é socialmente denso: igrejas se avolumam nas periferias, oferecem acolhimento, redes de cooperação, atividades culturais (música gospel, festas), serviços substitutos aos do Estado e uma gramática moral que articula disciplina e esperança com promessas de prosperidade. A frequência nas igrejas é alta: 64% das pessoas vão várias vezes ao mês; 38% vão toda semana, mas é mais intensa entre evangélicos que entre católicos, e entre gerações mais velhas, mas ainda elevada entre jovens — 63% deles vão várias vezes ao mês. Não à toa, o gospel é o segundo gênero musical mais ouvido no país, substituindo o samba nessa posição.

2. A pluralização evangélica produz sociabilidades de substituição estatal e influencia agendas morais: ignorá-la inviabiliza políticas.

A expansão evangélica reconfigura o campo religioso por três vetores: conversão/identidade (cura, acolhimento, disciplina), mídia (rádios, TVs e redes sociais) e fragmentação institucional (diversas denominações maleáveis). Os evangélicos formam um todo diverso. Um terço deles (34%) frequenta a Assembleia de Deus; batistas e metodistas somam 17%; há maior presença da Congregação Cristã do Brasil, da Igreja do Evangelho Quadrangular, da Igreja Universal do Reino de Deus e das Igrejas Adventistas, com variações regionais. No entanto, grande parte desse grupo está dispersa em pequenas denominações. A igreja funciona como refúgio ao ambiente secular: é uma escola moral, que proporciona rede de apoio, espaço de lazer e plataforma política difusa.

Esse "cinturão evangélico" das periferias supre ausências e deficiências do Estado e produz votos por afinidade moral, em especial quando o tema é família, escola, drogas e segurança. Ao mesmo tempo, nem tudo se resume à fé. A pesquisa *Brasil no espelho* mostra que "Deus no comando" não anula a responsabilidade humana: quando o assunto é o clima, a culpa recai sobre a humanidade e o Estado é cobrado para trazer soluções. A religiosidade brasileira é alta, comunitária e publicamente performativa; dialoga com Estado e ciência, mas em uma chave moral específica. Ignorar isso custa caro.

O efeito político da transição religiosa brasileira é nítido: valores de família ganham primazia retórica na competição eleitoral, sobretudo a partir das eleições de 2018, tomando o lugar da tradicional economia. Não se trata apenas de "voto de igreja": trata-se de uma moral pública que estrutura as preferências sobre escola, drogas, punição, segurança e sexualidade. Essa moralidade tem limites de tolerância: 92% afirmam que "Deus é a verdadeira religião", acima de divisões intrarreligiosas, mas essa tolerância só se aplica ao cristianismo — 59% das denúncias de intolerância registradas entre 2011 e 2018 referem-se a religiões de matrizes africanas. O Brasil convive com elevados índices declarados de respeito às diferenças, mas ainda apresenta discriminações concentradas nos alvos historicamente vulneráveis.

3. A família segue como âncora afetiva e moral, porém reconhecida em arranjos diversos.

Ao lado da fé, a família permanece como devoção terrena principal: 96% dizem que é "a coisa mais importante da vida"; em uma escala de 0 a 10, a média de importância é 9,2; "ver a família feliz" é o maior sonho (19%) e "perder a família" é o maior medo (32%). Há tradicionalismo — 90% valorizam o almoço de domingo; 88% querem preservar tradições; 60% aceitam o uso de força física pelos pais "quando os filhos passam dos limites" —, mas há também reconfigurações: 90% concordam que família é amor, independentemente do tipo de arranjo; 64% afirmam que os homossexuais podem ser pais tão bons quanto os heterossexuais; 50% apoiam o casamento homoafetivo (um número estável desde 2017). A visão ampliada de família é geracional: a Geração.Com aceita mais estruturas não tradicionais, dá menos centralidade decisória à família e normaliza arranjos diferentes. Esse conjunto redefine o "familismo" brasileiro. Não é a família patriarcal idealizada por Gilberto Freyre, nem a dissolução pós-moderna: é uma família de alta centralidade afetiva, menos normativa na forma e ainda muito normativa no papel moral.

4. O punitivismo é amplo e não se traduz em armamentismo: a ordem desejada é estatal, não doméstica.

A combinação majoritária medida neste livro — o apoio a penas mais duras, como redução da maioridade penal, a punição a crimes hediondos e a rejeição à facilitação da compra de armas — constitui um arranjo incomum. Aponta para uma ordem desejada centrada no Estado (polícia profissional e Justiça eficaz), não na autodefesa. Brasileiros querem que o Estado seja mais duro e punitivista, e não querem fazer justiça com as próprias mãos. Esse dado corrige importações analógicas do debate "Law & Order" à moda americana e orienta políticas realistas: investir em inteligência policial, presença territorial, investigação e celeridade processual produz mais legitimidade que liberar o armamento da população. O punitivismo, no Brasil, é menos por ideologia e mais uma expressão de medo e descrença na eficácia da Justiça.

5. Falta confiança interpessoal e sobra medo, o que representa gargalos para o desenvolvimento e a corrosão do espaço público.

O índice médio de confiança interpessoal é de 2,5 numa escala que vai de 0 a 10. A frase "podemos confiar na maioria das pessoas" tem adesão de apenas 6% dos brasileiros. Esse déficit de confiança não é mero estado de ânimo conjuntural, é a infraestrutura invisível da sociedade, que encarece transações, desencoraja a cooperação cívica, multiplica custos de controle e justifica a busca pela vida em refúgios — condomínios fechados, monitoramento por câmeras, estabelecimento de rotas e horários a serem evitados. A falta de confiança entre os brasileiros é um desafio para o desenvolvimento social e econômico do país. O medo da violência, do crime organizado e das facções aumenta o punitivismo, reduz a tolerância pública a diferenças, aproxima campos religiosos conservadores e empurra o debate público para "ordem e proteção" como pré-condição de todo o resto. A consequência é uma sociabilidade urbana retraída e um declínio da coletividade. A cidade é hostil, por isso é alto o índice de brasileiros que dizem temer andar nas ruas e que não confiam em ninguém. Ou seja, o medo organiza preferências e corrói o espaço público. Por isso, políticas de segurança cidadã são uma possibilidade para melhorar a confiança e favorecer o empreendedorismo e a inclusão da mulher no mercado de trabalho.

A novidade é que cresceu a cobrança por impessoalidade no serviço: nós, os brasileiros, queremos fila única e entrega padronizada. Persiste a preferência por vínculos pessoais, mas cresce a expectativa por regras impessoais.

O brasileiro é um desconfiado. O que muda é a aspiração recente dos brasileiros a regras claras e a intolerância à corrupção aberta. O brasileiro quer ser tratado como pessoa, mas cobra que o serviço público seja impessoal e eficiente.

6. O "jeitinho brasileiro" só é aceito como criatividade quando não fere a justiça.

O "jeitinho" ainda é visto como negativo pela maioria, ainda que também seja percebido como inteligência prática ou estratégia de sobrevivência, mas sua legitimidade depende de resultados e de regras claras. A rejeição à corrupção cresce no Brasil, a vigilância social digital expõe privilégios e a piada cínica convive com a cobrança concreta. Nos termos de Roberto DaMatta, o trânsito entre a casa e a rua ficou mais caro: a casa não garante salvo-conduto quando a rua digital fiscaliza. Nas empresas e no governo, transparência, filas auditáveis e comunicação de desempenho funcionam como antídotos reputacionais. O brasileiro aceita arranjos criativos se eles não ferirem a regra do jogo; quando ferem, a tolerância evapora.

7. Identidades ideológicas funcionam como rótulos operacionais de alta saliência e baixa doutrina: a maioria se move por desempenho.

O salto da autoidentificação ideológica dos brasileiros é concreto: em 2022, 85% se identificaram como de direita, esquerda ou centro, enquanto 96% fizeram o mesmo na nossa pesquisa. Isso, no entanto, sinaliza mais uma visão política "com emoção" do que ligada a programas ideológicos. O eleitor combina conservadorismo moral com estatismo e avalia os governos pelo que eles entregam. Esse pragmatismo cria uma espécie de centro expandido, no qual o eleitorado se move mais à direita ou mais à esquerda, de acordo com o desempenho dos governos e com uma percepção de justiça, mais do que por ideias ou plataformas. Líderes considerados eficazes pelos brasileiros alinham valores morais e políticas de proteção — e não defendem o Estado mínimo nem o assistencialismo incondicional. Esse arranjo ajuda a explicar a ascensão da direita na eleição de 2018 e o crescimento do centro desde 2019.

8. A moral do merecimento emoldura o apoio a políticas sociais.

"Ajuda só a quem merece" resume a tensão entre justiça social e meritocracia. A maioria dos brasileiros apoia o Estado provedor — educação e saúde gratuitos e de boa qualidade são vistos como deveres —, mas impõe condicionalidades a benefícios para os mais pobres. Ao mesmo tempo, cresce a disposição para isentar a "classe média percebida" e tributar os mais ricos, desde que o resultado seja concreto. Para comunicar reformas tributárias ou o redesenho de benefícios sociais, o ponto é reputacional, não apenas técnico: é preciso dizer quem paga, por que paga e o que cada um vai receber.

9. Desigualdades raciais estruturam medos, confianças e experiências de discriminação: políticas universais precisam de desenho antidiscriminatório.

No Brasil atual, há mais consciência sobre a desigualdade racial, algo que ocorre por meio de leis, projetos educacionais, iniciativas culturais, entre outros esforços. A maioria dos brasileiros concorda com a frase "o Brasil é um país racista" e não acredita na ideia de que exista uma "democracia racial". Por outro lado, as políticas públicas de combate à desigualdade racial e de compensação pelo passado escravagista ainda são rejeitadas pela maioria dos brasileiros. Em certa medida, a objeção às políticas de ações afirmativas com relação à raça, entre outros tipos, vem de uma tendência dos brasileiros a subestimar o racismo no dia a dia. Apesar de os brasileiros reconhecerem o racismo abstrato, não acham que seja tão frequente quando pensam em situações cotidianas. Por outro lado, as gerações mais jovens são mais propensas a reconhecerem o racismo e a aceitarem as políticas de ações afirmativas como remédios, o que sugere um possível crescimento no apoio a tais políticas no futuro. Enquanto a maioria dos brasileiros ainda espera que políticas de caráter universalista resolvam a discriminação, ainda há espaço para que a comunicação reitere o desafio concreto e persistente das desigualdades e aumente a aceitação de políticas focalizadas.

10. As juventudes são mais plurais e abertas, mas vivem sob ansiedade e precariedade: transição escola-trabalho e proteção urbana são decisivas.

A Geração.Com aparece como mais plural — maior presença LGBTQIAPN+ e menor adesão a normas de masculinidade e feminilidade tradicionais. Ela é mais "de centro" na escala ideológica e menos adepta do familismo normativo. Contudo, vive sob ansiedade e cansaço, com múltiplos trabalhos e sofrendo com a insegurança urbana e com uma renda instável. Esse quadro produz ambivalências: maior tolerância privada e demanda pública por ordem; repertório identitário mais aberto e voto de acordo com o desempenho dos governos. Para políticas geracionais, a chave está na transição escola-trabalho, na proteção contra a violência e no cuidado com a saúde mental, que são condições para que a tolerância da Geração.Com possa ser exercida nas ruas, não apenas em casa, no ambiente digital. O cuidado que o Brasil deve ter é o de não permitir que a ética da vida digital individual, nos games e nas interações cotidianas de redes, se sobreponha à ética da responsabilidade ou à ética da convivência coletiva.

11. Coalizões vencedoras combinam proteção social universal, foco em vulneráveis e narrativas de desempenho e respeito.

A segmentação proposta por este livro — que vai do militante de esquerda até a extrema direita, passando pelos dependentes do Estado, os conservadores cristãos, progressistas, liberais sociais, empresários, empreendedores individuais e o agro — substitui "o brasileiro" por mosaicos. Esse método corrige padrões importados, frequentes em leituras clássicas, e proporciona uma ferramenta para políticas públicas e de comunicação. Mais do que uma nova tipologia, trata-se de uma mudança de lente: compreender o país não a partir de blocos homogêneos, mas de combinações singulares de crenças, valores e experiências que se cruzam em direções por vezes contraditórias. Há conservadores com pautas progressistas, liberais que defendem a intervenção estatal e militantes de esquerda que acreditam em punições severas.

Essa complexidade mostra que nenhuma variável isolada — renda, religião ou escolaridade — é capaz de explicar o comportamento político e moral dos brasileiros. Cada grupo carrega "camadas" internas que revelam tensões, ambiguidades e contradições profundas. A pesquisa que embasa este livro desnuda essas camadas e permite ver que a sociedade brasileira é menos binária e mais paradoxal do que supõem as narrativas da polarização. Em outras palavras, há muito mais coisas entre o céu e a terra do que sonham as simplificações ideológicas: compreender o Brasil exige aceitar a complexidade do seu mosaico.

Essa segmentação é especialmente útil para entender o posicionamento político e como isso pode impactar o comportamento eleitoral dos brasileiros. Políticas vencedoras combinam universalismo claro, focalização de acordo com a vulnerabilidade e narrativas de justiça e desempenho.

12. O Brasil digital adicionou um palco de reputação que disciplina atores públicos e privados: a comunicação baseada em evidências é um ativo político.

No que se refere à assuntos de interesse coletivo, nossas descobertas mostram que os brasileiros se informam mal, apesar de terem à disposição meios de comunicação profissional de qualidade. A maioria não consegue responder perguntas simples sobre a situação factual do país no que tange a questões de economia, saúde e criminalidade. Quando perguntados sobre o próprio desempenho ao responderem às perguntas, os brasileiros superestimam — e muito — o próprio conhecimento. Como agravante, também observamos que os mesmos brasileiros com essa propensão a superestimar o próprio conhecimento são os mais propensos a acreditar em notícias falsas. Por outro lado, os brasileiros anseiam por informações, buscam aprender, mas são levados a enganos em ambientes digitais confusos e instrumentalizados por uma polarização impulsionada. Esse processo prejudica a qualidade do debate público e torna difícil a comunicação efetiva por atores públicos e privados. É preciso que o país firme um compromisso com o diálogo aberto e com a comunicação baseada em evidências e no jornalismo profissional.

Os clássicos reconheceriam nossas linhas; os dados redesenham as sombras e adicionam luzes novas. Se a tarefa do pensamento social é transformar hipóteses em diagnóstico e diagnóstico em ação, este livro sugere um caminho: alinhar ordem com justiça, mérito com proteção, família com escola, fé com responsabilidade e dados com decisões. A travessia pede um Estado competente, comunidades vivas e um mercado político que recompense quem entrega políticas públicas eficientes e melhorias cotidianas concretas, não quem promete atalhos.

Síntese final: um Brasil menos romântico, mais possível

Que Brasil sai deste olhar no espelho?

Como vimos, o Brasil é um país de longa tradição religiosa e familiar, mas que se reconhece como plural em suas formas. Somos um país ainda com preconceitos e dificuldades em reconhecer a discriminação, o que nos leva a rejeitar políticas focalizadas na remediação das desigualdades. Por outro lado, os brasileiros são afetivos e acolhedores, e reconhecemos o Estado como uma forma de promover tal acolhimento — ao contrário da repulsa anti-Estado que se observa nos Estados Unidos, por exemplo.

Nossas opiniões sobre desigualdade social, trabalho e mérito também abarcam valores conflitantes. Os brasileiros expressam o desejo de reduzir a desigualdade social e a pobreza, mas não o fazem a partir do prisma da justiça social. Aceitam as políticas públicas contra a pobreza e a desigualdade, mas demandam que a inclusão seja feita por meio de regras claras que premiem o esforço. Ainda que nossas visões sobre esforço e mérito apresentem contradições, ao menos refletem nosso reconhecimento de que ainda há caminhos para resolvermos nossa questão social por meio de políticas públicas, e não apenas por meio de soluções algo voluntaristas e um tanto esotéricas. Os brasileiros exigem do Estado que este funcione, que seja impessoal na entrega e pessoal no acolhimento.

Vivemos em meio à violência frequente, o que nos dá medo e gera desconfiança uns dos outros. Diante desse quadro, demandamos soluções rápidas; somos punitivistas. Mesmo assim, ainda acreditamos em soluções sem o culto às armas observado em outros países que se veem às voltas com ataques a tiros em escolas e violência política entre opositores. Somos conservadores na moral pública, mas a maioria reconhece que a família é amor, independentemente do tipo de arranjo. Nossas novas gerações são mais abertas a estruturas familiares menos tradicionais e a outros modos de vida.

Muito se fala do Brasil como um país em desenvolvimento, a caminho de um lugar que já existe. O modelo de país desenvolvido que muitos parecem pregar para o Brasil vem de fora, dos países europeus e, principalmente, do "sonho americano". Mas esses mesmos modelos apresentam rachaduras e problemas que nos levam a questionar se deveríamos, de fato, perseguir tais ideais de desenvolvimento.

O espelho apresentado aqui nos mostra que, apesar de todos os problemas, o Brasil pode traçar seu próprio ideal de evolução. Como frequentemente nos sugere o economista Eduardo Giannetti, o Brasil é capaz de construir o próprio sonho brasileiro, em vez de importar ideias de civilizações que são elas mesmas problemáticas. O Brasil tem jeito sem precisar seguir as fórmulas que não parecem gerar sociedades felizes nos países chamados de desenvolvidos.

Agradecimentos

Os agradecimentos do autor deste livro são mais do que simples agradecimentos, são o reconhecimento da confiança e do respeito que tenho por todos esses parceiros e amigos queridos. A Bresp, como chamamos carinhosamente a pesquisa *Brasil no espelho*, é fruto de um trabalho verdadeiramente coletivo. Essa contribuição começa com o apoio fundamental dos executivos da Globo: Manuel Falcão, Suzana Pamplona e Priscila Oliveira. Muito obrigado por terem acreditado no trabalho da Quaest desde o primeiro momento. Suzana, em especial, tem sido uma interlocutora de primeira ordem, uma pesquisadora incansável, implacável na construção de questionários e na análise dos dados. Essa energia faz muito bem a trabalhos de fôlego como este.

Na construção do questionário e do relatório analítico do projeto contamos com a colaboração de três importantes núcleos que trabalharam como um verdadeiro time.

Na Quaest, o time coordenado pelos meus queridos amigos e parceiros Guilherme Russo e Jonatas Varella contou ainda com o talento de Grazi Silotto, Bruno Pinheiro, Pedro Marques, Matheus Moravia, Júlia Pastick, Artur Almeida, Ana Beatriz Bittencourt, Giovani Roggia, Ana Miranda, Antônio Pires, Letícia Corraini e Ciro Resende.

Na Globo, o time de analistas deste projeto foi composto pelos meus queridos amigos Valéria Beltrão, Iara Poppe, Ana Paula Oliveira, Flavio Oliveira e Flávio Tabak.

Para não deixar escapar nenhum aspecto analítico em um projeto tão complexo, tivemos a honra de contar com um timaço de pesquisadores que contribuíram desde o início como consultores do projeto. Todos eles foram fundamentais para que o questionário fosse capaz de capturar os principais temas em debate no pensamento social brasileiro. Obrigado, Ana Carolina Evangelista, Débora Thomé, Frederico Batista, Henrique de Castro, Jorge Alexandre Neves, Leonardo Avritzer, Luiz Augusto Campos, Nara Pavão, Natália Bueno, Oswaldo Amaral, Valéria Oliveira e Fernando Meireles.

Agradeço ainda à colaboração decisiva do meu querido amigo, Leandro Loyola, que fez um trabalho impecável de edição desta pesquisa. O livro não teria saído se não fosse a leitura atenta de Amanda Orlando, Miguel Jost e Andrea Doti. Muito obrigado por terem topado lê-lo em tempo recorde. Agradeço ainda ao Mauro Palermo e ao Fred Kachar, da Editora Globo, que priorizaram este trabalho e deram todo o suporte desde sua concepção. Obrigado ao Tonet, ao Antônio Cláudio, ao Surerus e ao meu querido amigo Paulo Henrique, que viabilizaram o projeto juridicamente.

Refletir sobre o Brasil é uma tarefa que me dá imenso prazer. Sou apaixonado pelo meu país, por esse povo, por nossa cultura. Este livro é uma declaração de amor ao Brasil, país em que nasci e onde escolhi criar minha família. Renata é a minha parceira de todas as horas, meu amor, minha sócia, meu ninho. Eduardo, Lucas e Luiza são a minha esperança de um Brasil melhor. Dedico a eles toda a minha energia para compreender este país que vale a pena e que merece ser parte de todos os nossos sonhos.

Este livro, composto na fonte Fairfield, foi impresso
em papel Lux Cream 60g/m², na Ar Fernandez.
São Paulo, dezembro de 2025.